全国物流专业应用型本科"十二五"规划系列教材

配送实务

主　编　梁　军　杨　铭

副主编　卢　佳

中国财富出版社

图书在版编目(CIP)数据

配送实务 / 梁军,杨铭主编 . —北京:中国财富出版社,2015.10

(全国物流专业应用型本科"十二五"规划系列教材)

ISBN 978 - 7 - 5047 - 5875 - 0

Ⅰ.①配… Ⅱ.①梁… ②杨… Ⅲ.①物资配送—物资管理—高等学校—教材

Ⅳ.①F252.2

中国版本图书馆 CIP 数据核字(2015)第 220877 号

策划编辑	张 茜	责任编辑	曹保利 禹 冰		
责任印制	何崇杭	责任校对	杨小静	责任发行	斯 琴

出版发行	中国财富出版社		
社 址	北京市丰台区南四环西路 188 号 5 区 20 楼	邮政编码	100070
电 话	010 - 52227568(发行部)	010 - 52227588 转 307(总编室)	
	010 - 68589540(读者服务部)	010 - 52227588 转 305(质检部)	
网 址	http://www.cfpress.com.cn		
经 销	新华书店		
印 刷	北京京都六环印刷厂		
书 号	ISBN 978 - 7 - 5047 - 5875 - 0/F · 2471		
开 本	787mm × 1092mm 1/16	版 次	2015 年 10 月第 1 版
印 张	19.75	印 次	2015 年 10 月第 1 次印刷
字 数	409 千字	定 价	42.00 元

前　言

随着电子商务和供应链管理技术的迅速发展，物流配送已经成为提高客户满意度、增加企业经济效益和降低物流成本的重要环节。在物流活动中，任何物品都要通过配送中心这个节点最终完成与客户之间的对接，如果没有配送活动，企业就无法快速销售商品、收回价值，客户也无法及时得到自己所需的物品进行社会再生产或消费。如何使这些节点的资源有秩序、有效率地流动，是提高社会总体效益的关键所在。配送是物流活动中一种特殊的、综合的活动形式，是商流、资金流、信息流与物流的紧密结合，它包含了所有的物流功能，是物流的一个缩影或在某个小范围内全部物流活动的体现。掌握配送的基本运作模式与方法，按照用户的需要，有效、合理地开展物流配送活动，不断提高物流服务水平与物流配送效率，降低物流配送成本，是物流企业特别是物流配送中心运作管理的重要课题。本书就是从这些要求出发，介绍物流配送及管理的实务，可作为本科院校物流管理及相关专业的教材使用，也可作为企业从业人员必备的参考书。本书具有较深入的理论性和较强的操作性，有一定的参考和应用价值。

本书的主要特点是：

（1）详细介绍了一些配送管理与实务方面的新理论、新技术，内容新颖、完整；

（2）每章后有大量的课后练习题，使学生能更准确、更扎实地掌握配送的基本理论和基本技能；

（3）引用了大量企业中发生的实际案例，理论联系实际，提高学生分析问题、解决问题的能力。

本书共分十二章，由宁波工程学院梁军、杨铭担任主编，吉林工商学院卢佳担任副主编，宁波工程学院韩民参加编写，由徐海峰高级工程师担任主审。其中，第一、第二、第四、第五、第十章由梁军编写，第三、第九章由杨铭编写，第六、第七、第十二章由卢佳编写，第八、第十一章由韩民编写。

本书在编写过程中，参考了国内外相关的教材、论著和期刊，在此深表谢意。本书的出版得到了中国财富出版社的大力协助，在此一并致谢。

欢迎读者提出宝贵的意见和建议。

编　者

2015 年 6 月

目 录

第一章 配送概述

🔍 **学习目标**

通过本章的学习，掌握配送、配送中心的概念和特征，认识配送的作用，掌握配送与运输的区别，了解配送服务的有关知识。

🌐 **引导案例**

示范基地：浙江传化物流基地有限公司

浙江传化物流基地有限公司于 2001 年 3 月成立，注册资金 6500 万元，总资产 2.2289 亿元，现有职工 168 人，是以综合物流服务为特点的民营企业。

公司位于浙江萧山经济技术开发区沪杭甬高速公路萧山出口处，占地规模 560 亩，总投资约 3 亿元，集货运、货运代理、货运信息、停车场、仓储、零担托运、货物配载、装卸服务、汽修汽配、餐饮住宿等多种业务于一体，并集聚了银行、保险、商务、通信、网络等各项物流服务功能。公司自建仓储设施达到了 10 万平方米，现已有 400 余家来自省内外的专业运输、仓储、零担、货代等物流企业进驻。公司在充分发挥公路运输优势的基础上，引进了铁运、水运、空运等物流企业资源，形成基地的多式联运功能。公司整合社会运输车辆 38 万多辆，日进出车辆超过了 2500 多辆；日承运货物价值超过 5 亿元；日承运货物量超过 3 万吨。公司业务辐射范围包括杭州、嘉兴、绍兴、金华、宁波、湖州等周边地区，达到了国内外单个物流基地辐射半径 100km 的要求。

公司实现业务管理信息化、网络化，自主开发了物流信息平台，有服务器、交换机、监控设备、物流交易大屏幕显示屏、停车场智能 IC 卡等设施，日信息发布量 5000 条以上，成交的达 4000 条以上，日物流信息交易额超过 1000 万元，是浙江省最大的物流信息化交易服务平台，并荣获国家电子商务专项项目。

该公司的显著特点是，充分发挥对各类资源的聚集整合能力，使"物流服务资源""物流设备和设施资源"和"物流客户资源"和"管理服务资源"具有相当程度的集聚和协调运作水平，推进各种资源间的整合与互补，已形成物流平台"6+1"基本模式（信息交易中心、零担快运中心、仓储配送中心或分拨中心、展示展销中心、物流商务中心、联运中心+配套服务功能）的物流园区服务功能。公司 2004 年物流服务经营收入 10.88 亿元，物流利润额 2550 万元；2005 年物流服务经营收入 16.18 亿元，物流利润额 3187 万元。

思考

1. 传化物流基地有何特点？
2. 你认为传化物流这种模式有哪些可借鉴之处？

第一节　配送、配送中心的概念及作用

在现代物流词典中，最引人注目的字眼是——配送。它是整个物流系统中，挖掘第三利润的突破口。

一、配送

配送的英语原词是 Delivery，但人们却十分爱用 Distribution。因为我们不能简单地把配送理解为交货、送货，它是物流中一种特殊的、综合的活动形式，把商流与物流紧密结合，包含了物流中若干功能要素的一种物流活动。配送不是消极的送货式的发货，而是在全面配货的基础上，充分按用户的要求进行服务，把配和送有机地结合起来，完全按照用户要求的数量、种类、时间等进行分货、配货、流通加工等作业，并提供"门到门"的服务。

1. 配送的定义

我国的国家标准《物流术语》将配送定义为："在经济合理区域范围内，根据客户要求，对物品进行拣选、加工、包装、分割、组配等作业，并按时送达指定地点的物流活动。"

从物流角度来说，配送几乎包括了所有的物流功能要素，是在小范围内物流全部活动的体现。一般来说，配送集装卸、包装保管、运输于一身，通过这一系列活动完成将物品送达客户的目的。特殊的配送则还要以加工活动为支撑，包含的面更广。

从商流来说，物流和配送有明显的不同。物流是分离的产物，而配送则是商物合一的产物。配送是"配"和"送"的有机结合体。配送与一般送货的重要区别在于，配送是在物流据点有效地利用分拣、配货等理货工作，使送货达到一定的规模，以利用规模优势取得较低的送货成本，同时配送以客户为出发点，强调"按客户的订货要求"为宗旨。

2. 配送的作用

完善配送对于物流系统的提升、生产企业和流通企业的发展，以及整个社会效益的提高，具有重要的作用。配送的作用主要体现在以下几方面。

（1）配送可降低整个社会物资的库存水平。发展配送、实施集中库存，可发挥规模经济优势，降低库存成本。

（2）采用配送方式，批量进货，集中发货，以及将多个小批量集中在一起大批量发货，可有效节省运力，实行合理、经济的运输，降低物流成本。

（3）实行高水平的定时配送，生产企业可依靠配送中心的准时配送或即时配送，压缩库存，甚至实现零库存，节约储备资金，降低生产储备。

（4）配送可成为流通社会化、物流产业化的战略选择。

3. 配送和送货的区别

前面已述及配送与送货有一定的区别，其主要区别体现在以下几方面。

（1）送货主要体现为生产企业的一种推销手段，通过送货达到多销售产品的目的。而配送则是社会化大生产、高度专业化分工的产物，是商品流通社会化的发展趋势。

（2）送货方式对用户而言，只能满足其部分需求，这是因为送货人"有什么送什么"。而配送则将用户的要求作为目标，具体体现为用户"要求什么送什么""希望什么时候送便什么时候送"。

（3）送货通常是送货单位的附属性工作，也就是说，送货单位的主要业务并非送货。而配送则表现为配送部门的专职，通常表现为专门进行配送服务的配送中心。

送货在商品流通中只能是一种服务方式，而配送则不仅仅是一种物流手段，还是不断发展的一种物流体制，最终要发展为"配送制"。

由配送企业进行集中库存，保证向企业内部的各生产单位进行物资供应，可以取代原来分散在各个企业为保证生产持续进行而设立的库存，这样，使企业实现零库存成为可能。这点在物流发达国家和我国一些地区实践中已得到证明，而送货则不具有这种功能。

二、配送中心的定义及其形成

配送中心是以组织配送性销售或供应、实行实物配送为主要职能的流通型物流节点。日本《物流手册》定义："配送中心是从供应者手中接受多种大量的货物，进行倒装、分类、保管、流通、加工和信息处理等作业，然后，按照众多需要者的订货要求备齐货物，以令人满意的服务水平进行配送的设施。""配送中心是从事服务配备（集货、加工、分货、拣选、配送）和组织对用户的送货，以高水平实现销售或供应的现代流通设施。"

配送中心的形成及发展是有其历史原因的，它是系统化和大规模的必然结果。正如《变革中的配送中心》一文所指出的："由于客户在服务处理的内容上、时间上和服务水平上都提出了更高的要求，为了顺利满足客户的这些要求，就必须引进先进的分拣和配送设备，否则就不可能建立正确、迅速、安全、廉价的作业体制。"因此，不少企业都建立了配送中心。可见配送中心是基于物流合理化和拓展市场两个需要而逐步发展起来的。

第二节　配送与运输的区别及配送服务

一、配送与运输的区别

以流通的观念来看，运输配送是指将被订购的物品，使用交通工具从制造厂和生产地或物流据点送到顾客手中的物流活动（见图1-1）。

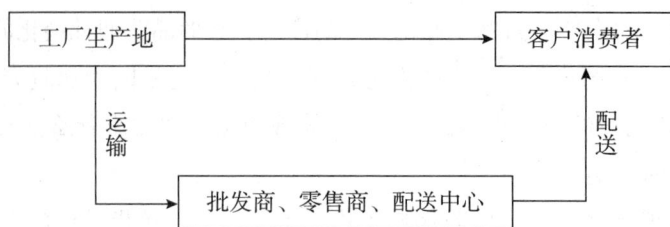

图 1-1　配送与运输的联系和区别

运输是做长距离、大量货物的移动。运输是物流据点间的货物移运，是区域间的货物的移动。运输可以用包括汽车在内的其他交通运输工具。

配送是做短距离、少量货物的移动，是从供货企业或供货枢纽送达商店、顾客手中的商品移动，是区域内的货物移动。配送一般都以汽车作为运输工具。

以配送中心作为物流据点，由制造厂将货物送到配送中心的过程是运输，其特点是少品种、大批量、长距离的运送；而从配送中心将货品送到客户手中的活动是配送，其特点是多频率、多样少量、短距离的运送。运输较重视运输效率，以尽可能多地装载为目标；而配送则以服务为宗旨，在许可的情况下，尽可能满足客户的服务要求。

二、配送服务的要点

配送是最终和最具体直接的服务，其服务要点有下列几点。

1. 时效性

确保能在指定的时间内交货，这是考核配送作业水平的一项重要指标。

2. 可靠性

可靠性是指将货品完好无缺地送达目的地，这是对配送的差错率、货损率的考核。

3. 沟通性

配送人员与客户直接接触，因而其表现出的态度、反应会给客户深刻的印象，代表着公司的形象。

4. 便利性

配送最重要的是要给客户提供方便。

5. 经济性

满足客户的服务需求，不仅要质量好，价格也是客户重视的因素。所以，配送应该通过自身运作的高效率、物流成本的控制，以经济性来吸引客户。

本章小结

本章从阐述配送、配送中心的概念入手，介绍了配送和配送中心的特征及作用、配送与运输的区别及配送服务等相关知识。通过本章的学习，掌握配送、配送中心的概念，认识配送的作用，掌握配送与运输的区别，了解配送服务的要点。

练习题

一、单项选择题

1. 配送是物流活动的一种综合形式，是"配"与"送"的有机结合，可为客户提供_____服务。（　　）

   A. 联合运输　　　　B. 装卸搬运　　　　C. 门到门　　　　D. 专业运输

2. 配送是最终和最具体直接的服务，下列哪个服务项目要点是对配送的差错率、货损率的考核？（　　）

   A. 时效性　　　　B. 可靠性　　　　C. 便利性　　　　D. 经济性

3. 配送人员是物流活动中与客户直接接触的"形象大使"，下列哪个服务项目要点会影响公司的形象？（　　）

   A. 时效性　　　　B. 可靠性　　　　C. 沟通性　　　　D. 经济性

4. 配送是做_____的移动。（　　）

   A. 长距离、大量货物　　　　B. 长距离、少量货物

   C. 短距离、大量货物　　　　D. 短距离、少量货物

二、多项选择题

1. 从配送中心的形成及发展过程来看，配送中心是基于下列哪些需要而逐步发展

起来的？（　　　）

  A. 物流合理化 B. 拓展市场 C. 系统化

  D. 规模化   E. 先进化

  2. 配送和送货的区别在于（　　　）。

  A. 送货是一种推销手段，配送是商品流通社会化的发展趋势

  B. 送货是"用户要求什么送什么"，配送是"有什么送什么"

  C. 送货是送货单位的附属性工作，配送则是配送部门的专职

  D. 送货只是一种服务方式，配送是一种物流手段

  E. 配送比送货更有助于实现生产企业的"零库存"

三、名词解释

  1. 配送

  2. 配送中心

四、简答题

  1. 简述配送与运输、送货的区别。

  2. 配送服务的要点有哪些？

五、案例分析题

  宝供物流企业集团有限公司创建于1994年，总部设在广州，是国内第一家经国家工商总局批准以物流名称注册的企业集团，是中国最早运用现代物流理念为客户提供物流一体化服务的专业公司，也是目前我国最具规模、最具影响力、最领先的第三方物流企业。公司自创办以来，一直致力于推动中国现代物流的发展和进步。目前，宝供模式已成为中国现代物流发展的主流模式，公司已在全国65个城市设有7个分公司、8个子公司和50多个办事处，形成了一个覆盖全国并开始向美国、澳大利亚、泰国、中国香港等地延伸的国际化物流运作网络和信息网络，与国内外近百家著名大型工商企业结成战略联盟，为他们提供商品以及原辅材料、零部件的采购、储存、分销、加工、包装、配送、信息处理、信息服务、系统规划设计等，形成供应链一体化的综合物流服务，被中国物流与采购联合会命名为"中国物流示范基地"，成为入选的第三方物流企业，同时也是国家经贸委的重点联系企业、广东省流通龙头企业、中国物流百强企业、中国5A级物流企业。

  1. 干线运输

  宝供物流以整合社会资源为主要方式，与国内国际众多运输商建立了长期合作伙伴关系，具备每年超过百万吨的公路和铁路运输组织能力。

  公司建立了科学的运输控制体系，并采用先进的信息化管理手段，结合运输跟踪及反馈系统确保货物准时、安全到达，可为客户提供全国零担、整车运输服务，运输

方式多样，包括普通货物运输、危险品运输、国际集装箱运输、海关监管货物运输、铁路托运等多种服务。

为了更好地适应市场发展以及客户的需求，发挥宝供全国运作网络的作用，提高物流运作水平，宝供集团在全国 20 多条主要干线构造了一个安全、稳定、准时、可靠的快速通道。现在已经开通了广州—上海的特快行邮专列——"宝供号"，打通了连接"珠三角、长三角"的黄金快速通道，与大连港合作开通了广州—大连的南北航线；拟进一步与铁路部门及航空公司共同开辟新的运输线路，与其他同行探讨以武汉为中心的南北干线的交叉理货中心的建设，将形成一个快速的干线运输网络。

2. 分销及连锁配送

宝供除了提供城市间的直达干线运输外，还提供省内和市内的门到门配送业务；宝供对客户的区域配送中心和中转仓库存储体系进行科学的整合管理，形成辐射范围较广的网络体系；宝供的仓储和配送服务使得客户公司的服务半径和货物集散空间得以低成本、低风险地扩张。

宝供针对配送区域内的大客户发生的大批量订单，提供"门对门"的运输配送。针对配送区域内大量中小商家的零散、小批量的订单，安排合理的配送计划，实施高水平的一线多点配送。在配送区域内的中心城市，配合商家的无库存销售模式，为消费者提供完善的 24 小时送货服务。按客户企业的要求提供产品的流通加工，为客户公司提供各种物流延伸服务。

宝供依托外部资源及自身的资源整合能力，在全面订单管理系统和运输业务调度系统的支持下，在全国 15 个主要城市开展深度分销配送业务，严格按照运输业务的操作标准为客户提供全方位的商品配送服务，构建一个 B TO B、B TO C 的运作网络，形成一个以干线运输（大动脉）、区域配送（血管）和城市配送（毛细血管）三级联动的运输配送体系。目前，配送业务已经在广州、上海、北京、沈阳、成都正式启动，配送的范围部分已经到达了例如内蒙古边远地区、漠河边疆、哨所，以及乡镇、家庭。最后将形成一个深度覆盖的配送网络。

在过去 10 多年中，宝供营运覆盖全国各个城市，服务范围包括全国范围内的干线运输（包括公路、铁路、水路和航空运输），运输产品涉及家用电器、IT 产品、日用品、化妆品、食品、饮料、汽车、纸制品等诸多行业。

问题：

（1）宝供物流的优势在哪里？

（2）本案例使你受到哪些启发？

第二章 配送与配送中心

🔍 学习目标

通过本章学习，使学生了解配送水平对经济发展的重要性，掌握配送与配送中心概念、种类及职能，理解配送中心的规划。

引导案例

联华超市集团配送服务

上海联华超级市场发展有限公司 1991 年在上海开展业务，20 多年来，以直接经营、加盟经营和并购方式发展成为一家具备全国网点布局、业态最齐全的零售连锁超市公司。联华超市现有门店总数为 5600 多家，遍布全国 20 多个省份及直辖市，继续保持中国最大的零售连锁超市公司的行业领先地位，是我国连锁零售著名品牌企业。

一、配送时段

提供的送货时间为 9：00—20：30（张江高科地区配送时间为 9：00—18：00），根据商品的供应情况，具体配送服务如下。

（1）商品一旦订购，客户可以选择距离订购时间 3 小时内的送货时段，若遇特殊情况不能及时送达，工作人员将随时电话联系协商送货。

在 6：00—16：00 订购的客户当天订购当天配送；在 16：01 以后订购的客户当天订购隔天送货。

（2）商品一旦订购，客户可以选择距离订购时间 72 小时以内的送货时段，如有特殊情况，工作人员将在 72 小时内与客户取得联系。配送时段见表 2 - 1。

（3）客户可以选择一个参考送货时段订购商品，工作人员会在订单确认后由供应方同客户联系是否有货后再确定最终的时间。

表 2 - 1	配送时段	
订购时段	最早送货时段	送货时段
0：00—15：59	后日 9：00—11：00	任选
16：00—24：00	大后日 9：00—11：00	任选

备注：①如遇大雨、台风等自然因素，为确保商品品质和送货安全，本公司会酌情延迟送货，敬请谅解；

②预订商品配送范围限外环线以内客户；

③预订商品每周日、周一不配送，国家法定节假日另行安排。

二、配送方式

（1）"门店送货上门"。客户在网上订购超市类商品，就近服务门店会按客户所要求的时间和指定的地址送货上门。

（2）"供方送货上门"。客户在网上订购非超市类预订商品，供应商会按客户所要求的时间和指定的地址送货上门。

（3）"客户自提"。客户在网上选购商品（限超市商品）后可以前往就近的超市门店提货。

三、配送费用

每张独立类型订单的商品总额高于 20 元人民币，免收配送费，如果追加订单不满20 元的也不收取送货费；低于 20 元人民币，将收取 2 元配送费。

由于商品质量问题，客户拒收该商品且商品总额不足 20 元人民币时，免收配送费。若由于顾客无正当理由拒收且货款总额低于 20 元人民币，将相应补收 2 元人民币配送费。

思考

1. 联华超市配送服务有何特点？

2. 你认为目前联华超市配送服务还可以在哪些方面拓展？

第一节　配送概述

一、配送的概念

配送作为一种特殊的、综合的物流活动形式，几乎包括了物流的所有职能。从某种程度上讲，配送是物流的一个缩影或在特定范围内物流全部活动的体现。而配送中心则是专门从事配送工作的物流据点，它集信息流、商物、物流于一体，具有物流的全部职能，是现代物流的一种先进的货物配送组织形式。所以，研究配送和配送中心的理论与实践问题，无疑对发展社会主义市场经济体制下的物流产业，并使其更好地为我国的建设事业提供物质资料和提高人们生活水平具有极为重要的意义。

配送是物流活动中一种特殊的、综合的、具有商流特征的形式。从物流方面来讲，配送包括了物流的全部职能，是物流的缩影或在特定范围内物流全部活动的体现。一般来讲，配送是集包装、装卸搬运、保管、运输于一身，并通过一系列的作业活动，完成将货物送达的目的，如图 2－1 所示。从商流方面来讲，物流是商物分离的产物，而配送则是商物合一的产物；从本质上讲，配送可看作是一种商业形式。虽然，配送具体实施时，所有的作业活动是以商物分离形式出现的，但是，从配送的发展趋势来看，商流与物流越来越紧密地结合，是配送职能发挥的重要保障。根据上述分析，对于配送概念的理解可以描述为配送是按用户订货的要求，以现代送货形式，在配送中心或其他物流据点进行货物配备，以合理的方式送交用户，实现资源的最终配置的经济活动。这个概念说明了以下几方面内容。

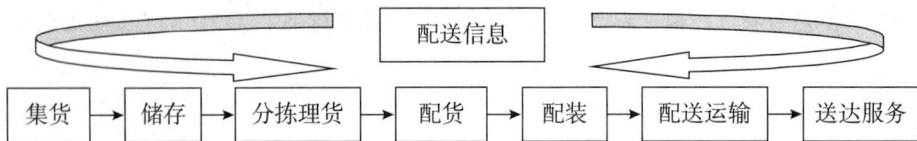

图 2－1　配送一般流程

（1）首先明确指出按用户订货的要求，所以，配送是以用户为出发点，用户处于主导地位，配送处于服务地位。因此，配送在观念上必须明确"用户第一""质量第一"。

（2）配送实质是送货，但与一般送货有区别。一般送货可以是一种偶然行为；而配送是一种固定的形态，是一种有确定组织、确定渠道，有一套设施、装备和管理力量、技术力量，有一套规范的制度和体制。

（3）配送是从物流据点至用户的一种特殊送货形式，它表现为中转型送货，而不是工厂至用户的直达型送货；更重要的是，用户需要什么送什么，而不是有什么送什么。

（4）与送有机地结合。配送利用有效的分拣、配货等理货工作，使送货达到一定规模，以利用规模优势取得较低的送货成本。

（5）合理的方式送交用户，是配送者必须以用户要求为依据的同时，应该追求合理性，并指导用户，实现双方都有利可图的商业原则。

（6）对资源的配置作用是最佳配置，因而是接近用户配置，这种配置方式在市场环境下对实现经营战略具有重要的作用。

二、配送的分类

配送作为一种现代流通组织形式，具有集商流、物流于一身的职能。但由于配送者、主体、配送对象、服务对象以及流通环境的不同等，配送可以按不同的标志进行不同的分类。

（一）按实施配送的节点不同进行分类

1. 配送中心配送

配送中心配送的组织者是配送中心，规模大，有一套配套的实施配送设施、设备和装备等。配送中心配送专业性较强，和用户一般有固定的配送关系，配送设施及工艺是按用户专门设计的。所以，配送中心配送具有能力强、配送品种多、数量大等特点。但由于服务对象固定，其灵活机动性较差，而且由于规模大，要有一套配套设施、设备，使其投资较高，这就决定了配送中心的建设和发展受到一定的限制。

2. 仓库配送

仓库配送一般是以仓库为据点进行的配送，也可以是以原仓库在保持储存保管功能前提下，增加一部分配送职能，或经对原仓库的改造，使其成为专业的配送中心。

3. 商店配送

商店配送的组织者是商业或物资的门市网点。商店配送形式是除自身日常的零售业务外，按用户的要求将商店经营的品种配齐，或代用户外订外购一部分本店平时不经营的商品和本店经营的品种配齐后送达用户，因此，在某种意义上讲，它是一种销售配送形式。连锁商店配送也是商店配送中的一种形式，分为两种情况：一种是独立成立专门从事为连锁商店服务的配送企业，这种形式除主要承担连锁商店配送任务外，还兼有为其他用户服务的职能；另一种是存在于连锁商店内的配送，不承担其他用户的配送，其任务是服务于连锁经营。

4. 生产企业配送

配送业务的组织者是生产企业。一般认为这类生产企业具有生产地方性较强的产品的特点，如食品、饮料、百货等。

（二）按配送商品的种类和数量的多少进行分类

1. 单（少）品种大批量配送

单（少）品种大批量配送适应于那些需要量大、品种单一或少品种的生产企业。由于这种配送品种单一、数量多，可以实行整车运输，有利于车辆满载和采用大吨位车辆运送。

2. 多品种少批量配送

由于多品种少批量配送的特点是用户所需的物品数量不大、品种多，因此在配送时，要按用户的要求，将所需的各种物品配备齐全，凑整装车后送达用户。

3. 配套成套配送

配套成套配送的特点是用户所需的物品是成套的。例如，装配性的生产企业，为生产某种整机产品，需要许多零部件，需要将所需的全部零部件配齐，按生产节奏定时送达生产企业，生产企业随即将此成套零部件送入生产线装配产品。

（三）按配送时间和数量的多少进行分类

1. 定时配送

定时配送是按规定的时间间隔进行配送，每次配送的品种、数量可按计划执行，也可以在配送之前以商定的联络方式通知配送时间和数量。它可以区分为日配送和准时—看板方式配送。

2. 定量配送

定量配送是指按规定的批量在一个指定的时间范围内进行配送。这种配送方式由于配送数量固定，备货较为简单，可以通过与用户的协商，按托盘、集装箱及车辆的装载能力确定配送数量，这样可以提高配送效率。

3. 定时定量配送

定时定量方式是按照规定的配送时间和配送数量进行配送，兼有定时配送和定量配送的特点，要求配送管理水平较高。

4. 定时定路线配送

定时定路线配送方式是在规定的运行路线上制定到达时间表，按运行时间表进行配送，用户可按规定路线和规定时间接货，或提出其他配送要求。

5. 即时配送

即时配送是完全按用户提出的配送时间和数量随即进行配送，它是一种灵活性很高的应急配送方式。采用这种方式的物品，用户可以实现保险储备为零的零库存，即以即时配送代替了保险储备。

（四）按经营形式不同进行分类

1. 销售配送

销售配送的主体是销售企业，或销售企业作为销售战略措施，即所谓的促销配送。这种配送的对象一般是不固定的，用户也不固定，配送对象和用户取决于市场的占有情况，因此，配送的随机性较强，大部分商店配送就属于这一类。

2. 供应配送

用户为了自己的供应需要采取的配送方式，往往是由用户或用户集团组建的配送据点，集中组织大批量进货，然后向本企业或企业集团内若干企业配送。商业中的连锁商店广泛采用这种方式。这种方式可以提高供应水平和供应能力，可以通过批量进货取得价格折扣的优惠，达到降低供应成本的目的。

3. 销售—供应一体化配送

销售—供应一体化配送方式是销售企业对于那些基本固定的用户及其所需的物品，在进行销售的同时还承担着用户有计划的供应职能，既是销售者，同时又是用户的供应代理人。这种配送有利于形成稳定的供需关系，有利于采取先进的计划手段和技术，有利于保持流通渠道的稳定等。

4. 代存代供配送

代存代供配送是用户把属于自己的货物委托配送企业代存、代供，或委托代订，然后组织对本身的配送。这种配送的特点是货物所有权不发生变化，所发生的只是货物的位置转移，配送企业仅从代存、代供中获取收益，而不能获得商业利润。

（五）按加工程度的不同进行分类

1. 加工配送

加工配送是与流通加工相结合，在配送据点设置流通加工，或是流通加工地点与配送据点组建一体实施配送业务。流通加工与配送的结合，可以使流通加工更具有针对性，并且配送企业不但可以依靠送货服务、销售经营取得收益，还可以通过流通加工增值取得收益。

2. 集疏配送

集疏配送是只改变产品数量组成形式，而不改变产品本身的物理、化学性质并与干线运输相配合的配送方式，如大批量进货后小批量多批次发货，或零星集货后形成一定批量再送货等。

（六）按配送企业专业化程度进行分类

1. 综合配送

综合配送的特点是配送的商品种类较多，且来源渠道不同，但在一个配送据点中组织对用户的配送，因此综合性强。同时，由于综合性配送的特点，决定了它可以减少用户为组织所需全部商品进货的负担，只需和少数配送企业联系，便可以解决多种需求。

2. 专业配送

专业配送是按产品性质和状态划分专业领域的配送方式。这种配送方式由于自身的特点，可以优化配送设施，合理配备配送机械、车辆，并能制定适用合理的工艺流程，以提高配送效率。诸如中、小件杂货配送，金属材料配送，燃料煤、水泥、木材、玻璃、化工产品、生鲜食品等的配送，都属于专业配送。

（七）共同配送

共同配送是为了提高物流效益，对许多用户一起配送，以追求配送合理化为目的的一种配送形式。共同配送可分为以下几种形式。

（1）由一个配送企业综合各用户的要求，在配送时间、数量、次数、路线等方面的安排上，在用户可以接受的前提下，做出全面规划和合理计划，以便实现配送的优化。

（2）由一辆配送车辆混载多货主货物的配送，是一种较为简单易行的共同配送方式。

（3）在用户集中的地区，由于交通拥挤，各用户单独配置按货场或处置场配置有困难，而设置多用户联合配送的接收点或处置点。

（4）在同一城市或同一地区有数个不同的配送企业，各配送企业可以共同利用配送中心、配送机械装备或设施，对不同的配送企业的用户共同实行配送。

三、配送的作用

发展配送，对于物流系统的完善、流通企业和生产企业的发展以及整个经济社会效益的提高，无不具有重要的作用。

（1）配送可以降低整个社会物资的库存水平。发展配送，实行集中库存，整个社会物资的库存总量必然低于各企业分散库存总量。同时，配送有利于灵活调度，有利于发挥物资的作用。此外，集中库存可以发挥规模经济优势，降低库存成本。

（2）配送有利于提高物流效率，降低物流费用。采用配送方式，批量进货，集中发货以及多个小批量集中一起大批量发货，都可以有效地节省运力，实现经济运输，降低成本，提高物流经济效益。

（3）对于生产企业来讲，配送可以实现低库存。实行高水平的定时配送方式之后，生产企业可以依靠配送中心准时配送或即时配送而不需保持自己的库存，这就可以实现生产企业的"零库存"，节约储备资金，降低生产成本。

（4）配送可以成为流通社会化、物流产业化的战略选择。实行社会集中库存、集中配送，可以从根本上打破条块分割的分散流通体制，实现流通社会化、物流产业化。

第二节 配送中心的分类和职能

一、配送中心的含义

配送中心是组织配送性销售或供应，专门从事实物配送工作的物流节点。物流活动发生于两类场所——物流经路（运输路线）和物流节点（车站、港口、仓库等），配送中心是物流节点的一种重要形式。

配送中心是物流领域社会分工、专业分工细化的产物，它适应了物流合理化、生产社会化、市场扩大化的客观需求，集储存、加工、集货、分货、装卸、情报等多项功能于一体，通过集约化经营取得规模效益。

具体来讲，配送中心的含义可描述为配送中心是从事货物配备（集货、加工、分货、拣货、配货）和组织对用户的送货，以高水平实现销售或供应的现代流通设施。

这个含义要注意以下几个问题。

（1）含义中的"货物配备"，即配送中心按照生产企业的要求，对货物的数量、品种、规格、质量等进行的配备。这是配送中心最主要、最独特的工作，全部由其自身完成。

（2）含义中的"组织送货"，即配送中心按照生产企业的要求，组织货物定时、定点、定量地送抵用户。由于送货方式较多，有的由配送中心自行承担，有的利用社会运输力量完成，有的由用户自提，因此就送货而言，配送中心是组织者而不是承担者。

（3）含义强调了配送活动和销售供应等经营活动的结合，配送成为经营的一种手段，以此排除了它是单纯的物流活动的看法。

（4）含义强调配送中心为"现代流通设施"，着意于和以前的流通设施者诸如商场、贸易中心、仓库等相区别。这个流通设施以现代装备和工艺为基础，不但处理商流，而且处理物流、信息流，是集商流、物流、信息流于一身的全功能流通设施。

二、配送中心的分类

按照不同标准，配送中心可分为以下几种类型。

（一）专业配送中心

专业配送中心大体上有两个含义：一是配送对象、配送技术属于某一专业范畴，在某一专业范畴有一定的综合性，综合这一专业的多种物资进行配送，如多数制造业的销售配送中心，我国目前在石家庄、上海等地建的配送中心大多采用这一形式。二是以配送为专业化职能，基本不从事经营的服务型配送中心。

（二）柔性配送中心

柔性配送中心是在某种程度上与专业配送中心对立的配送中心。这种配送中心不向固定化、专业化方向发展，能够随时变化，对用户要求有很强的适应性，不固定供需关系，不断发展配送用户和改变配送用户。

（三）供应配送中心

供应配送中心是专业为某个或某些用户（例如联营商店、联合公司）组织供应的配送中心，如为大型联营超级市场组织供应的配送中心、代替零件加工厂送货的零件配送中心。

（四）销售配送中心

销售配送中心是以销售经营为目的、以配送为手段的配送中心。销售配送中心大体有三种类型：第一种是生产企业将本身产品直接销售给消费者的配送中心，在国外这种配送中心很多；第二种是流通企业作为本身经营的一种方式，建立配送中心以扩大销售，我国目前拟建的配送中心大多属于这种类型；第三种是流通企业和生产企业联合的协作性配送中心。比较起来看，国外和我国的发展趋向，都以销售配送中心为主要发展方向。

（五）城市配送中心

城市配送中心是以城市范围为配送中心。城市范围一般处于汽车运输的经济里程，汽车配送可直接送抵最终用户。由于运距短、反应能力强，这种配送中心往往和零售经营相结合，在从事多品种、少批量、多用户的配送上占有优势。

（六）大区域型配送中心

大区域型配送中心是以较强的辐射能力和库存准备，向相当广大的一个区域进行配送的配送中心。这种配送中心规模较大，用户和配送批量也比较大，配送目的地既包括下一级的城市配送中心，也包括营业所、商店、批发商和企业用户；零星配送虽有从事，但不是主体形式。该类型配送中心在国外十分普遍。

（七）储存型配送中心

储存型配送中心是有很强储存功能的配送中心。一般来讲，买方市场下，企业成品销售需要有较大库存支持；卖方市场下，企业原材料、零部件供应需要有较大库存支持；大范围配送也需要较大库存支持。我国目前拟建的配送中心都采用集中库存形式，库存量较大，应当为储存型。

（八）流通型配送中心

流通型配送中心基本上没有长期储存功能，仅以暂存或随时进、随时出的方式进行配货、送货的配送中心。这种配送中心的典型方式是，大量货物整进并批量零出，采用大型分货机，进货时直接进入分货机传送带，分送到各用户货位或直接分送到配送汽车上，货物在配送中心里仅做少许停滞。

（九）加工配送中心

从提高原材料利用率、提高运输效率、方便用户等多重目的出发，许多材料都需要配送中心的加工职能。但是加工配送中心的实例目前见到的不多。

三、配送中心的职能

配送中心的职能全面完整，众多配送任务均通过职能完成。下述职能配送中心一般都具备，但侧重点不同，其中对某些职能重视程度的差异，决定了配送中心的性质及具体规划。

（一）集货职能

为了能够按照用户要求配送货物，首先必须集中用户需求规模备货，从生产企业取得种类、数量繁多的货物，这是配送中心的基础职能，是配送中心取得规模优势的基础所在。一般来说，集货批量应大于配送批量。

（二）储存职能

配送依靠集中库存来实现对多个用户的服务，储存可形成配送的资源保证，是配送中心必不可少的支撑职能。为保证正常配送特别是即时配送的需要，配送中心应保持一定量的储备；同时，为对货物进行检验保管，配送中心还应具备一定的检验和储存设施。

（三）分拣、理货职能

为了将多种货物向多个用户按不同要求、种类、规格、数量进行配送，配送中心必须有效地将储存货物按用户要求分拣出来，并能在分拣基础上，按配送计划进行理货，这是配送中心的核心职能。为了提高分拣效率，应配备相应的分拣装置，如货物识别装置、传送装置等。

（四）配货、分拣职能

将各用户所需的多种货物，在配货中心有效地组合起来，形成向用户方便发送的货载，这也是配送中心的核心职能。事实上，分拣职能和配货职能作为配送中心不同于其他物流组织的独特职能，作为整个配送系统水平高低的关键职能，已不单纯是完善送货、支持送货的准备，它是配送企业提高竞争服务质量和自身效益的必然延伸，是送货向高级形式发展的必然要求。

（五）倒装、分装职能

不同规模的货载在配货中心应能高效地分解组合，形成新的装运组合或装运形态，从而符合用户的特定要求，达到有效的载运负荷，提高运力，降低送货成本。这是配送中心的重要职能。

（六）装卸搬运职能

配送中心的集货、理货、装货、加工都需要辅之以装卸搬运，有效的装卸搬运能大大提高配送中心的水平。这是配送中心的基础性职能。

（七）送货职能

虽然送货过程已超出配送中心的范畴，但配送中心仍对送货工作指挥管理起决定性作用，送货属于配送中心的末端职能。配送运输中的难点是如何组合形成最佳路线；如何使配装和路线有效搭配。

（八）情报职能

配送中心在干线物流与末端物流之间起衔接作用，这种衔接不但靠实物的配送，也靠情报信息的衔接。配送中心的情报活动是全物流系统中重要的一环。

第三节　配送中心规划

一、配送中心的规划原则

配送中心的规划就是根据现状和发展的预期，确定配送中心应如何分布，特定条件下其位置又应如何确定。

由于配送中心的长期使用和难以更改，其规划是一项带有战略性的决策。事实证明，配送中心一旦建成，其现实布局对它的经济活动将产生举足轻重的影响，国内外不乏先例。由于配送中心分布不合理，难以与用户进行有效的衔接，活动功能受到了很大的抑制乃至失败。

为了追求配送中心的合理分布，保证功效的充分发挥，在它未形成之前需要慎重规划。配送中心的布局受多方因素制约，是一项复杂的系统工程。解决这个问题应从以下分析原则入手，辅以相应的数学实证方法。

（一）动态的原则

影响配送中心的经济环境和相关因素处于时刻的变动之中，如交通条件的变化、价格因素的变化、用户数量的变化、用户需求的变化。布局选址时，首先应抛弃绝对化的观念，从动态原则出发，对这些动态因素予以充分考虑，使配送中心建立在详细分析现状和准确预期未来的基础上。同时，配送中心在规划设计时还要留有宽容度，以便能够在一定范围内适应数量、用户、价格等多方面的波动。否则，布局一旦实现，就可能出现不能满足配送要求或配送需求不足的被动情况。

（二）统筹的原则

配送中心的布局、层次、数量与生产力布局、消费布局等紧密相关，存在相互促进、相互制约的关系。因此，设定合理的配送中心布局，必须从宏观、微观两方面加以考虑，统筹兼顾，全面安排。

（三）竞争的原则

配送中心的业务活动贴近用户，服务性强，必须充分体现竞争原则。在市场机制中，配送服务竞争的强弱是由用户可选择性的宽窄范围决定的，为了扩大用户选择，配送中心的布局应体现出多家竞争，即每一家配送中心只能占领局部市场，只能从局部市场的角度规划。如果忽略了这种市场机理的作用，单纯从路线最短、成本最低、速度最快等角度片面考虑，一旦布局形成，用户的选择就会被弱化，从而导致垄断的形成和配送服务质量的下降。

但体现竞争并不等于过度竞争，在市场容量有限的情况下，过多设置和布局配送中心可能会导致过度竞争和资源浪费。

（四）低运费原则

配送中心利用规划的、技术的方法，组织对用户的配送运输，低运费原则在成本收益分析中至关重要，成为竞争原则在运费方面的具体体现。

由于运费和运距有关，最低运费原则可以简化为最短距离问题，用数学方法求解，得出配送中心与预计供应点之间的最短理论距离或最短实际距离，以此作为配送中心布局的参考。但运费与运量也有关系，最短距离求解并不能说明抵达各供应点的运量，即使求解出最短距离，也不等于掌握了最低运费。因此，最低运费原则也可以转化为运量问题（吨或吨公里），通过数学方法求解。在市场环境中，运量处于经常的波动之中，不像供应点位置那样固定不变，所以这种转化也只能作布局上的参考。

（五）交通原则

配送中心的内部活动依赖于该中心的设计及工艺装备，而配送中心的外部活动散布于中心周围相当广泛的一个辐射地区，需要依赖于交通条件。竞争原则、低运费原则的实现都和交通条件密切相关，通过交通条件最终实现。交通原则是配送中心布局的特殊原则。

交通原则的贯彻包括两方面：一是布局时要考虑现有交通条件；二是布局配送中心时，交通作为同时布局的内容之一。只布局配送中心而不布局交通，往往导致布局的失败。

二、物流分析是配送中心规划的前提

在规划一个配送中心之前，都要对物流现况进行详尽的分析。

（一）普查物流的对象

例如，商品的包装形态（纸箱、木箱等）、商品的单件包装重量以及外形尺寸的最大值、最小值、平均值，商品根据每一品种的出库量、库存量分项进行 ABC 分析（以后的章节中会详细介绍各类方法在物流管理中的运用）。A 类商品大多库存量较大，且收货、出货、配货均为以托盘为单位的连续作业和大量搬运，使用叉车最为有效，而保管时又在仓库内直接堆放；B 类商品属于中批量商品，库存期比 A 类商品长，须加强日期管理，先进先出，采用立体货架进行储存；C 类商品一般库存仅数箱，为了确保保管效率，往往采用重力式货架最为合理。

（二）对配送中心的物流量进行分析和预测

配送中心规模的确定取决于物流量的大小，故调查必须抓住这个重点，包括物流量的最大值、最小值和平均值，查明年间、月间、日间的变化情况。在调查清楚物流量变化的基础上，要科学地分析和预测将来的物流量，它是配送中心设计的重要依据。

预测内容通常包括从经营之日起，六年内物流量的逐年变化情况，如品种、数量、周转率以及使物流量发生变化的各种因素。

（三）对物流量信息处理情况进行调查

要了解配送中心订货以及库存、分拣、配送等物流管理信息的处理、信息的网络形式、目前信息处理中存在的问题等。

（四）对配送中心作业的内容进行调查

作业内容包括：验货的内容、所需时间、验货标准等，作业流程中包装材料和种类，商品托盘堆码图谱、堆码方案、配货方法、配货量、作业表，分拣的到站数、分拣量以及分拣后的处理（装托盘、笼车等）。

（五）考察入出货的条件

考察入出库的条件，主要包括：供货商、供货车辆（吨数、每天车辆数次）、配送量，品种的最大值、平均值，配送要求（紧急发货量所占百分比）等。

（六）对商品的保管形态进行研究

特别是设计高层货架以及自动化立体仓库时，必须事先确定托盘上商品的堆垛尺寸（长、宽、高）等。而确定最佳货架尺寸时必须考虑影响货架尺寸的直接因素和间接因素。在此基础上研究货架的空间处理率、搬动的次数、运输的手段等。如选择托盘最佳尺寸时应从以下6个方面进行考查：

（1）装载效率。根据每种商品的形态、尺寸研究用怎样的托盘尺寸（平面尺寸、高度）效率最高。

（2）入出库的批数，入库（包括生产批数）、出库存批数及其大小。

（3）运输条件，从工厂来的卡车及配送车辆的装载运输效率。

（4）防止商品倒塌的措施。

（5）操作条件，如根据配货等作业的要求、高度和大小的限制。

（6）已有托盘的尺寸和数量，研究如何有效利用。

（七）规划配送中心总物流量流程图

规划配送中心总物流量流程图是在对物流过程中的上述（一）～（六）项进行充分调研后，得到的物流分析成果。在对配送中心进行了各项数据的调查和分析后，即可进入下一个阶段，即对建设配送中心的立项。

三、配送中心总体规模的确定

配送中心的总体设计是在物流系统设计的基础上进行的。由于配送中心具有收货验货、库存保管、拣选分拣、流通加工、信息处理以及采购组织货源等多种功能，配送中心的规划首先要确定总体的规模。规划时，要根据业务量、业务性质、内容、作业要求确定总体规模。

（一）预测物流量

物流量预测包括历年业务经营的大量原始数据分析，以及根据企业发展的规划和目标进行的预测。在确定配送中心的能力时，要考虑商品的库存周转率、最大库存水平。通常以备齐商品的品种作为前提，根据商品数量的 ABC 分析，做到 A 类商品备齐率为 100%，B 类商品为 95%，C 类商品为 90%，由此来研究、确定配送中心的平均储存量和最大储存量。

（二）确定单位面积的作业量定额

根据规范和经验，可确定单位面积的作业量定额，从而确定各项物流活动所需的作业场所面积。例如，储存型仓库比流通型仓库的保管效率高，即使使用叉车托盘作业，储存型仓库的走道面积占仓库面积的 30% 以下，而流通型仓库往往要占到 50%。同时，应避免一味追求储存率高，而造成理货场堵塞、作业混杂等现象，以及无法达到配送中心要求周转快、出货迅速的目标。

（三）确定配送中心的占地面积

一般来说，辅助生产建筑的面积（SF）为配送中心建筑面积（SDC）的 5% ~ 8%；另外，还得考虑办公、生活用户建筑面积（SB）为配送中心建筑面积的 5% 左右。于是，配送中心总的建筑面积便可大体确定。再根据城市规划部门对建筑覆盖率（D）和建筑容积率（FAR）的规定，可基本上估算出配送中心的占地面积。

四、配送中心内部布局

配送中心的规划，首先要求具有与装卸、搬运、保管等与产品活动完全适应的作业性质和功能，还必须满足管理，提高经济效益，对作业量的变化和商品形状变化能灵活适应等要求。

（一）商品数量分析

首先要对不同品种商品数量进行分析。制订配送中心设计规划时，"以何种产品，多大的作业量为对象"是确定实施计划的前提条件。为此，通常按照如下顺序分析：

（1）对商品的类别，按照商品出、入库的顺序进行调整，同时还按照类似的货物流加以分组；

（2）确定不同种类商品的作业量；

（3）以作业量的大小为顺序做坐标图，图中横轴为种类，纵轴为数量。根据曲线图分析：曲线斜度大的区间商品品种少、数量大，是流通快的商品群；曲线倾斜缓慢的区间商品品种多、数量少，是流通慢的商品群。

（二）进行物流分析

按照全面分析的作业量和出、入库次数等资料分析，编制产品流程的基本计划。也就是按照作业设施的不同，标示流程路线图，同时计入货物数量比率。

（三）进行设施的关联性分析

在制订计划时，把作为设计对象的设施及评价项目总称为业务活动。所以，业务活动除了建筑物内的收货场所、保管对象、流通加工场所及配送场所等设施外，还包括事务所、土地利用情况及道路等。这些设施中，关联密切的设施应相互靠近进行配置。

关于业务活动分析的顺序如下：

（1）列举必要的设施。除了正门、事务所、绿化地、杂品仓库、退货处理场所、福利保健场所等外，还有配送中心的建筑物及其具体的各项内部设施，都要列举出来；

（2）业务活动相互关系表。对上述各项业务活动，应作靠近性分析。所谓靠近性分析是指不仅要研究产品的流程，还要研究作业人员的管理范围，以及卡车的出入和货物装卸系统等，从不同角度进行合理性的判断；

（3）业务活动线路图。关于各个业务活动相互位置的关系，根据前项评价的结果进行一般的设计。

（四）设施面积的确定

按照上述方法确定出设施关联方案后，再计算这些设施需要的面积。其面积是按照作业量计算的，根据经验确定的单位面积作业量为：

（1）保管设施（库存剩余货物量）：$1t/m^2$；

（2）处理货物的其他设施：$0.2t/m^2$。

上述的设计顺序，是确定配置方案的主要因素以及可能数据化的合理设计方法。还要根据装卸路线、保管场所、剩余面积、人员配置、经济效益等条件加以详细的研究、设计。另外，配送中心的作业，不可能像在工厂的作业过程那样划分，往往一些设施是兼用的，只用理论方法无法解决所有问题。所以，在采用科学方法确定设计方案的同时，还要听取现场工作人员的意见，根据实际情况研究、修正后，才能确定出最优的设计方案。

五、配送中心内车流的布置

配送中心的车流量很大。一个日处理量达 10 万箱商品的配送中心，每天的车流量达 250 辆次，而实际上送货、发货的车辆，大多集中在几个时间带（即高峰时间），如日本东京流通中心是一个超大型配送中心，其日车流量达 8000 辆次。因此，道路、停车场地及车辆运行线路的设计显得尤为重要。可以说，配送中心总体设计的成败，很大程度上决定于车流规划的合理与否。配送中心的设计必须包括"车辆行驶线路图"。

为了保证配送中心内车辆行驶秩序井然，一般采用"单向行驶、分门出入"的原则。不少配送中心还规定了大型卡车、中型卡车、乘用小车的出入口以及车辆行驶线路。配送中心内部的车道必须是继承环状，不应出现尽端式回车场，并结合消防道路布置。

配送中心的主要道路宽度较大，通常为 4 车道，甚至 6 车道；考虑到大型卡车、集装箱车进出，最小转弯半径不小于 15m；车道均为高级沥青路面，并标有白色界线、方向、速度等标记。

本章小结

本章从配送的概念入手，介绍了配送的分类和作用，同时也介绍了配送中心的含义、分类、职能及其规划的有关内容。通过本章学习，使学生了解配送水平对经济发展的重要性，掌握配送与配送中心概念、种类及职能，理解配送中心的规划。

练习题

一、单项选择题

1. 商店配送是按照实施配送的_____不同对配送进行分类的。（　　　）

A. 配送时间　　B. 配送商品的种类　　C. 节点　　D. 配送数量的多少

2. 以较强的辐射能力和库存准备，向相当广大的一个区域进行配送的配送中心属于_____类型的配送中心。（　　　）

A. 专业配送中心　　B. 柔性配送中心　　C. 城市配送中心　　D. 大区域型配送中心

3. 分拣职能和_____是作为配送中心不同于其他物流组织的独特职能。（　　　）

A. 集货职能　　　B. 储存职能　　　C. 配货职能　　　D. 装卸搬运职能

4. 代存代供配送是按照_____不同对配送进行分类的。（　　）

A. 加工程度　　B. 经营形式　　C. 配送企业专业化程度　　D. 配送商品的种类

5. 基本上没有长期储存功能，仅以暂存或随时进、随时出方式进行配货、送货的配送中心属于下列哪类配送中心？（　　）

A. 专业配送中心　B. 流通型配送中心　C. 城市配送中心　D. 大区域型配送中心

6. 配送中心配送是按照实施配送的_____不同对配送进行分类的。（　　）

A. 节点　　B. 配送商品的种类　　C. 配送时间　　D. 配送数量的多少

7. 为大型联营超级市场组织供应的配送中心、代替零件加工厂送货的零件配送中心属于_____配送中心。（　　）

A. 专业　　B. 柔性　　C. 供应　　D. 销售

8. 下列配送中心_____是按功能角度来分类的。（　　）

A. 零售商型配送中心　　　　　B. 批发商型配送中心

C. 加工配送中心　　　　　　　D. 化妆品配送中心

9. 配送具有_____的特征。（　　）

A. 商流和物流的合一　　　　　B. 物流与商流的分离

C. 纯粹是送货　　　　　　　　D. 纯粹储存

10. 杭州娃哈哈集团给市内各饮用水供应点配送饮用水，此种配送形式称之为（　　）。

A. 共同配送　　B. 定量配送　　C. 定时配送　　D. 生产企业配送

11. 配送中心总体设计的成败因素取决于_____的合理与否。（　　）

A. 内部布局　　B. 总物流量流程图　　C. 作业定额量　　D. 车流规划

12. 配送中心的核心职能是（　　）。

A. 集货职能　　B. 储存职能　　C. 分拣、配货职能　D. 情报职能

13. 销售—供应一体化配送是按照_____不同对配送进行分类的。（　　）

A. 经营形式　　B. 加工程度　　C. 配送企业专业化程度　　D. 配送商品的种类

14. 流通企业作为本身经营的一种方式，建立配送中心以扩大销售。这种类型属于（　　）。

A. 专业配送中心　　B. 柔性配送中心　　C. 供应配送中心　　D. 销售配送中心

15. 被认为具有生产地方性较强的产品的特点的配送是（　　）。

A. 配送中心配送　　B. 仓库配送　　C. 商店配送　　D. 生产企业配送

16. 哪一类配送中心一般没有长期储存功能，货物在此只做少许停滞？（　　）

A. 储存型配送中心　B. 大区域配送中心　C. 流通型配送中心　D. 城市配送中心

17. _____几乎包括了所有的物流功能要素，是物流在小范围内全部活动的

体现。（　　　）

A. 运输　　　　　B. 配送　　　　　C. 送货　　　　　D. 储存

18. 杭州中萃可口可乐公司给市内各商店配送可口可乐，此种配送形式称之为（　　　）。

A. 共同配送　　　B. 定量配送　　　C. 定时配送　　　D. 生产企业配送

19. 完全按用户提出的时间和数量随即进行配送的配送方式是（　　　）。

A. 即时配送　　　B. 定时配送　　　C. 定量配送　　　D. 定时定路线配送

二、多项选择题

1. 配送中心的规划要受多种因素制约，下列（　　　）是规划时要考虑的一些基本原则。

A. 动态的原则　　　　B. 统筹的原则　　　　C. 竞争的原则

D. 低运费原则　　　　E. 交通原则

2. 配送具有以下一些特征（　　　）。

A. 配送对资源的优化配置有着重要作用　　　B. 配送就是送货

C. 配送是配与送的有机结合形式　　　　　　D. 配送是以用户要求为出发点的活动

E. 配送处于供应链的上游

3. 配送中心的职能有（　　　）。

A. 集货职能　　　　B. 倒装分装职能　　　　C. 送货职能

D. 情报职能　　　　E. 储存职能

4. 配送中心不同于其他物流组织的独特职能是（　　　）。

A. 集货职能　　　　B. 储存职能　　　　C. 分拣职能

D. 配货职能　　　　E. 情报职能

5. 配送中心内部布局要进行（　　　）。

A. 商品数量分析　　　B. 物流分析　　　　C. 设施的关联性分析

D. 交通流量的分析　　　E. 设施面积的确定

三、判断题

1. 配送中心的总体设计是在物流系统设计的基础上进行的。（　　　）

2. 配送是物流的一个缩影或在特定范围内物流全部活动的体现。（　　　）

3. 流通加工只便于流通，不增加物流商品价值。（　　　）

4. "以何种产品，多大的作业量为对象"是确定配送中心内部布局计划的前提条件。（　　　）

5. 由于配送业务可实现生产企业的"零库存"，因此今后的发展可以做到消灭库存。（　　　）

6. 需要量大、品种单一或少品种的生产企业适用于多品种少批量配送。（　　　）

四、名词解释

1. 配送中心

2. 共同配送

3. 集疏配送

五、简答题

1. 配送有何作用？

2. 配送中心的类型有哪些？

3. 简述配送中心的职能。

六、案例分析题

1. 大田集团是拥有 2006 年度"中国物流民营企业 100 强""中国物流行业十大影响力品牌""中国最具竞争力物流企业 50 强"等诸多荣誉的企业。2007 年 3 月 1 日，随着大田集团向联邦快递出让快递业务，标志着大田集团将拉开自己第三次创业的序幕。

大田集团在全国各主要城市分布有 12 个综合物流配送中心、50 个配送站点、22 个国际货运代理公司、7 个保税和监管仓库，构筑起完善的物流网络平台。大田集团在物流配送网络建设和 VMI 仓储业务上实现了重大突破，成功地为世界知名企业提供一站式的整体物流解决方案和专业化的优质服务。

大田配送业务利用日趋完善的国内陆路运输网络和先进的信息化系统，服务于需要快速回应、准时分拨的高附加值产品或商品运输的客户。配合企业供应链整合的需求，为客户提供包括运输、仓储及其他增值服务在内的供应链管理方案并实施。

大田集团主要配送服务内容：

（1）以集散、核心站、营业点等不同等级的国内服务网络，实现覆盖全国 350 个主要地区与城镇的服务范围；

（2）国内公路、铁路、水路与航空运输为一体的多式联运；

（3）开设区域班车运输服务；

（4）利用支干线运输完成普通和快速货运（整车、零担、包裹）；

（5）先进的物流信息服务平台，提供网上订单、货物追踪与查询、结算等功能；

（6）项目组为大客户提供量身定做的贴身服务；

（7）为实现货物配送所提供的普通仓储服务，并可提供 WMS 系统支持及其他增值服务；

（8）配合集团国际货运与仓储系统为客户提供整体物流解决方案与规划。

大田集团配送业务流程：大田提供的所有服务及操作环节将以标准操作流程（SOP）方式由客户确认后在内部执行，其中包括：订单处理、货运计划、货品发送/

跟踪、货品装载、货品运输（配送）、送货上门、返程运输、产品包装与包装质量控制、不良品管理、运输应急事件处理、绩效指标、项目组管理、货物动态追踪管理、货物状态动态查询、货物缺失管理、结算。

问题：

（1）大田集团配送服务有何特点？

（2）大田集团第三次创业指的是什么？成功的关键在于什么？

2. 日本世界物流中心株式会社成立于1991年4月，资本额24亿日元，占地92870m²，地下1层，地上5层。该中心配有载货电梯23台、垂直输送机46台、油压升降台169台、垂直升降平台23台。进出货月台设在一楼的前后，货物的上下是利用电梯和垂直输送机的搬运方式，而不是采用卡车上下各楼层的方式。该物流中心的主要功能是处理商品的进出货、装卸、拣货、配送、流通加工、储存保管、库存管理、品质管理等，是一个大型综合物流中心。

世界物流中心位于东京港，邻接大型货柜站群（大井货柜场及青海货柜场），是世界主要港口及货柜商船的主要航路。中心离著名的成田机场只有70km，从中心到首都高速路只要数分钟，到东京市中心只要10分钟就可以到达。世界物流中心在几分钟内可以到达湾岸道路，同时与日本全国高速公路网连接，且接近铁路货运站。

世界物流中心连接的腹地——东京都圈，是世界最大规模的经济活动地区，在100km半径内有日本人口的1/4，约3000多万人在此生活，是世界最大的消费地区。

问题：

（1）在规划世界物流中心的总体规模时，要确定哪些最基本的量？

（2）从世界物流中心的内部结构和其腹地的特点看，该中心主要从事哪类商品的流转？

（3）物流中心在内部的布局上主要有哪些要求？

第三章　配送中心作业管理

通过本章学习，使学生了解配送中心进货作业、出货作业、配货作业，掌握检验商品条码、点验作业、配货作业方法及车辆排程系统的灵活应用。

🌐 **引导案例**

上海宝井钢材加工配送中心

上海宝井钢材加工配送有限公司（以下简称上海宝井）是采用国际标准进行金属材料的加工、配送及管理服务的合资企业，由上海宝钢国际经济贸易有限公司与日本三井物产株式会社共同投资，公司兼具钢厂与国际商社强大的资源、技术、物流、信息服务等支持背景。上海宝井位于上海市的浦东新区，公司本部及其投资控股的加工中心网络将运用现代化的技术为国内外的金属材料用户提供全新的供应模式与高质量的服务标准。

上海宝井以"服务创造价值"的核心理念，强调通过钢材加工配送的增值服务为用户创造最大的价值。公司确定如下质量方针，并在整个体系内贯彻执行：一次做对、提供精确服务；高效及时、追求配送价值；持续改进、超越用户要求优化管理；达到行业一流，让用户享受省时、省心、省力、省钱的钢材消费服务。

上海宝井服务流程：

（1）配送业务流程：用户供货内容及方式评审→宝井报价→用户确认→签订合同或签订配送协议→订货/采购→加工→送货→结算。

（2）来料加工业务流程：加工评审→宝井报价→用户确认→订合同→加工→付款提货。

（3）仓储物流服务：询价→报价→仓储合同→实物检验入库→仓储保管→收款→发货。

1. 上海宝井钢材加工配送平台有何特点？
2. 上海宝井钢材加工配送的优势有哪些？

第一节　进货作业

配送中心是专门从事货物配送活动的经济组织。换个角度说，它又是集加工、理货、送货等多种职能于一体的物流据点。又可以说配送中心是集货中心、分货中心、加工中心功能之综合的经济组织。具体说，配送中心有储存功能、分拣功能、集散功能、衔接功能、加工功能等几种功能。

进货作业是实现商品配送的前置工作。而商业配送中心的收货工作，更涉及商品所有权的转移，商品一旦收下，配送中心将承担商品完好的全部责任。因此，进货作业的质量至关重要。通常，进货作业的内容包括：从送货车上将货物卸下，并核对该货物的数量及状态（数量检查、质量检查、开箱等），然后将必要信息给予书面化等。

配送中心的收货环节是商品从生产领域向消费领域转移过程中进入流通领域的第一步。基本的环节包括商品从货运卡上卸货、点数、分类、验收，并搬运到配送中心的储存地点。具体操作如下。

一、卸货作业

配送中心卸货一般在收代货站台上进行。送货方到指定地点卸货，并将抽样商品、送货凭证、增值税发票交验；卸货方式通常有人工卸货、输送机卸货和码托盘叉车卸货。

二、检验商品条码、点验作业

（一）收货验收的目的

收货检验是商业物流工作中的一个重要环节。验收的目的是保证商品能及时、准确、安全地发运到目的地。供应商送来的商品来自各工厂和仓库，在送货过程中相互有交接关系，验收的目的之一在于与送货单位分清责任；另外，在商品运输过程中，因种种原因，可能造成商品溢缺、损坏，包括从件溢缺，更应供需双方当面查点交接，分清责任。

（二）收货检验的内容

收货检验是一项细致复杂的工作，一定要仔细核对，才能做到准确无误。从目前的实际情况来看，有两种核对方法，即"三核对"和全核对。

"三核对"即核对商品条码（或物流条码），核对商品的件数，核对商品包装上的品名、规格、细数。只有做到这"三核对"，才能达到品类相符、件数准确。由于用托盘收货时，要做到"三核对"有一定难度，故收货时采取边收边验的方法，才能保证"三核对"的执行。有的商品即使进行了"三核对"后，仍会产生一些规格和等级上的差错，如品种繁多的小商品，对这类商品则要采取全核对的方法，要以单对货核对所有项目，即品名、规格、颜色、等级、标准等，才能保证单货相符，准确无误。

（三）收货前的准备工作

在配送中心的商品集中待运过程中，往往情况变化很多，有时大量集中到达，有时零星分散到达，收货人员必须根据情况做好各项准备工作，才能保证现场作业顺利进行。收货前的准备工作一般有：

（1）供应商的送货预报在计算机终端（如手掌机）内输入这些商品的条码以及本日到货的所有预报信息。收货人员要根据各种不同的来货方式，摸清送货规律和利用预报资源以及能够掌握到的资料，安排好足够空间的收货场地和叉车等搬运机械，使到达的商品能及时卸车堆放。

（2）备好收货所需的空托盘，让商品直接卸在托盘上。

（3）预备好有关用具，避免临时忙乱。一般应准备好收货回单图章、存放单据盒（或夹子）、物流条码（或粉笔）以及包装加固的材料工具等。

（四）商品验收的要求和方法

商品验收是交接双方划分责任的界限，要实现把完好的商品收进来，通过配送再把完好的商品送给门店（或客户），必须要经过商品条码标识、数量、质量、包装四个方面的验收。

1. 商品条码验收

在作业时要抓住两个关键：一是检验该商品是否是在送货预报的商品；二是验收该商品的条码与商品数据库内已登录的资料是否相符。

2. 数量验收

由于配送中心的收货工作非常繁忙，通常会几辆卡车接连到达，逐车验收很费时间，而送货卡车又不愿久等，所以一般采取"先卸后验"的办法，即由卡车送货人员按不同的商品分别码托盘；收货员接过随货同行单据，并用移动式计算机终端（如手掌机）查阅核对实送数量与预报数量是否相符。几辆卡车同时卸车，先卸毕的先验收，交叉进行，既可节省人力，又可加快验收速度；既便于点验，又有利于防止出现差错。

对易碎流质商品，在卸车时，应采取"边卸边验"的方式，采取"听声响、看异状"等手段，以便发现问题、分清责任，这样既完成了数量验收，又可附带完成质量验收。

从"数量"两字的含义来说，除了验收大件外，还需验收"细数"以及散装、畸形、零星等各种商品。细数是指商品包装内部的数量，即商品价格计算的单位，如"双""条""支""瓶""根"的数量就统称为细数。

数量验收在单据与货物核对时还有一种叫"规格验收"，它是包含在数量验收范畴内的，例如商品包装上的品名、规格、数量。例如，洗衣粉核对牌名，同牌名不同规格的还要核对每小包的克数，以及包装的区别。

3. 质量验收

由于交接时间短促和现场码盘等条件的限制，在收货点验时，一般只能用"看""闻""听""摇""摸"等感官检验方法，检查范围也只是包装外表。

在验收流质商品时，应检查包装箱外表收货有无污渍（包括干渍和湿渍），若有污渍，必须拆箱检查并调换包装。

在验收玻璃制品（包括部分是玻璃制作的制品）时，要件件摇动或倾倒细听声响，这种验收方法是使用"听"的方法，经摇动发现破碎声响，应当场拆箱检查破碎细数和程度，以明确交接责任。

在验收香水、花露水等商品时，除了"听声响"外，还可以在箱子封口处"闻"一下，如果闻到香气刺鼻，可以判定内部商品有异状。即使开箱检查内部没有破碎，也至少是瓶盖密封不严，若经过较长时间储存或运输中的震动，香水、花露水等流质商品肯定会外溢损耗。

在验收针棉织品等怕湿商品时，要注意包装外表有无水渍。

在验收有有效期的商品时，必须严格注意商品的出厂日期，并按照连锁超市公司的规定把关，防止商品失效和变质。

4. 包装验收

包装验收的目的是为了保证商品在运行途中的安全。物流包装一般在正常的保管、装卸和运送中，经得起颠簸、挤轧、摩擦、叠压、污染等影响。在包装验收时，应具体检查纸箱是否破裂、箱盖（底）摇板是否粘牢、纸箱内包装或商品是否外露、纸箱是否受过潮湿。

三、商品堆垛的要求

商品的堆垛一定要从保证商品安全和适应点验、复查出发，规范化操作。在商品码托盘时应注意，商品标志必须朝上，商品摆放不超过托盘的宽度，商品每板高度不得超过规定高度，商品重量不得超过托盘规定的载重量。托盘上的商品尽量堆放平稳，便于上高叠放。每盘商品件数必须标明，上端用"行李松紧带"捆扎牢固，防止跌落。

四、收货操作程序和要求

（1）当供应商送货卡车停靠收货站台时，收货员"接单"，对于没有预报的商品需办理有关手续后方可收货。

（2）货品核对验收。验收商品条码、件数、质量、包装等。

（3）在核对单（包括预报）货相符的基础上签盖回单和在收货基础联上盖章并签注日期；对于一份送货单分批送货的商品，应将每批收货件数记入收货检查联，待整份单据的商品件数收齐后，方可签盖回单给送货车辆带回；对于使用分运单回单制度的单位，除分批验收签盖回单外，货收齐后可签盖总回单。

（4）在货堆齐后，每一托盘标明件数，并标明这批商品的总件数，以便与保管员核对交接。在送货操作过程中，为了做到单货相符、不出差错，在送货与复核之间最好要求两人进行。

（5）收货检查在商品配送工作中具有相当重要的地位，所以要求每一个收货员在工作中一定要做到忙而不乱、认真核对；一定要做到眼快手勤，机动灵活地选择验收方法；一定要熟悉商品知识；一定要一丝不苟地检验，发现商品件数不符，必须查明原因，按照实际情况纠正差错，决不含糊。

总之，收货员必须严格按照岗位责任制进行操作。

第二节　出货作业

将拣取分类好的货品做好出货检查，装入妥当的容器，做好标记，根据车辆调度安排的趟次等，将物品搬运到出货待运区，最后装车配送。这一连串的物流活动就是出货作业的内容。

一、分发

拣货作业完成后，再将物品按照不同的客户或不同的配送路线做分类工作，就称之为"分货"，又称为"分拣"。分拣作业一般在理货场地进行，它的任务是将发给同一客户（如商场）的各种物品汇集在一处，以待发运。

分拣的操作方式大致上可分为人工分拣和自动化分拣两种。

（一）人工分拣

人工分拣是用人工以手推车为辅助工具，将被分拣商品分送到指定的场所堆放待运。批量较大的商品则用叉托盘作业。目前我国的仓库、配送中心基本上都采用人工分拣。其优点是机动灵活，不需复杂、昂贵的设备，不受商品包装等条件的制约。缺点是速度慢、工作效率低、易出差错，只适用于分拣量小、分拣单位少的场合。因此，人工分拣作业的复核工作是非常重要的，通常是由计算机系统打印仓间配货明细表，供理货员根据各门店配货数进行复核，并打印配送汇总表（配送中心内勤与运输车队之间的交接汇总单）。

（二）自动化分拣

随着消费者"多品种、少批量"消费需求的日趋强烈，配送中心商品分拣和拆零拣选作业量越来越大，分拣作业已成为物流配送中心的一个重要作业环节。例如，一个配送中心的日分拣量超过5万，一次分拣的客户数超过100个的情况已很常见时，对服务质量要求也越来越高，人工分拣根本无法满足大规模配送的要求。如何大幅度提高分拣作业的效率和质量，已成为配送中心的一种核心竞争能力。

科学技术的进步日新月异，激光扫描、计算机控制和条码等高新技术导入物流领域，使自动分拣技术向高速、高准确率和低分拣成本方向发展。目前，国外许多大中型配送中心都广泛地使用自动分拣机进行分拣。自动分拣系统具有以下优点：提高单位时间内的商品处理量大于人工作业；降低分货的差错率（通常自动分拣系统的分拣错误率在万分之零点几，这是人工所无法比拟的）；自动分拣机成倍地缩短了分拣作业的前置时间，降低了物流成本，同时解决了劳动力不足的问题，把配送中心人员从繁重的分货作业中解放出来。

自动分拣系统类型众多，但其主要组成部分基本相仿。自动分拣系统大体上由收货输送机、分拣指令设定装置、合流输送机、送喂料输送机、分拣传送装置及分拣机构、分拣卸货道口、计算机控制系统七部分组成。

1. 收货输送机

卡车送来的货物，放在收货输送机上，经检查验货后，送入分拣系统。

为了满足物流中心吞吐量大的要求，提高自动分拣机的分拣量，往往采用多条输送带组成的收货输送机系统，以供几辆、几十辆乃至百余辆卡车同时卸货。这些输送机多是辊柱式或胶带式输送机组成。例如，连锁零售业的配送中心以分配商品为主，收货系统大多由几条辊柱式输送机组成。而在货物集散中心，往往沿卸货站台设置胶带输送机，待验货后，放在输送机上进入分拣系统。

值得一提的是，有些配送中心使用了伸缩式输送机，它能利用该输送机伸入卡车车厢内的那部分长度，从而大大减轻了卡车工人搬运作业的劳动强度。

2. 分拣指令设定装置

自动分拣机上移动的货物向哪个道口分拣，通常在待分拣的货物上贴上标有到达目的地标记的标签，或在包装箱上写上收货方的代号，并在进入分拣机前，先由信号设定装置把分拣信息（加配送目的地、客户户名等）输入计算机中央控制器。在自动分拣系统中，分拣信息转变成分拣指令的设定方式有以下几种。

（1）人工键盘输入。由操作者一边看着货物包装上粘贴的标签或书写的号码，一边在键盘上将此号码输入。一般键盘为十码键（Tenkey），键盘上有 0～9 数字键和重复键、修正键等。键盘输入方式的操作简单、费用低、限制条件少，但操作员劳动强度大、易出差错（看错、键错，据国外研究资料统计，差错率为 1/300），而且键入的速度一般只能达到 1000～1500 件/小时。所以，操作员必须注意力集中。

（2）声控方式。首先需将操作人员的声音预先输入控制器电脑中，当货物经过设定装置时，操作员将包装箱上的标签号码依次读出，计算机接收声音并转为分拣信息，发出指令，传送到分拣系统的各执行机构。

声音输入法与键盘输入法相比速度要快些，可达 3000～4000 件/小时，并可"手口并用"。但由于需事先储存操作人员的声音，当操作人员偶尔因咳嗽声哑等，就会发生差错。据国外物流企业实际使用情况来看，声音输入法效果不理想。

（3）利用激光自动阅读物流条码。被拣商品包装上贴（印）代表物流信息的条码，在输送带上通过激光扫描器（Lacerscanner）识别条码上的分拣信息，输送给控制器。由于激光扫描器的扫描速度极快，达 100～120 次/秒，来回对条码扫描，故能将输送机上高速移动货物上的条码正确读出。

激光扫描条码方式费用较高，商品需要物流条码配合，但输入速度快，可与输送带的速度同步，达 5000 件/小时以上，差错率极小，规模较大的配送中心都采用这种方式。

（4）计算机程序控制。根据各客户需要的商品和数量，预先编好合流程序，把全部分拣信息一次性输入计算机，控制器即按程序执行。计算机程序控制是最先进的方式，它需要与条码技术结合使用，而且还须置于整个企业计算机经营管理系统之中。一些大型的现代化配送中心把各个客户的订货单一次输入计算机，在计算机的集中控制下，商品货箱从货架被拣选取下，在输送带上由条码喷印机喷印条码，然后进入分拣系统，全部配货过程实现自动化。

3. 合流输送机

大规模的分拣系统因分拣数量较大，往往由 2～3 条传送带输入被拣商品，它们在分别经过各自的分拣信号设定装置后，必须经过由辊柱式输送机组成的合流装置，它能让达汇合处的货物依次通过。通常 A、B、C 三条输送机上的商品，经过合流汇交由计算机"合流程序控制器"按照"谁先到达谁先走，若同时到达按 A－B－C 的程序先后走"的原则控制。

4. 送喂料输送机

货物在进入分拣机之前，先经过送喂料机构。它有两个作用：一是依靠光电管的作用，使前、后两货物之间保持一定的间距（最小为 250mm），均衡地进入分拣传送带；二是使货物逐渐加速到分拣机主输送机的速度。其中，第一阶段输送机是间歇运转的，它的作用是保证货物上分拣机时满足货物间的最小间距。由于该段输送机传送速度一般为 35m/min 左右，而分拣机传送速度的驱动均采用直流电动机无级调速。由速度传感器将输送机的实际带速反馈到控制器，进行随机调整，保证货物在第三段输送机上的速度与分拣输送机完全一致。这是自动分拣机成败的关键之一。

5. 分拣传送装置及分拣机构

分拣传送装置及分拣机构是自动分拣机的主体，包括两个部分：货物传送装置和分拣机构。前者的作用是把被拣货物送到设定的分拣道口位置；后者的作用是把被拣货物推入分拣道口。各种类型的分拣机，其主要区别就在于采用不同的传送工具（例如，钢带输送机、胶带输送机、托盘输送机、辐柱输送机等）、不同的分拣机构（例如，推出器、浮出式导轮转向器、倾盘输送机、辐柱输送机等）和不同的分拣机构（例如，推出器、浮出式导轮转向器、倾盘机构等）。

上述传送装置均设带速反锁器，以保持带速恒定。

6. 分拣卸货道口

分拣卸货道口是用来接纳由分拣机构送来的被拣货物的装置，它的形式各种各样，主要取决于分拣方式和场地空间。一般采用斜滑道，其上部接口设置动力辊道，把被拣商品"拉"入斜滑道。

斜滑道可看作是暂存未被取走货物的场所。当滑道满载时，由光电管控制，阻止分拣货物再进入分拣道口。此时，该分拣道口上的"满载指示灯"会闪烁发光，通知操作人员赶快取走滑道上的货物，消除积压现象。一般分拣系统还设专用道口，以汇集无法分拣和因满载无法进入设定分拣道口的货物，以做另行处理。有些自动分拣系统使用的分拣斜滑道在不使用时可以向上吊起，以便充分利用分拣场地。

7. 计算机控制系统

计算机控制系统是向分拣机整个执行机构传送分拣信息，并控制整个分拣系统的指挥中心。自动分拣的实施主要靠控制系统分拣信号传送到相应的分拣道口中，并指示启动分拣装置，把被拣商品推入道口。分拣机控制方式通常使用脉冲信号跟踪法。

送入分拣运输机的货物，经过跟踪定时检测器，并根据控制箱存储器的记忆，计算出到达分拣道口的距离及相应的脉冲数。当被拣货物在输送机上移动时，安装在该输送机轴上的脉冲信号发生器产生脉冲信号并计数。当数到与控制箱算出的脉冲数相同时，立即输出启动信号，使分拣机构动作，货物被迫改变移动方向，滑入相应的分拣道口。

二、出货检查

出货检查作业包括把拣取的物品依照客户、车次对象等按出货单逐一核对货品的品项及数量。同时，还必须核查货品的包装与质量。出货检查最常用的做法是纯人工进行，也就是将货品一个个点数，并逐一核对出货单，再进而查验出货货品的质量及包装状况。以质量与包装的检验而言，纯人工方式逐项或抽样检查的确有其必要性，但对于货品的品项和数量的核对，需耗用大量的时间和人力，而且差错仍在所难免，因此作业的效率经常是大问题。

如今，在现代化的配送中心里，对出货的品项和数量的核对检查已有不少新的突破。此处介绍利用物品条码的检查方法，以供参考。

此方法最大的原则是要导入条码，让条码跟着货品跑。当进行出货检查时，只需将拣出货品的条码用扫描器读出，电脑便自动将出货资料与出货单对照，以此来检查是否有数量或品项上的差异。

第三节　配货作业

一、配货作业基本流程

配货作业是指把拣取分类完成的货品经过配货检验过程后，装入容器和做好标示，再运到配货准备区，待装车后发送。其作业流程如图 3 – 1 所示。

二、配货作业方法

配送作业是将储存的货物按发货要求分拣出来，放到发货物所指定位置的作业活动的总称。配货作业可以采用机械化、半机械化或人工作业，常采取"摘果方式"或"播种方式"完成配货作业。

（1）摘果方式。摘果方式又称挑选方式，它是用托运车辆，巡回一次完成一次配

```
┌─────────┐
│  贴标签  │
└────┬────┘
     ↓
┌─────────┐
│   分货   │
└────┬────┘
     ↓
┌─────────┐
│ 配货检查 │
└────┬────┘
     ↓
┌─────────┐
│ 捆包、包装 │
└────┬────┘
     ↓
┌───────────┐
│ 运到配货准备区 │←────┐ ┌─────────┐
└────┬──────┘      └─│ 配货日程 │
     ↓                └─────────┘
┌─────┐      ┌─────────┐
│ 堆放 │      │ 传票处理 │
└─────┘      └─────────┘
     ↓
┌─────────┐
│   装车   │
└────┬────┘
     ↓
┌─────────┐
│   配货   │
└────┬────┘
     ↓
┌───────────┐
│ 配货信息记录 │
└───────────┘
```

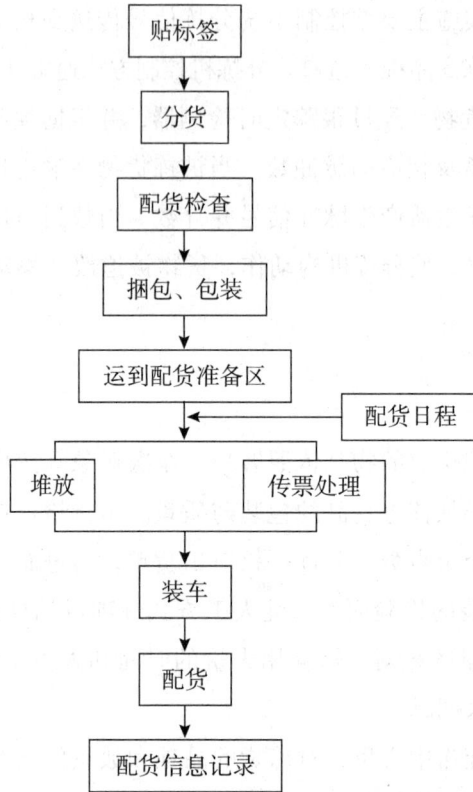

图 3 - 1　配货作业流程

货作业。一般情况，这种方式适宜不易移动或每项——用户需要货物品种多而数量较小的情况。

（2）播种方式。播种方式是将需要配送数量较多的同种货物集中托运到发货场所，然后将每一用户所需要的数量取出，分放到每项——货位处，直至配货完毕的过程。这种方式适宜较容易移动的货物，即储存货物的灵活性较强及需要量较大的货物。

三、组织配送的工作步骤

为了发挥配送的作用，实现配送效益，配送工作包括拟订配送计划、下达配送计划、按配送计划确定商品需要量，配送点向分拣、运输、分货、包装及财务部门下达具体配送任务，配送发运，送达等工作。

（一）拟订配送计划

从物流的观点来看，配送几乎包括了物流的全部活动；从整个流通过程来讲，它又是物流与商流、信息流的统一体。因此，配送计划的制订是按市场信息为导向、商流为前提、物流为基础的基本思想，这就是说要以商流信息为主要依据来制订配送计划，并且还要具体考虑以下的条件。

（1）商流所处的角度，订货合同所提供的信息是制订配送计划的重要依据。订货合同包括用户的送达地、接货人、接货方式的要求，以及用户订货的品种、规格、数量、送货时间和其他送接货的要求等。

（2）研究分析所需配送的各种货物的性能、运输条件，并在考虑需求数量的条件下，确定运输方式及相应的运载工具等。

（3）根据交通条件、道路等级，以及运载设备、工具等条件，研究分析并制订运力配置计划，这对充分发挥运载设备、工具效率起着重要作用。

（4）各配送点的运力与货物的资源情况，包括货物的品种、规格、数量等。

在考虑上述条件下，编制按用户所在地点和所需要的货物的品种、规格、数量，以及时间和其他要求的配送计划。

（二）下达配送计划与组织实施

配送计划确定后，按照计划的职能，组织实施。

（1）将配送计划所确定的到货时间以及到货品种、规格、数量通知用户和配送点，以便使用户按计划准备接货，使配送按计划准备发货。

（2）按配送计划确定需要的货物配送量。这一步主要是指对各配送点按配送计划库存货物保证配送能力情况的审定。如果不符合配送计划要求，或数量不足，或品种不齐等，需要组织进货。

（3）配送点下达配送任务。这里主要是指各配送点接到配送计划后，向其运输部门、仓储部门、分货包装部门，以及财务等部门下达具体的配送任务，并由各部门完成配送的各项准备工作等。

（三）配送发运与送达

配送的发运与送达是两个既有联系又有区别的步骤，前者由理货作业完成，后者由运输完成。

（1）配送发运。这一步骤是理货部门按要求将各用户所需的各种货物进行分货与配货，然后进行适当的包装，并印制包装标记和标志，包括用户名称、地址、配送时间、货物明细，以及输送装卸托运过程应注意的事项等。同时，还需按计划将用户货物组合、装车，并将发货单交给随车送货人或司机。

（2）送达。按指定的路线将货物送达用户，并由用户在回执上签字。配送工作完成后，通知财务部门结算。

四、送货作业

送货作业是利用配送车辆把用户订购的物品从制造厂、生产基地、批发中心或配送中心送到用户手中的过程，送货通常是一种短距离、小批量、高频率的运输形式。

送货的基本作业流程如下：

送货的基本作业流程图如 3 - 2 所示。

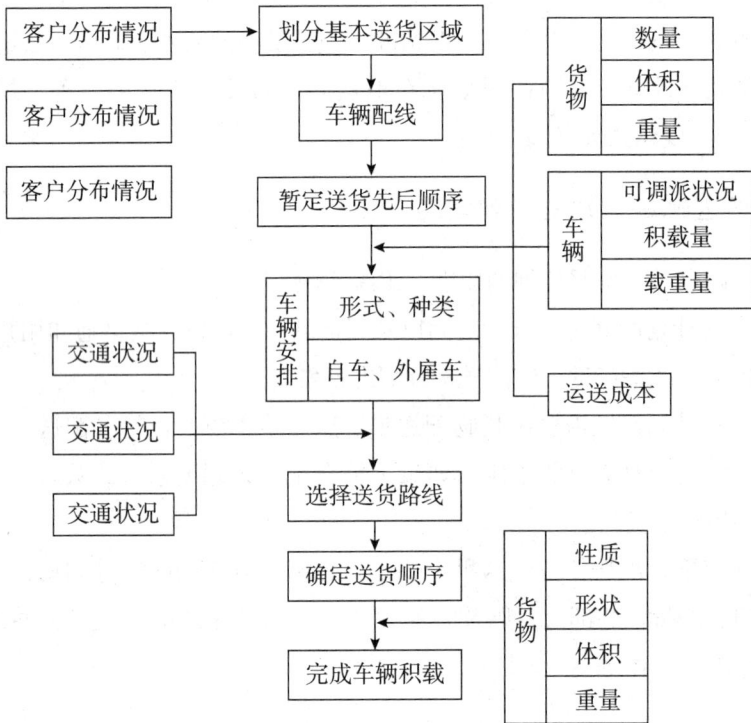

图 3 - 2　送货的基本作业流程

1. 划分基本送货区域

首先将客户所在的具体位置做较系统的统计，并作区域上的整体划分，再将每一客户包括在不同的基本送货区域中，以作为配送决策的基本参考。如按行政区域或交通条件划分不同的送货区域，在区域规划的基础上再作弹性调整来安排送货顺序。

2. 车辆配载

由于配送货物品种特性各异，为提高送货效率、确保货物质量，必须首先对特性差异大的货物进行分类。在接到订单后，将货物按特性进行分类，以分别采取不同的送货方式和运输工具，如按冷冻食品、速食品、散装货物、箱装货物等货物类别进行分类配载；其次，配送货物也有轻重缓急之分，必须初步确定哪些货物可配于同一辆车，哪些货物不能配于同一辆车，以做好车辆的初步配装工作。

3. 暂定送货先后顺序

在考虑其他影响因素，做出确定的送货方案前，应先根据客户订单的送货时间将送货的先后次序大致预定，为后面车辆积载做好准备工作，计划工作的目的是为了保证达到限定的目标。所以，预先确定基本送货顺序可以保证送货时间，提高运作效率。

4. 车辆安排

车辆安排要解决的问题是安排什么类型、吨位的配送车辆进行最后的送货。一般企业拥有的车型有限，车辆数量也有限，但公司车辆有限时，可使用外雇车辆。

5. 选择送货路线

知道了每辆车负责配送的具体客户后，如何以最快的速度完成对这些货物的配送，即如何选择配送距离短、配送时间短、配送成本低的线路，还需根据客户的具体位置、沿途的交通情况等做出优先选择和判断。除此之外，还必须考虑有些客户或其所在地点环境对送货时间、车型等方面的特殊要求，如有些客户不在中午或晚上收货，有些道路上在某高峰期实行特别的交通管制等。

6. 确定送货顺序

做好车辆安排及选择好最佳的配送线路后，依据各车辆负责配送的先后顺序，即可将客户的最终送货顺序加以明确的确定。

7. 完成车辆积载

明确了客户的送货顺序后，接下来就是如何将货物装车，按什么次序装车的问题，即车辆的积载问题。原则上，知道了客户的配送顺序之后，只要将货物依"后送先装"的顺序装车即可。但有时为了有效利用空间，可能还要考虑货物的性质、形状、体积及重量等做出弹性调整。此外，对于货物的装卸方法也必须考虑货物的性质、形状、体积、重量等因素后再做具体决定。

在以上各阶段的操作过程中，需注意以下几点：

（1）明确订单内容；

（2）了解货物性质；

（3）明确具体送货地点；

（4）适当选择配送车辆；

（5）选择最优的配送线路；

（6）充分考虑各作业的装卸货时间。

第四节 配送方案的编制

配送中心为了提高服务水平、降低配送成本，在同行业的市场竞争中占据优势，就要更加紧密地做好最佳配送路线的规划。首先应对顾客的订单进行整理，使发货量形成批量化、平稳化，尽量减少发货波动，同时规划设计出最佳配送路线的标准。例如，将众多的客户按地区和订货量分为不同的层次，按照客户层次划分出交货时间，在此基础上设计出高效的配送路线。沿着这一路线巡回服务，按照规划的交货时间表，将货物准时送达客户，这种配送方式称为定时、定线配送。

一、编制配送计划

在配送之前，必须制作配送计划，这是实现配送省时化、省力化的主要因素。在配送计划中，对配送人员的安排、货物摆放、车辆的安排以及路线都要规划好，才能保证在满足客户要求的前提下，节约成本，提高工作效率。制订配送计划的要点包括：企业的中长期计划、人员的采用及训练计划、增车及车检计划、对主要顾客的配送分析及服务的计划流程。

当配送计划确定后，配送路线也经由各项评估决定优先级。当装载货物上车时需依照"先达后进"的原则，使货品到达目的地时能顺利卸货，不至于因顺序混淆而使不需卸货的货物挡住配送车的出口，需要卸货的货物却堵在配送车内，这不但造成人力与时间浪费，甚至使以后各批货物延迟送抵客户手中，造成商誉的损失。因此，在移动储位的管理上应依照下列各点：

（1）依配送计划决定后的送货优先级应对时间与送货量方面做严密的考虑；

（2）当优先级决定后，在驾驶记录表上应写明路线优先级与到达时间，并告诉驾驶员；

（3）货物装载的单位（如栈板），应尽量使用标准尺寸，以提高装载车的容积率；

（4）装载车内的储存空间应预留一块位置，以利于配送物品顺序的移转、调配以及人员取货活动等；

（5）货品装载单位（如栈板）上，应附上客户名称、卸货顺序的标示卡，并将货物正确存放在事先规划好的移动储位编号上，注意：卸货顺序依"先达后进"的原则。若无事先规划好的移动储位编号，则每家店的货物必须以隔板或其他装置加以明确区隔。

二、车辆排程系统的应用

一般物流中心从接受订单至出货所花费的时间相当长，配送路线的决定不明确，致使效率低下，许多状况无法满足客户需求。为了解决这类问题，车辆排程系统（简称 VSS）的应用日益显得重要，其主要的功能在于提高管理水准与作业效率，并借此确立配送系统的效率。车辆排程系统主要的输入与输出如表 3-1 所示。

表 3 - 1　　　　　　　　　　车辆排程系统主要的输入与输出

输入	输出
道路网络资料、区域范围分割资料	最短途径
仓库位置、仓库管理范围	时间上的最短途径
顾客位置、仓库所属顾客	距离上的最短途径
十字路	最短途径的路径
道路分析	区域范围分割记录
行车距离	—
单向行驶信号	
车辆资料、订购资料	配送时间表
车辆、顾客编号	哪辆车、车辆利用状况
能力、希望配送时间	何时、配送状况
台数、商品	至何地
数量	携带什么
其他	其他
在库资料	区域范围分割结果
仓库别、商品别在库量	哪个仓库配送哪些客户
其他	—

三、配送路线的选择

配送路线是否合理，直接影响配送效率和配送效益。合理确定配送路线所涉及的因素较多且是一个较为复杂的问题，包括用户的要求、配送资源状况、道路拥堵情况等。在配送路线选择的各种方法中，都要考虑配送要达到的目标，以及为实现配送目标的各种限制条件等，即在一定约束条件下，选择最佳的方案。

（1）配送路线确定原则。配送路线确定的原则与配送目标在原则上是一致的，包括成本要低、效益要高、路线要短、吨公里要小、准时性要高、劳动消耗要少、运力运用要合理等。

（2）配送路线确定的限制条件。实现配送目标总要受到许多条件的约束和限制。一般来讲，这些限制和约束包括所有用户对货物品种、规格、数量的要求，满足用户对货物发到时间范围的要求，在允许通告的时间（城市交通拥挤时所做的时间划分）内进行配送，车辆载重量和容积的限制，以及配送能力的约束等。

（3）配送路线的确定方法。配送路线的确定方法很多，诸如方案评价法、数学模型法、经验法、节约里程法等。

以上介绍的在中国台湾应用比较广泛的车辆排程系统，其自动化程度比较高，在我国大陆目前应用还比较少。但是除此之外，仍有许多方法可以达到相同的目的。下面介绍在配送过程中能够实现缩短路程、有效选择配送路线的方法——节约里程法。

为达到高效率配送，做到时间最少、距离最短、成本最少，就必须选择最佳的配送路线和车辆的综合调度，节约里程法就是一种可以实现这些目标的方法。

（一）节约里程的基本原理

设 Q 为配送中心，分别向 A 和 B 两个客户配送货物，Q 至 A 和 B 的直线距离分别为 S_1 和 S_2。最简单的方法是分别用两辆汽车对两个客户各自往返送货。则总运输距离为：

$$S_{总} = 2 \ (S_1 + S_2)$$

若改用一辆车巡回送货（这辆车能承担两个客户的需求），则运输总距离为：

$$S_{总} = S_1 + S_2 + S_3。$$

两个方案比较，后一种方案比前一种方案节约运输里程：

$$\Delta S_{总} = S_1 + S_2 - S_3。$$

（二）按节约里程法制订配送计划

当一个配送中心要向多个客户进行配送，其配送路线和车辆的安排可以按照以下步骤确定：

（1）做出最短距离矩阵，从配送网络图中列出配送中心至客户及客户之间的最短距离矩阵；

（2）从最短距离矩阵中，计算客户之间的节约里程；

（3）将节约里程按大小顺序排列分类；

（4）按节约里程大小顺序，组成配送路线图；

（5）按照上述方法逐次替代，优化配送路线，得出最佳路线。

（三）使用节约里程法的注意事项

（1）适用于需求稳定的客户；

（2）应充分考虑交通和道路情况；

（3）充分考虑收货站的停留时间；

（4）当需求量大时，可利用计算机系统实现。

在物流管理领域中运筹方法得到了广泛的应用，以上介绍的许多控制方法或者最优决策等方法都是建立在运筹法的基础上的。运筹学方法是数量化的方法，包括多种最优化方法。运用这些方法，对有限资源（人力、物力、财力、时间、信息）等进行计划、组织、协调和控制，以达到最佳效果。同一种优化方法可以用于不同领域，用来解决不同的实际问题。

本章小结

本章从配送中心进货作业入手，介绍了卸货作业、商品堆垛的要求、检验商品条码、点验作业及收货操作程序和要求，然后介绍出货作业的分发及检查、配货作业基本流程、送货作业、配货作业方法，最后介绍了配送路线的选择等与配送方案的编制有关的内容。

练习题

一、单项选择题

1. 收货检验是商业物流工作中的一个重要环节，是一项细致复杂的工作，"三核对"方法是指核对商品条码、核对商品的件数、核对商品的（　　　）。

A. 品名、规格、等级 　　　　　　 B. 品名、规格、细数

C. 单位、品名、规格 　　　　　　 D. 等级、颜色、品名

2. VSS 是指（　　　）。

A. 条码 　　 B. 地理信息系统 　　 C. 车辆排程系统 　　 D. 经济订购批量

3. 下列不属于收货作业"三核对"的核对工作的是（　　　）。

A. 核对商品条码 　 B. 核对商品件数 　 C. 核对商品包装 　 D. 核对商品等级

4. 使用托运车辆，巡回作业，巡回一次完成一次的配货作业的配货作业方法被称为（　　　）。

A. 摘果法 　　　　 B. 播种法 　　　　 C. 混合法 　　　　 D. 人工作业

5. 送货作业的第一步应该是（　　　）。

A. 车辆配载 　 B. 车辆安排 　 C. 选择送货路线 　 D. 划分基本送货区域

6. 制订配送计划要考虑的条件中，应以下列哪一项为主要依据？（　　　）

A. 交通条件 　 B. 商流信息 　 C. 各配送点的运力 　 D. 货物性能

7. 规模较大的配送中心一般使用哪种自动分拣指令设定方式？（　　　）

A. 人工键盘输入 　　　　　　 B. 声控方式

C. 利用激光自动阅读条码 　　　　 D. 计算机程序控制

二、多项选择题

1. 商品验收是交接双方划分责任的界限，必须经过下列哪几项的验收？（　　　　）

A. 商品条码验收　　　　B. 数量验收　　　　C. 质量验收

D. 包装验收　　　　E. 产地验收

2. 播种法的优点有（　　　　）。

A. 订单处理前置时间短　　　　B. 适合订单数量庞大的系统

C. 可以缩短拣取时的行走搬运距离，增加单位时间的拣取量

D. 导入容易而且弹性大　　　　E. 易于满足突发的需求

三、判断题

1. 在配送中心的收货要求中，对于一份送货单分批送货的商品，应将每批收货件数记入收货检查联，待整份单据的商品件数收齐后，才可盖章回单给送货车辆带回。（　　　）

2. 当供应商送货卡车停靠收货站台时，配送中心的收货员对于没有预报的商品可以直接收货后再办理有关手续。（　　　）

3. 收货时卸货商品一般不能直接卸在空托盘上。（　　　）

4. 收货时，没有预报的商品应先收货，然后办理有关手续。（　　　）

5. 配送中心卸货一般在收货平台上进行。（　　　）

6. 在验收有有效期的商品时，必须严格按照商品的出厂日期，并按照连锁超市公司的规定把关，防止商品失效和变质。（　　　）

7. 规模较大的配送中心基本都采用激光自动阅读条码的方法进行自动分拣。（　　　）

四、名词解释

1. 配货作业

2. 送货作业

3. "播种式"配货作业

4. "摘果式"配货作业

五、简答题

1. 简要叙述配送中心的收货员收货操作的程序与要求。

2. 在配送中心送货作业的操作过程中，需要注意哪些内容？

3. 配送中心在收货时需要经过哪几个方面的验收？

4. 简述配送中心送货的基本作业流程。

5. 简要叙述配送中心管理中的出货检查作业的方法。

6. 商品堆垛有哪些基本要求？

六、案例分析题

1. 上海济洪蔬菜配送中心。

伴随着经济快速发展，蔬菜加工配送更显现出市场巨大的发展潜力；上海江桥蔬菜批发市场济洪蔬菜配送中心的构建，正是建立企业产业链中"菜篮子"上下游的关键性节点，经过几年的运营，已逐步形成标准化、规模化蔬菜加工配送平台。

上海市江桥蔬菜批发市场济洪蔬菜配送中心占地 5.2 亩，建筑面积 $1800m^2$，保鲜加工车间 $1100m^2$，冷库 $300m^3$，年加工蔬菜能力 5000t。建立了卫生标准车间，强化卫生管理，蔬菜产品"农残"检测室及相关配套的检测设备，对每批进入济洪蔬菜配送中心的蔬菜产品，都由专业检测人员严格监控把关，在净菜加工生产过程中执行 GMP 规范操作。在修整切分、水质清洗、低温保鲜及包装用料等加工全程都按照规范化、标准化进行操作，对不合格的产品一律销毁或做技术处理，保证提供市场的蔬菜产品合格率达到 96% 以上。

蔬菜产品源头主要来自安徽和县、宣州，浙江宁波济洪蔬菜公司生产基地以及已通过无公害农产品产地认证认定的基地，并按照有关质量标准进行检测和验收。产品的源头得到了有效控制。

济洪蔬菜公司配送工作流程如图 3-3 所示。

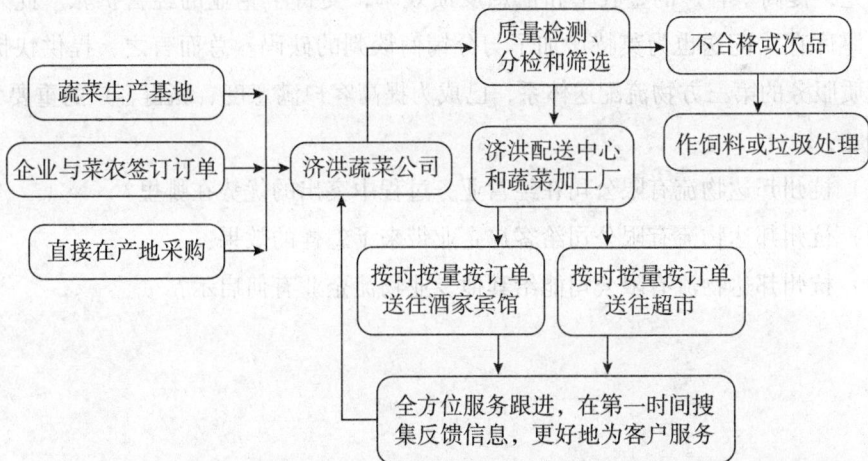

图 3-3　济洪蔬菜公司配送工作流程

问题：

（1）济洪蔬菜配送中心有何特点？

（2）该配送中心如何对净菜加工质量把检测关？

2. 杭州邦达物流有限公司是目前国内较为典型的医药专业物流服务商，从 1999 年初涉足小件快运业务开始，就一直致力于"门到门"式的物流配送服务，同时是国内较早将电子商务物流理念移植于物流实践中的佼佼者。时至今日，紧紧围绕"3S1L"（safety-speed-surely-low）物流原则的邦达物流不仅拥有可辐射全国 600 余座大中城市的物流配送网络，同时还在浙江省内建立神经末梢的可 24 小时到达，通达 70 余座县级市、48 小时直送乡镇卫生院、村卫生所和私人诊所的限时自营配送网络。

杭州邦达物流有限公司是一家注重信息流建设的流通配送型物流企业。由于邦达物流的配送网络面广且高效，所以强有力地保证了邦达网络的有效运作。邦达网站始建于 1999 年，当时只有 1 台电脑、一位信息员。于 2000 年年初邦达建立了商务网站，开发了运单跟踪系统和短信发送系统，为每位客户进行药品物流的信息跟踪及管理，使整个物流过程透明，使客户心中有数，使传统货物流与现代信息流有机结合。

目前，邦达已为浙江省医药企业价值 50 亿元的药品提供 2 万个终端的配送服务。浙江省内英特药业、康恩贝等几大企业都是其服务对象。浙江英特药业的业务主要是直接面向终端销售。鉴于多批次、小批量的发货方式，使配送成本增加，风险增大，公司选择了邦达。英特药业主管人员认为：邦达在 5 个方面做得很到位，一是时效性强，效率高；二是能帮助退货；三是邦达的网站能够使信息得到及时反馈；四是能签收回单；五是"门到门"的方式能为公司带来其他增值服务。从 2002 年 4 月与邦达签订配送合同至今，邦达很好地保证了英特每年价值十几亿元的药品运输，大幅促进了货款回笼，提高了客户的签收率和信息反馈效率，支持了企业的经营扩张。此外，邦达的"零库存"配送也为英特增加了与分销商谈判的砝码。总而言之，提供快捷、安全、优质服务的第三方物流配送体系，已成为提高客户满意度、赢得客户的重要手段。

问题：

（1）杭州邦达物流有限公司在经营业务过程中突出的优势在哪里？

（2）杭州邦达物流有限公司给客户企业带来了怎样的效果？

（3）杭州邦达物流有限公司能给其他专业物流企业有何启示？

第四章　配送中心库存控制

通过本章学习，使学生掌握储存、库存的基本概念，理解储存管理的程序及储存合理化的标志，掌握基本经济订购批量模型，理解库存控制的意义。

🌐 引导案例

沃尔玛的配送中心

沃尔玛诞生于1945年的美国。在它创立之初，由于地处偏僻小镇，几乎没有哪个分销商愿意为它送货，于是不得不自己向制造商订货，然后再联系货车送货，效率非常低。在这种情况下，沃尔玛的创始人山姆·沃尔顿决定建立自己的配送组织。1970年，沃尔玛的第一家配送中心在美国阿肯色州的一个小城市本顿维尔建立，这个配送中心供货给4个州的32个商场，集中处理公司所销商品的40%。

沃尔玛配送中心的运作流程是：供应商将商品的价格标签和UPC条码（统一产品码）贴好，运到沃尔玛的配送中心；配送中心根据每个商店的需要，对商品就地筛选、重新打包，从"配区"运到"送区"。

20世纪80年代初，沃尔玛配送中心的电子数据交换系统已经逐渐成熟。到了20世纪90年代初，它购买了一颗专用卫星，用来传送公司的数据及其信息。这种以卫星技术为基础的数据交换系统的配送中心，将自己与供应商及各个店面实现了有效连接，沃尔玛总部及配送中心任何时间都可以知道，每一个商店现在有多少存货，有多少货物正在运输过程当中，有多少货物存放在配送中心等；同时还可以了解某种货品上周卖了多少，去年卖了多少，并能够预测将来能卖多少。沃尔玛的供应商也可以利用这个系统直接了解自己昨天、今天、上周、上个月和去年的销售情况，并根据这些信息来安排组织生产，保证产品的市场供应，同时使库存降低到最低限度。

由于沃尔玛采用了这项先进技术，配送成本只占其销售额的3%，其竞争对手的配送成本则占到销售额的5%，仅此一项，沃尔玛每年就可以比竞争对手节省近8亿美元的商品配送成本。20 世纪 80 年代后期，沃尔玛从下订单到货物到达各个店面需要 30 天，现在由于采用了这项先进技术，这个时间只需要 2~3 天，大大提高了物流的速度和效益。

在沃尔玛的配送中心，大多数商品停留的时间不会超过 48 小时，但某些产品也有一定数量的库存，这些产品包括化妆品、尿布等各种日用品，也包括软饮料等，配送中心根据这些商品库存量的多少进行自动补货。到目前为止，沃尔玛在美国已有 30 多家配送中心，分别供货给美国等，18 个州的 3000 多家商场。

沃尔玛的供应商可以把产品直接送到众多的商店中，也可以把产品集中送到配送中心，两相比较，显然集中送到配送中心可以使供应商节省更多钱。所以在沃尔玛销售的商品中，有 87% 左右是经过配送中心配送的，而沃尔玛的竞争对手仅能达到 50% 的水平。由于配送中心能降低物流成本 50% 左右，使得沃尔玛能比其他零售商向顾客提供更廉价的商品，这正是沃尔玛迅速成长的关键所在。

思考

1. 沃尔玛的配送中心有哪些特点？
2. 沃尔玛的配送中心如何进行库存控制？

第一节　储存管理概述

在物流系统中，储存和运输是同等重要的构成要素。正如我们在第一章中分析过储存的功能那样，它联结生产和消费的时间间隔，产生时间功效。例如我们吃的稻米是在秋天收获的，但要在全年食用，为均衡地消费就把集中生产的东西储存在仓库里进行时间上的调整，这种在仓库里的储存管理就是为集中生产、平均消费进行着时间上的调整。另外，如冷却器、冷却剂等产品，多在暑期消费，如果只在夏季生产，那么消费量少的时候，许多生产设备势必闲置。我们采用适当规模的生产设备，暑期前即增加生产将产品储存在仓库里以备夏日之需。这种在仓库中的储存也是对平均生产集中消费进行的时间调整。

一、储存的基本概念

（一）仓库的概念

仓库在生产和销售环节的流通过程中担负着存储物品（包括原材料、零部件、在制品和产成品等）的职能，并提供有关存储品的信息以供管理决策之用。

在传统观念中，仓库被看作是完成市场营销过程的一种存储设施，仅仅担负着存储产品（即库存）的功能，它增加了整个物品的配送成本，并产生了额外的仓库作业成本，因而人们一般将仓库看作是"必不可少的邪恶"。但当时人们并没有注意到仓库活动能够在企业的物流系统中发挥巨大的作用，也没有对仓库的内部控制进行有效的管理和充分的评估，更没有根据顾客的需求对仓库的产品进行分类。早期的仓库作业都是通过人工操作来完成的，没有考虑如何有效地利用仓库空间、优化仓库作业和仓库内部设计等方面的内容。尽管存在这些方面的缺点，仓库仍然作为企业物流系统中一个必不可少的环节，在生产和消费之间架起了沟通的桥梁。

第二次世界大战以后，人们越来越关注仓库的使用效率，一些企业对是否应该拥有如此多的仓库提出了疑问。同时，随着零售业和批发业的发展，仓库作业的工艺流程和技术水平也有了很大的提高。对那些经营规模日益庞大的企业来说，仓库使用的效率问题已经变得越来越重要，如何在多个地点进行原材料和产品的存储和配送，如何有效地发挥仓库的功能，降低仓库的存储成本和产品的运输成本等，已经成为企业经常思考的问题。

在 20 世纪 60 年代和 70 年代，仓库管理主要专注于新技术的应用，以便寻求更好的方法来代替传统的手工操作。这期间，仓库管理技术水平的提高已经影响了仓库作业过程的每一个环节。在 20 世纪 80 年代，仓库管理的焦点是对仓库系统的设备配置和搬运技术进行合理的整合集成，人们越来越注重仓库的整体效益。在 20 世纪 90 年代，仓库管理集中在增强仓库的灵活性和信息技术的有效利用上，一方面，信息技术的广泛应用在一定程度上增强了仓库的灵活性，使得它能够对市场的需求迅速地做出反应；另一方面，顾客需求的个性化特征和市场需求的不确定性也要求仓库必须具有较高的灵活性。

（二）仓库的分类

仓库的形式多样，规模各异，根据不同的分类标准，可以把仓库分为不同的形式。

1. 按仓库储存的目的划分

（1）配送中心（流通中心）型仓库——具有发货、配送和流通加工的功能。

（2）存储中心型仓库——以储存为主的仓库。

（3）物流中心型仓库——具有储存、发货、配送、流通加工功能的仓库。

2. 按仓库储存的产品划分

（1）原材料仓库。

（2）半成品仓库。

（3）产成品仓库。

3. 按建筑形态划分

（1）平房型仓库。

（2）二层楼房型仓库。

（3）多层楼房型仓库。

（4）地下仓库。

（5）立体仓库（金属货架上边搭上顶盖，外侧装上墙壁的仓库）。

4. 按仓库的所有权划分

（1）自有仓库——企业自己拥有并管理着的仓库。

（2）公共仓库——专门向客户提供相对标准的仓库服务，如保管、搬运和运输等，也被称为"第三方仓库"。

（3）合同仓库——在一定时期内，按照一定的合同的约束，使用仓库内一定设备、空间和服务。

二、储存管理的程序

（一）入库管理

储存作业过程的第一个步骤就是验货收货。物品入库是物品在整个物流供应链上的短暂停留，而准确的验货和及时的收货能够加强此环节的效率。一般来说，在储存的具体工作中，入库的主要步骤程序如图 4－1 所示。

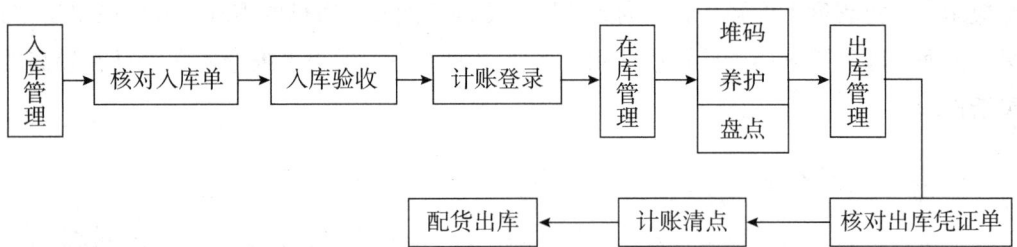

图 4－1　储存管理的程序

根据物品运输部门开出的入库单核对收货仓库的名称、印章是否有误，商品的名称、代号、规格和数量等是否一致，有无更改的痕迹等，只有经过仔细核对后才能确定是否收货。

物品的验收包括对物品规格、数量、质量和包装方面的验收。对物品规格的验收主要是对物品品名、代号、花色等方面的验收；对物品数量的验收主要是对散装物品进行称量，对整件物品进行数目清点，对贵重物品进行仔细查收等；对物品质量的验收主要有物品是否符合仓库质量管理的要求、产品的质量是否完好无损、包装标志是否达到规定的要求等。

如果物品的验收准确无误，则应该在入库单上签字，确定收货，安排物品存放的库位和编号，并登记仓库保管账目；如果发现物品有问题，则应另行做好记录，交付有关部门处理。

（二）在库保管管理

仓库作业过程的第二个步骤是存货保管。物品进入仓库进行保管，需要安全地、经济地保持好物品原有的质量水平和使用价值，防止由于不合理的保管措施所引起的物品磨损和变质或者流失等现象。

由于仓库一般实行按区分类的库位管理制度，因而仓库管理员应当按照物品的存储特性和入库单上指定的货区和库位进行综合考虑和堆码，做到既能够充分利用仓库的库位空间，又能够满足物品保管的要求。物品堆码的原则主要是：

（1）尽量利用库位空间，较多采取立体储存的方式；

（2）仓库通道与堆垛之间保持适当的宽度和距离，提高物品装卸效率；

（3）根据物品的不同收发批量、包装外形、性质和盘点方法的要求，利用不同的堆码工具，采取不同的堆码形式，其中，危险品和非危险品的堆码、性质相互抵触物品的堆码应该区分开，不得混淆；

（4）不要轻易地改变物品存储的位置，大多应按照先进先出的原则摆放物品；

（5）在库位不紧张的情况下，尽量避免物品堆码的覆盖和拥挤。

仓库管理员应当经常或定期对仓储物品进行检查和养护，对于易变质或存储环境比较特殊的物品，应当经常进行检查和养护。检查工作的主要目的是尽早发现潜在的问题，养护工作主要以预防为主。在仓库管理过程中，应采取适当的温度、湿度和防护措施，预防破损、腐烂或失窃等，达到存储物品的安全存储。

对仓库中贵重的和易变质的物品，盘点的次数越多越好；其余物品应当定期进行盘点（例如每年盘点一次或两次）。盘点时应当做好记录，与仓库账目核对，如果出现问题，应当尽快查出原因，及时处理。

（三）出库管理

储存作业管理的最后一个步骤是发货出库，仓库管理员根据提货清单，在保证物品原先的质量和价值的情况下，进行物品的搬运和简易包装，然后发货。出库过程中，仓库管理员的具体操作步骤如图 4-1 所示。

仓库管理员根据提货单核对无误后才能发货，除了保证出库物品的品名、规格和编号与提货单一致外，还必须在提货单上注明物品所处的货区和库位编号，以便能够比较轻松地找出所需的物品。

在提货单上，凡是涉及较多的物品，仓库管理员应该认真复核，交予提货人；凡是需要发运的物品，仓库管理员应当在物品的包装上做好标记，而且可以对出库物品进行简易的包装，在填写完有关的出库单据、办理好出库手续之后，可以放行。

每次发货完毕之后，仓库管理员应该做好仓库发货的详细记录，并与仓库的盘点工作结合在一起，以便于以后的仓库管理工作。

三、储存合理化的标志和措施

（一）储存合理化的标志

1. 质量标志

质量标志就是保证被储存物的质量，是完成储存功能的根本要求，只有这样，商品的使用价值才能通过物流之后得以最终实现。在储存中增加了多少时间价值或是得到了多少利润，都是以保证质量为前提的。所以，储存合理化的主要标志中，为首的应当是反映使用价值的质量。

2. 数量标志

数量标志是在保证物品功能实现的前提下有一个合理的数量范围。目前管理科学的方法已能在各种约束条件的情况下，对合理数量范围做出决策，但是较为实用的还是在消耗稳定、资源及运输可控的约束条件下所形成的储存数量控制方法。

3. 时间标志

在保证功能实现前提下，寻求一个合理的储存时间，这是和数量有关的问题，储存量越大而消耗速率越慢，则储存的时间必然长，相反则必然短。在具体衡量时往往用周转速度指标来反映时间标志，如周转天数、周转次数等。

4. 结构标志

结构标志是从被存储物不同品种、不同规格、不同花色的储存数量的比例关系对储存合理性的判断，尤其是相对性很强的各种物资之间的比例关系更能反映储存合理与否。由于这些物资之间相关性很强，只要有一种物资出现耗尽，即使其他物资仍有一定数量，也无法投入使用。所以，不合理结构的影响面并不仅仅局限在某一种物资上，而是有扩展性。结构标志的重要性也可由此确定。

5. 分布标志

分布标志是指不同地区储存的数量比例关系，以此判断和当地需求比，对需求的保障程度，也可以以此判断对整个物流的影响。

6. 费用标志

费用标志是衡量储存经济性的一个重要指标,仓储费、维护费、保管费、损失费、资金占用利息支出等,都能从实际费用上判断储存的合理与否。

(二) 储存合理化的措施

1. 进行储存物品的 ABC 分析

在 ABC 分析基础上实施重点管理,分别决定各种物资的合理库存储备数量及经济合理储备的方法,乃至实施零库存。

2. 适当集中库存

在形成了一定的社会总规模前提下,适当集中库存。适当集中储存是合理化的重要内容,所谓适当集中库存是指利用储存规模优势,以适当集中储存代替分散的小规模储存来实现合理化。

3. 加速总周转,提高单位产出

储存现代化的重要课题是将静态储存变为动态储存,周转速度加快会带来一系列的合理化好处:资金周转快、资本效益高、货损小、仓库吞吐能力增加、成本下降等。具体做法诸如采用单元集装存储、建立快速分拣系统,都有利于实现快进快出、大进大出。

4. 采用有效的"先进先出"方式

有效的"先进先出"方式可以保证每个被储物的储存期不至于过长。"先进先出"是一种有效的方式,也成为储存管理的准则之一。

5. 提高储存密度,提高仓容利用率

该项措施的主要目的是减少储存设施的投资,提高单位存储面积的利用率,以降低成本、减少土地占用。

6. 采用有效的储存定位系统

储存定位的含义是被储物位置的确定。如果定位系统有效,能大大节约寻找、存放和取出的时间,节约不少物化劳动及活劳动,而且能防止差错,便于清点及实行订货点订货等管理方式。

7. 采用集装箱、集装袋、托盘等储运装备一体化的方式

集装箱等集装设施的出现,也给储存带来了新观念。集装箱本身便是一个仓库,不需要再有传统意义上的库房,在物流过程中,也就省去了入库、验收、清点、堆垛、保管、出库等一系列储存作业,因而对改变传统储存作业有重要意义,是储存合理化的一种有效方式。

第二节　库存控制技术

一、库存的基本概念

库存是企业一项庞大的、昂贵的投资，良好的库存管理能够加快资金的周转速度、提高资金的使用效率、增加投资的收益。对于制造业来讲，原材料短缺将影响生产，导致费用增加、产品短缺。而库存积压将增加仓库、积压资金、提高成本、减少盈利。这些都反映了库存管理对企业的重要性。

（一）库存的定义

所谓库存是指处于储存状态的物品或商品。库存具有整合需求和供给，维持各项活动顺畅进行的功能。一般来说，企业在销售阶段，为了及时满足客户的要求，避免发生缺货或交货延迟现象的发生，需要有一定的商品库存。

从经营的角度来讲，可以将企业的库存分为7种类型：

（1）经常库存；

（2）流通加工过程中的库存；

（3）促销库存；

（4）安全库存；

（5）季节性库存；

（6）投机库存；

（7）沉淀库存或积压库存。

（二）库存成本的构成

1. 购买成本

购买成本是指用于购买或生产该商品所花费的费用，也称为购入成本。它的大小与商品的数量呈正比例关系，而且随着时间的推移，库存成本由于储存产品的市场价格发生变化而变化。

2. 储存成本

储存成本也称为保存成本，是指保管库存产品所花费的费用，通常用单位时间内（每天、每周、每月、每年等）产品成本的百分比来表示。例如每年10%的储存费用就是指价值100元的商品保存一年需要花费10元的储存费用。储存费用主要由库存资金的机会成本、仓库租金、仓库管理费、保险费用、税金以及消耗等组成。

3. 订货成本

订货成本是指在订货过程中所发生的人员出差、与供应商谈判、处理订单、出具发票以及收货入库等费用。这笔费用一般与订货批量的大小无关，而只与订货次数有关。

4. 缺货成本

缺货成本是指由于库存不足，无法满足客户的需求所造成的业务损失和企业信誉下降、利润减少等损失。如失去销售机会的损失、停工待料的损失、延期交货的额外支出等。

(三) 库存管理的作用

所谓库存管理，是在满足顾客服务要求的前提下，通过对企业的库存水平进行控制，力求尽可能降低库存水平，提高物流系统的效率，以强化企业的竞争力。库存管理在企业的生产经营过程中主要有以下五个方面的作用。

1. 使企业获得规模经济

一个组织要想实现在采购、运输和制造等物流过程中的规模经济，拥有一个适当的库存是必要的。大批量的订货能够使企业在多方面获得优势，如降低原材料的采购价格和运输费用；降低单位产品的制造成本；减少因缺货而形成的订单损失和信誉下降等。

2. 平衡供求方面的关系

季节性的供给和需求使企业不得不持有库存。例如在节假日，一方面，产品需求量剧增，这就要求企业能够有充足的货源来迅速满足市场的需要；另一方面，某些产品的需求在这个时期可能相对比较平稳，但其相应的原材料的供给和需求变化较多，这同样会要求企业能够保留适当的原材料库存以保持生产的连续性。

3. 有助于物流系统的合理化

合理的仓库选址可以带来诸多的便利，减少耗费在运输配送方面的时间和费用。原材料能够从仓库中被合理地配送到各地的生产基地，满足生产的需要；产成品能够被迅速运往仓库，然后配送到各地满足客户的需求。这些方面的专业化极大节省了在运输环节的费用。

4. 预防需求和订货周期的不稳定性

由于市场需求情况的瞬时变化以及订货周期的不稳定性常常使库存不足，从而导致缺货损失，这时库存就显得十分重要。储存生产所需要的原材料不仅能够保证生产过程的连续性，而且常常会在未来原材料价格上涨或原材料短缺时赚取额外的利润。

5. 在某些关键领域起到缓冲、调节的作用

库存在整个供应链的某些环节起着缓冲、调节的作用，可以缓冲由于物资供应的延迟、短缺而造成的对生产过程的冲击；可以作为配送环节的中介，调节生产过程中因原材料、半成品的不足而可能发生的比例失调。

二、库存控制的意义

所谓库存控制是希望将货品的库存量保持在适当的标准之内，以免过多造成资金积压、增加保管困难或过少导致浪费仓容、供不应求的情况。

因此，库存控制具有两项重大意义：一是为确保库存能配合销售情况、交货需求以提供客户满意的服务；二是为设立库存控制基准，以最经济的订购方式来提供营运所需的供货。

（一）库存控制的目的

1. 减少超额库存投资

保持合理的库存量，减少库存投资，如此可灵活运用资金（固定资金减少），从而使营运资金的结构保持平衡。

2. 降低库存成本

保持合理的库存可减少由库存所引起的持有成本、订购成本、缺货成本等，降低库存成本。

3. 保护财产

良好的库存控制可防止有形资产被窃，且使库存的价值在账簿上能有正确的记录，以达到保护财产的目的。

4. 防止迟延或缺货

合理的库存控制指标可以防止进货延迟和缺货现象的发生，使产品的进货与库存取得全面平衡。

5. 减少呆滞商品发生

库存控制可使库存商品因变形、变质、陈腐所产生的损失减至最少。

前三者属于财务合理化的需要，后两者的目的是作业合理化。

（二）库存控制的关键问题

1. 确定订购点

订购点的问题，即何时必须补充库存。

所谓订购点，是指库存量降至某一数量时，应即刻请购补充的点或界限。如果订购点抓得过早，必将使库存增加，相对增加了货品的库存成本及空间占用成本；如果订购点抓得太晚，则将造成缺货，甚至流失客户、影响信誉。因而订购点的掌握非常重要。

2. 确定订购量

订购量的问题，即必须补充多少库存。

所谓订购量是指库存量已达到请购点时，决定订购补充的数量，按此数量订购，方能配合最高库存量与最低库存量的基准。一旦订购量过多，则货品的库存成本增加；若订购量太少，货品会有供应断档的可能，且订购次数必然增加，亦提高了订购成本的花费。

3. 确定库存基准

库存基准的问题，即应维持多少库存。

库存基准包括最低库存量和最高库存量。

（1）最低库存量。是指管理者在衡量企业本身特性、需求后，所订购货品库存数量所维持的最低界限。最低库存量又分为理想最低库存量及实际最低库存量两种。

（2）理想最低库存量。理想最低库存量又称购置时间（Lead-time：从开始请购货物到将货物送达配送中心的采购周期时间）使用量，也就是采购期间尚未进货时的货品需求量，这是企业需维持的临界库存，一旦货品库存量低于此界限，会有缺货、停产的危险。

（3）实际最低库存量。既然理想最低库存量是一种临界库存量，因而为了保险起见，许多企业多会在理想最低库存量外再设定一个准备的"安全库存量"，以防供应不及时发生缺货，这就是实际最低库存量。实际最低库存量也称最低库存量，为安全库存量到理想库存量的总和。

（4）最高库存量。为了防止库存过多、浪费资金，各种货品均应限定其可能的最高库存水平，也就是货品库存数量的最高界限，以作为内部警戒的一个指标。

因而对一个不容易准确预测也不容易控制库存的配送中心，最好制定"各品种的库存上限和下限"（即最高库存量和最低库存量），并在电脑中设定，一旦电脑发现库存低于库存下限，则发出警讯，提醒有关管理人员及时采购；若一旦发现货品库存量大于库存上限，也要发出警讯，提醒管理人员"库存量过多"，应加强销售或采取其他促销折价的活动。

（5）经济订货量。指随着订货量的变化，费用也将发生变化。根据其相互关系，从理论上计算出的最小费用的订货量。

（三）库存决策考虑要素

1. 市场对商品的需求状况

要解决上述库存控制的关键问题，做出最佳的库存决策，就必须先设法对商品的需求状况做出详细的分析，把市场上对商品的需求状况作为最重要的考虑因素。市场上商品的需求状况可分为三种：

（1）固定或确知的情况，即未来的需求为已知；

（2）具有风险的情况，即对未来的需求只知其大略的发生概况；

（3）不确定的情况，即对于未来的需求情况全然不知。

尤其是流通业的景气与否，与经济的大气候是否景气有很大关系，而且许多产品周期也容易受流行趋势的影响。

2. 对未来需求的预测

在需求量不易确定的情况下，许多企业长期购进过多的存货而造成滞销或呆滞，造成配送中心效益不佳，对此即应先由正确的需求预测来控制，而后再凭经验加以修正。通常，需求预测是考虑下面的思路来进行调整。

（1）根据目前的订单需求量来预测，即根据各区业务员或营业所的估计，予以汇总而成预期总销售量。且以此法将各区各营业所的责任划分，可对各营业所或业务人员评估"预定销售总额度"，依此计算奖金，以促使每个销售人员都能积极寻找业务。

（2）直接由过去的实际用量预测未来的销售情况。

（3）将过去的用量加上时间趋势、季节变动和其他因素等调整而得。

（4）根据客户购买力分析。

（5）根据全国商业或政治趋势资料分析。

（6）进行市场调查。

由需求预测确定需求状况后，管理者能做到心中基本有数，可根据需求状况考虑订购性质（订购时机、购置时间）及其他如财务状况、供应商问题、仓库空间等限制因素，做出库存决策。然后再依据库存决策制定一套存货的管理标准，以此标准来对实际库存情况进行控制管理；最后再由控制结果来修正原先的库存决策。上述过程为制定库存决策的重要环节，如图4-2所示。

（四）库存重点管理

1. 库存商品的 ABC 分析

许多企业常唯恐无法满足客户需求而大量库存，导致许多不必要的成本浪费，以

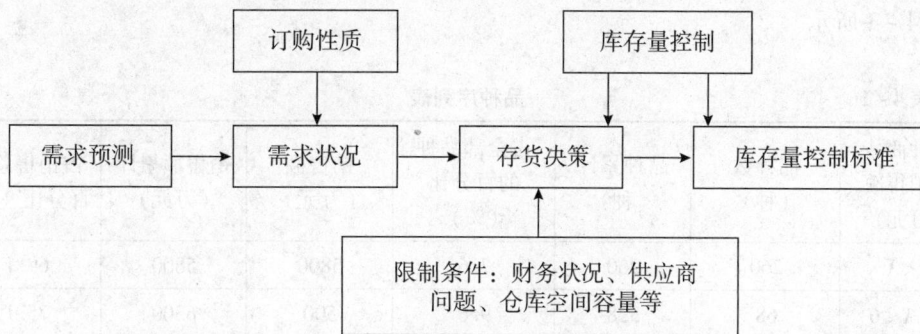

图4-2　库存决策要素关联示意

致经营不善。因而参考调查重点管理观念是："对销售总值高的少数商品，作完整的记录、分析，加以较严格的库存控制；而对销售总值低的多种商品，作定期例行的检查控制"。针对企业本身的需求，库存重点管理可采取"20—80"法则或"ABC分析法"，实际上此两法异曲同工。

（1）"20—80"法则，是指20%的商品占了销售额的80%，因此，只要对此少量而重要的库存量加以重点管理，便能使存货管理达到非常完美。

（2）"ABC分析法"是将所有库存物品归结为ABC三类。

A类：库存品种数少（只占20%），但销售金额相当大（70%），即所谓重要的少数；

C类：库存品种数相当多（占50%），但销售金额却很少（只占10%），即所谓不重要的大多数；

B类：介于A类和C类之间，大致是库存品种数占30%，销售金额占20%。

"ABC分析法"是美国一家公司根据帕累托原理发展起来的分类法，应用于库存的重点管理，以减少库存量及损耗率。其处理原则是：对于一切工作，应有"根据其价值的不同，而有不同的努力程度，以合乎经济原则"。

例4-1：某企业全部库存商品共计3421种，按每一品种年度销售额从大到小顺序，排成如表4-1所列的7档，统计每档的品种数和销售金额，然后分别计算两个指标的累计数及其与全部品种和销售总额的百分比，填入下列品种序列表内（见表4-1）。

用"ABC分类法"按表4-2的分类标准把品种序列表中的七档品种划分为ABC三类。其中，第1档和第2档的品种占总品种的9.6%，销售额占总销售额的75.1%，符合A类标准，故划分为A类商品。第3~6档的品种占总品种的19.6%，销售额占总销售额的16.9%，符合B类标准，故划分为B类商品。第7档的商品品种占总品种的70.8%，销售额占总销售额的8%，符合C类标准，故划分为C类商品。具体分类结果如表 4 - 3 所示。

表 4 - 1 品种序列表

每种商品 年销售额 （万元）	品种数 （种）	品种累计 （种）	占全部品种 的百分比 （%）	销售额 （万元）	销售额累计 （万元）	占销售总额 百分比（%）
$6 < X$	260	260	7.6	5800	5800	69.1
$5 < X \leq 6$	68	328	9.6	500	6300	75.1
$4 < X \leq 5$	55	383	11.2	250	6550	78.1
$3 < X \leq 4$	95	478	14	340	6890	82.1
$2 < X \leq 3$	170	648	18.9	420	7310	87.1
$1 < X \leq 2$	352	1000	29.2	410	7720	92
$X \leq 1$	2421	3421	100	670	8390	100

表 4 - 2 ABC 分类标准 单位：%

分类	占总品种的百分比	占销售额的百分比
A	5 ~ 10	70 ~ 75
B	10 ~ 20	10 ~ 20
C	70 ~ 75	5 ~ 10

表 4 - 3 ABC 分类法

分类	品种数（种）	占全部品种的 百分比（%）	品种累计 百分比（%）	销售额 （万元）	占销售总额的 百分比（%）	销售额累计 百分比（%）
A	328	9.6	9.6	6300	75.1	75.1
B	672	19.6	29.2	1420	16.9	92
C	2421	70.8	100	670	8	100

2. 各类库存商品的管理策略

"ABC 分析法"是一套十分有效的管理工具。在使用"ABC 分析法"管理库存时，大致可采用以下策略。

（1）A 类商品。

①每件商品皆作编号。

②尽可能慎重、正确地预测需求量。

③少量采购，尽可能在不影响需求下减少库存量。

④请供货单位配合，力求出货量平衡化，以降低需求变动，减少库存量。

⑤与供应商协调，尽可能缩短前置时间。

⑥采用定期订货的方式，对其存货必须做定期检查。

⑦必须严格执行盘点，每天或每周盘点一次，以提高库存精确度。

⑧对交货期限加强控制，在制品及发货也须从严控制。

⑨货品放至易于出入库的位置。

⑩实施货品包装外形标准化，增加出入库单位。

⑪A类商品的采购需经高层主管审核。

（2）B类商品。

①采用定量订货方式，但对前置时间较长，或需求量有季节性变动趋势的货品宜采用定期订货方式。

②每两周或三周盘点一次。

③中量采购。

④采购需经中级主管核准。

（3）C类商品。

①采用复合制或定量订货方式以求节省手续。

②大量采购，以便在价格上获得优惠。

③简化库存管理手段。

④安全库存须较大，以免发生库存短缺。

⑤可交现场保管使用。

⑥每月盘点一次。

⑦采购仅需基层主管核准。

3. 各类商品的配送策略

以配送速度而言，对这三类商品也应采取不同的策略。

（1）A类商品：常被列为快速流动商品，需要有较多的库存，因此需置于所有的配送中心或零售店。

（2）B类商品：列为正常流动商品，应存放于区域性仓库或配销仓库。

（3）C类商品：可谓缓慢流动商品，常存放于中央仓库或工厂仓库。

三、基本经济订购批量模型

确定性条件下的库存是指当一个时期内的产品需求量确定以后，相应的库存成本就基本上确定了。如果暂时不考虑缺货成本，库存成本由产品成本、储存成本和订货成本三部分构成。如果每次订货的数量越大，订货次数就会减少，相应的订货费用就会降低，而储存费用则会增加；相反的，如果每次订货的数量越少，订货次数就会增加，相应的订货费用就会上升，而储存费用就会降低。因此，需要用费用权衡方法来确定经济订货批量（Economic Ordering Quantity，EOQ）。

（一）经济订货批量的假设条件

为了便于描述和分析，对经济订货批量模型作如下假设：

（1）需求量已知并且稳定不变，库存量随着时间均匀连续地下降；

（2）库存补充的过程可以在瞬间完成，即不存在一边进货、一边消耗的问题；

（3）产品的单位价格为常数，不存在批量优惠；

（4）储存费用以平均库存为基础进行计算；

（5）每次的订货成本及订货提前期均为常数；

（6）对产品的任何需求都将及时得到满足，不存在缺货方面的问题。

（二）经济订货批量公式

根据经济订货批量的假设条件，基本的 EOQ 公式是从总成本公式推导出来的经济批量，总成本（TC）由订货成本和储存成本构成。即：

$$总成本 = 订货成本 + 存储成本$$

可表示为：

$$TC = DS/Q + QIV/2 \qquad (4-1)$$

库存动态图如图 4 – 3 所示。

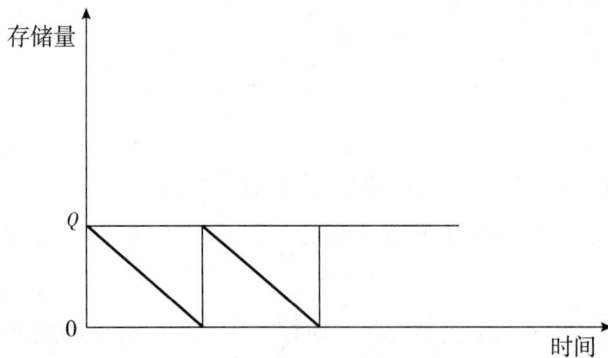

图 4 – 3　库存动态图

其中：总费用为 TC，每次的订货批量为 Q，年物资需求量为 D，单位产品价格为 P，单位产品的存储价值为 V，存储费用为 I（%），S 为一次订货的成本。如图 4 – 3 所示，我们可以清楚地知道，补充库存的时间间隔（即储存周期）为 T，补充时库存物资已经全部用完。

一年的订货次数为 D/Q，因此订货成本为 SQ/D。平均库存水平为 $Q/2$，因此，一年的库存成本为 $QIV/2$。从而一年内的总成本为：

$$TC = (D/Q) S + (Q/2) VI \qquad (4-2)$$

对式（4-2）求导，可得经济订购批量 EOQ，即：

$$Q^*_{EOQ} = \sqrt{2DS/VI} \qquad (4-3)$$

上述公式中，TC 是 Q 的函数，TC 最小时的 Q^* 的值就是最佳的经济订货批量 EOQ。

对式（4-3）还可以更进一步的展开和进行各种换算。可计算出：

年最佳订货次数：$N = D/Q$（次）

订货时间间隔：$T = 365/N$（天）

与订货相关的存货总成本：$TC = \sqrt{2DS \cdot VI}$

总成本与订货成本、储存成本和产品成本以及经济订货批量的关系如图 4-4 所示。图 4-4 中总成本的最低点就是对应的 EOQ。

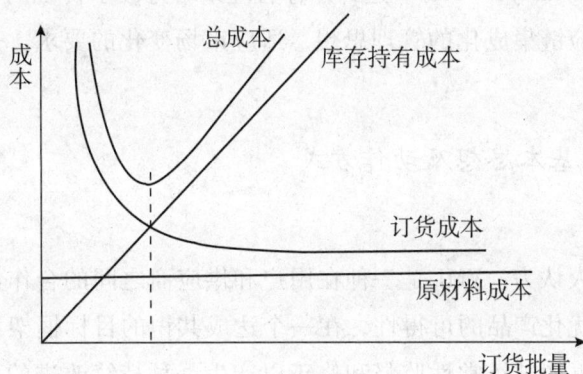

图 4-4　库存各成本之间的关系

例 4-2：某加工企业对某种原材料的年需求量为 $D = 8000t$，每次的订货费用 $S = 2000$ 元，每吨原材料的单价为 100 元，存储费用为 8%（即每吨原材料储存一年所需要的存储费用为原材料单价的8%）。求所需要的经济订货批量、年订货次数、订货时间间隔及总库存成本。

解：根据式（4-3）可得：

$$Q^*_{EOQ} = \sqrt{2DS/VI} = \sqrt{2 \times 8000 \times 2000/(1000 \times 8\%)} = 200t$$

一年的总订货次数为：$N = D/Q = 8000/2000 = 4$（次）

订货时间间隔：$T = 365/N = 365/4 \approx 91$（天）

与订货相关的存货总成本为：

$$TC = \sqrt{2DSVI} = \sqrt{2 \times 8000 \times 2000 \times 100 \times 8\%} = 16000 \text{ （元）}$$

例 4 - 3：某商店年售某种商品 40000 箱，每箱商品年储存费用为 5 元。每次进货费用为 200 元，求平均储存量。

解：$D = 40000$ 箱；$S = 200$ 元；$VI = 5$ 元。

先将已知数据代入式（4 - 3），求最佳经济订货批量：

$$Q_{EOQ}^{*} = \sqrt{2DS/VI} = \sqrt{2 \times 40000 \times 200/5} \approx 1789 \text{ （箱）}$$

同时，可以相应地计算出最佳进货次数：

$$N = D/Q = 40000/1789 \approx 23 \text{ （次）}$$

最佳进货时间间隔天数：$T = 365/23 \approx 16$ （天）

所以，平均经常储存量：$1789/2 \approx 895$ （箱）

四、供应商管理库存（VMI）及其应用

近年来，在库存管理上出现了一种新的供应链库存管理方法——供应商管理库存（Vendor Managed Intentory，VMI）。这种库存管理策略打破了传统的各自为政的库存管理模式，体现了供应链集成化的管理思想，适应市场变化的要求，是一种新的有代表性的库存管理思想。

（一）VMI 的基本思想及动作方式

1. 什么是 VMI

关于 VMI，有人认为：VMI 是一种在用户和供应商之间的合作性策略，以对双方都是最低的成本来优化产品的可得性，在一个达成共识的目标框架下由供应商来管理库存，这样的目标框架被经常性监督和修正以产生一种持续改进的环境。VMI 就是供货方代替用户（需求方）管理库存，库存的管理职能转由供应商负责。

也有人认为，VMI 是一种库存管理方案，是以掌握零售商销售资料和库存量作为市场需求预测和库存补充的解决方法，经由销售资料得到消费需求信息，供应商可以更有效地计划、更快速地反映市场变化和消费者的需求。因此，VMI 可以用来作为降低库存量、改善库存周转，进而保持库存水平的最优化，而且供应商和用户分享重要信息，所以双方都可以改善需求预测、补充计划、促销管理和装运计划等。VMI 是由传统通路产生订单作补货，改变成以实际的或预测的消费者需求作补货。

2. VMI 策略的原则

VMI 策略的关键措施主要体现在如下几个原则中。

（1）合作精神。在实施该策略中，相互信任与信息透明是很重要的，供应商和用

户（零售商）都要有较好的合作精神，才能够相互保持较好的合作。

（2）使双方成本最小。VMI 不是关于成本如何分配或谁来支付的问题，而是通过该策略的实施减少整个供应链上的库存成本，使双方都能获益。

（3）目标一致性原则。双方都明白各自的责任，观念上达成一致的目标。如库存放在哪里、什么时候支付、是否要管理费、要花费多少等问题都通过双方达成一致。

（4）持续改进原则。使供需双方共同努力，逐渐消除浪费。

VMI 的主要思想是供应商在用户的允许下设立库存，确定库存水平和补给策略，行使对库存的控制权。精心设计与开发的 VMI 系统，不仅可以降低供应链的库存水平，而且用户另外还可以获得高水平的服务，改进资金流，与供应商共享需求变化的透明性和获得更好的用户信任。

3. VMI 系统的构成

VMI 系统可分成两个模组，一个是需求计划模组，可以产生准确的需求预测；另一个是配销计划模组，可根据实际客户订单、运送方式，产生客户满意度高及成本低的配送。

（1）需求预测计划模组。需求预测最主要的目的就是要协助供应商做库存管理决策，准确预测可明确让供应商销售何种商品、销售给谁商品、以何种价格销售、何时销售等。

预测所需的参考要素包括：

①客户订货历史资料——客户平常的订货资料，可以作为未来预测的需求。

②非客户历史资料——市场情报，如促销活动资料。

需求预测程序如下：

①供应商收到用户最近的产品活动资料，紧接着 VMI 作需求历史分析。

②使用统计分析方法，以客户的平均历史需求、客户的需求动向、客户需求的周期为根据来考虑，产生最初的预测模式。

③由统计工具可模拟不同的条件，如促销活动、市场动向、广告、价格异动等，产生出调整过后的预测需求。

（2）配销计划模组。最主要的是有效地管理库存量，利用 VMI 可以比较库存计划和实际库存量，并得知目前库存量尚能维持多久，所产生的补货计划是依据需求预测模组得到的需求预测、与用户约定的补货规则（如最小订货量、配送提前期、安全库存）、配送规则等，至于补货订单方面，VMI 可以自动产生最符合经济效益的建议配送策略（如运送量、运输工具的承载量）及配送进度。

（二）VMI 的实施方法与步骤

实施 VMI 策略，首先要改变订单的处理方式，建立基于标准的托付订单处理模式，供应商和用户一起确定供应商的订单业务处理过程所需要的信息和库存控制参数，然后建立一种订单的处理标准模式，如 EDI 标准报文，最后把订货、交货和票据处理的各个业务功能集成在供应商一边。

库存状态透明性（对供应商）是实施供应商管理用户库存的关键。供应商能够随时跟踪和检查到销售商的库存状态，快速、准确地做出补充库存的决策，对企业的生产（供应）状态做出相应的调整，从而敏捷地响应市场的需求变化。为此需要建立一种能使供应商和用户的库存信息系统透明连接的方法。

1. VMI 应用过程中需交换的资料

VMI 使用 EDI 让供应商与用户彼此交换资料，交换的资料包括产品活动资料、计划进度及预测、订单确认、订单等。每个交换资料包含的主要项目如下：

（1）产品活动资料包含可用的、被订购的、计划促销量、零售资料；

（2）计划进度及预测资料包含预测订单量、预定或指定的出货日期；

（3）订单确认资料包含订单量、出货日期、配送地点等；

（4）订单资料包含订单量、出货日期配送地点等。

2. VMI 补货作业的过程

根据上述交换的资料，VMI 可以产生补货作业，首先说明 VMI 如何做补货作业。补货作业可分成 8 个过程，说明如下：

（1）批发商每日或每星期送出确定的商品活动资料给供应商；

（2）供应商接收用户传来的商品活动资料，并对此资料与商品的历史资料做预测处理；

（3）供应商使用统计方法，针对每种商品做出预测；

（4）供应商根据市场情报、销售情形适当对上述产生的预测做调整。供应商按照调整后的预测量再加上补货系统预先设定的条件、配送条件、客户要求的服务等级、安全库存量等，产生最具效益的订单量；

（5）供应商根据现有的库存量、已订购量产生最佳的补货计划；

（6）供应商根据自动货物装载系统计算得到最佳运输配送；

（7）供应商根据以上得到的最佳订购量，在供应商端内部产生用户需求的订单；

（8）供应商产生订单确认资料并传送给用户，通知用户补货。

3. VMI 策略的实施步骤

（1）建立顾客情报信息系统。供应商要有效地管理销售库存，必须能够获得顾客的有关信息。通过建立顾客的信息库，供应商能够掌握需求变化的有关情况，把由分销商进行的需求预测与分析功能集成到供应商的系统中来。

（2）建立物流网络管理系统。供应商要很好地管理库存，必须建立起完善的物流网络管理系统，保证自己的产品需求信息和物流畅通。目前，已有许多企业开始采用MRPⅡ或ERP，这些软件系统都集成了物流管理功能，通过对这些功能的扩展，就可以建立完善的物流网络管理系统。

（3）建立供应商与用户的合作框架协议。供应商和用户一起通过协商，确定订单处理的业务流程以及库存控制的有关参数，如补充订货点、最低库存水平等、库存信息的传递方式 EDI 或 Internet 等。

（4）组织机构的变革。这一点很重要，因为 VMI 策略改变了供应商的组织模式。引入 VMI 后，在订货部门产生了一个新的职能负责控制用户的库存，实现库存补给和高服务水平。

图 4－5 简要说明了 VMI 的作业流程。

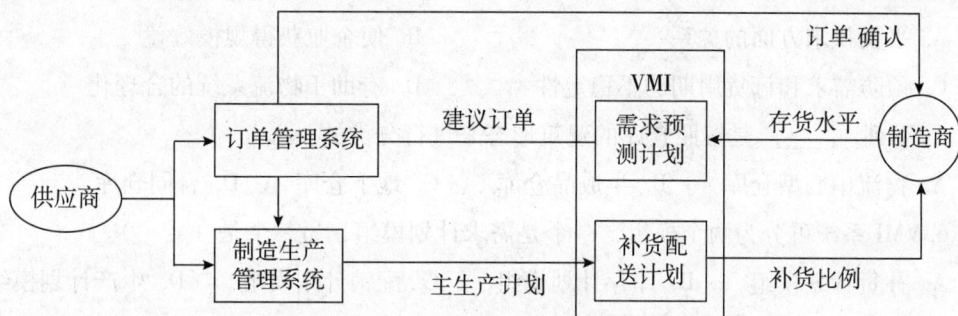

图 4－5　VMI 的作业流程

综上所述，VMI 的优点是可以提供更好的客户服务、增加公司的竞争力、提供更精确的预测、降低营运成本、计划生产进度、降低库存量与库存维持成本、有效的配送等。

本章小结

本章从阐述储存管理的基本概念入手，介绍储存合理化的标志、储存管理的程序、储存合理化的措施，然后介绍库存控制的意义、基本经济订购批量模型、供应商管理库存（VMI）及其应用。通过本章学习，使学生掌握储存、库存的基本概念，理解储存管理的程序及储存合理化的标志，掌握基本经济订购批量模型，理解库存控制的意义。

练习题

一、单项选择题

1. 下列_____不是构成缺货成本的内容。（　　　）

A. 失去销售机会的损失　　　　　　　B. 保险费用

C. 停工待料的损失　　　　　　　　　D. 延期交货的额外支出

2. 库存决策最重要的考虑因素是（　　　）。

A. 市场对商品的需求状况　　　　　　B. 订购性质

C. 供应商问题　　　　　　　　　　　D. 仓库空间容量

3. 下列的仓库_____是按照仓库储存的产品来进行分类的。（　　　）

A. 物流中心型仓库　　B. 半成品仓库　　C. 地下仓库　　D. 合同仓库

4. 储存生产所需要的原材料不仅能够保证生产过程的连续性，而且常常会在未来原材料价格上涨或原材料短缺时赚取额外的利润，这是库存管理的_____作用。（　　　）

A. 平衡供求方面的关系　　　　　　　B. 使企业获得规模效益

C. 预防需求和订货周期的不稳定性　　D. 有助于物流系统的合理化

5. 下列_____是按照仓库的建筑形态来进行分类的。（　　　）

A. 物流中心型仓库　　B. 半成品仓库　　C. 地下仓库　　D. 合同仓库

6. VMI 系统可分为两个模组，一个是需求计划模组，另一个是（　　　）。

A. 补货计划模组　　B. 库存计划模组　　C. 配销计划模组　　D. 生产计划模组

7. 购置时间使用量是指（　　　）。

A. 最低库存量　　B. 理想最低库存量　　C. 实际最低库存量　　D. 最高库存量

8. 下列哪种仓库类型是按照储存的目的来进行分类的？（　　　）

A. 合同仓库　　B. 原材料仓库　　C. 地下仓库　　D. 流通中心型仓库

9. 下列_____属于作业合理化需要的库存控制的目的。（　　　）

A. 防止延迟或缺货　　　　　　　　　B. 减少超额库存投资

C. 降低库存成本　　　　　　　　　　D. 保护财产

10. EOQ 是指（　　　）。

A. 经济订货批量　　B. 供应商管理库存　　C. 电子商务　　D. 条码技术

11. 某企业在得知今年世界主要产棉国遭遇自然灾害后，预计棉花价格将提升，在棉花收购季节前大量收购堆放仓库中的库存被称为（　　　）。

A. 促销库存　　B. 安全库存　　C. 季节性库存　　D. 投机库存

12. 下列_____不是构成储存成本的内容。（　　　）

A. 仓库租金　　　B. 保险费用　　　C. 停工待料的损失　　　D. 仓库管理费

13. 在库存控制的关键问题管理中，确定库存基准包括确定最低库存量和（　　）。

A. 最高库存量　　　B. 实际最低库存量　　　C. 理想最低库存量　　　D. 经济订货量

14. 下列_____是按照仓库的所有权来进行分类的。（　　）

A. 物流中心型仓库　　　B. 产成品仓库　　　C. 立体仓库　　　D. 合同仓库

15. 被称为"第三方仓库"的是（　　）。

A. 合同仓库　　　B. 公共仓库　　　C. 配送中心型仓库　　　D. 物流中心型仓库

16. 库存成本中，下列哪一项与订货批量大小无关而与订货次数有关？（　　）

A. 购买成本　　　B. 订货成本　　　C. 储存成本　　　D. 缺货成本

17. 下列不属于库存控制关键问题的是（　　）。

A. 确定订货点　　　B. 确定订货量　　　C. 确定库存基准　　　D. 确定库存货物价值

18. 某仓库 A 商品年需求量为 2400 箱，单位商品年保管费为 6 元，每次订货成本为 8 元，则经济订购批量为_____箱。（　　）

A. 80　　　　　　B. 57　　　　　　C. 60　　　　　　D. 42

19. 从被储存物不同品种、不同规格、不同花色的储存数量的比例关系来判断储存合理化属于储存合理化的（　　）。

A. 数量标志　　　　　B. 时间标志　　　　　C. 结构标志　　　　　D. 分布标志

二、多项选择题

1. 库存成本一般由以下_____构成。（　　）

A. 购买成本　　　　　B. 储存成本　　　　　C. 订货成本

D. 缺货成本　　　　　E. 仓库管理成本

2. 库存控制的关键问题是（　　）。

A. 确定订购点　　　　　B. 确定订购时间　　　　　C. 确定库存基准

D. 确定订购次数　　　　　E. 确定订购量

3. 储存合理化的标志是（　　）。

A. 质量标志　　　B. 数量标志　　　C. 时间标志　　　D. 结构标志　　　E. 费用标志

4. VMI 策略的关键措施主要体现在_____原则中。（　　）

A. 合作精神　　　　　B. 使双方成本最小　　　　　C. 竞争性原则

D. 持续改进原则　　　　　E. 目标一致性原则

5. 按仓库的储存目的，可以将仓库分为（　　）。

A. 配送中心型仓库　　　　　B. 原材料仓库　　　　　C. 自有仓库

D. 存储中心型仓库　　　　　E. 物流中心型仓库

6. 下列_____措施是储存合理化的常用措施。（　　）

A. 进行储存物品的 ABC 分析　　　　　B. 适当集中库存

C. 采用有效的"先进先出"方式　　　　D. 提高储存密度，提高仓容利用率

E. 采用"后进先出"法

7. 在库存控制的目的中，属于财务合理化的需要的是（　　）。

A. 减少超额库存投资　　　B. 降低库存成本　　　　C. 保护财产

D. 防止迟延或缺货　　　　E. 减少呆滞商品发生

三、判断题

1. VMI 系统中，需求预测最主要的目的是要协助用户做库存管理决策，准确预测，让用户可明确需要多少商品。（　　）

2. 集装箱、集装袋、托盘等储运装备一体化的方式是储存合理化的一种有效方式。（　　）

3. "ABC 分析法"的核心思想是"找出关键的大多数"。（　　）

4. VMI 系统中，配销计划最主要的目的是协助供应商做库存管理决策，利用 VMI 可以比较库存计划和实际库存量，并得知目前库存量尚能维持多久。（　　）

5. 库存状态透明性（对供应商）是实施供应商管理用户库存的关键。（　　）

6. 储存作业过程的第二个步骤是验货、收货。（　　）

7. VMI 的主要思想是用户在供应商的允许下设立库存，确定库存水平和补给策略，行使对库存的控制权。（　　）

8. 费用标志是衡量储存合理性的最重要标志。（　　）

9. VMI 系统分为需求计划模组、配销计划模组和物流计划模组三个模组。（　　）

10. 订货成本一般与订货次数无关，而只与订货批量的大小有关。（　　）

11. 在库存控制中，减少呆滞商品的发生是出于财务合理化的需要。（　　）

12. 储存合理化的主要标志中，为首的是费用标志。（　　）

四、名词解释

1. 库存

2. 订购点

3. 订购量

4. 缺货成本

5. ABC 分析

五、简答题

1. VMI 是什么意思？它的关键措施体现在哪些原则中？

2. 某大型国有企业库存管理混乱，完全没有依照现代物流的管理方式进行管理，企业上层决定对其进行改革，为了实现储存合理化，可以采取哪些措施？

3. 企业实施 VMI 有何好处？

4. 简述 VMI 策略的实施步骤。

5. 简述"ABC 分析法"的原理及各类库存商品的管理策略。

6. 简述库存控制的目的。

六、计算题

1. 某生产企业对某种原材料的年需求量为 20000t，每次的订货费用为 4000 元，每吨原材料的单价是 200 元，存储费用为 5%（即每吨原材料储存一年所需要的储存费用为原材料单价的 5%）。求所需要的经济订货批量、年订货次数、订货时间间隔及总的库存成本。

2. 某企业全部库存商品共计 3421 种，按每一品种年度从大到小顺序，排成如表 4 - 4 所列的 7 档，统计每档的品种数和销售金额，然后分别计算两个指标的累计数及其与全部品种和销售总额的百分比，填入下列品种序列表内（见表 4 - 4）。

要求：用 ABC 分类法按照表 4 - 5 的分类标准把品种序列表中（表 4 - 4）的 7 档品种划分为 ABC 三类。具体的分类结果直接填入表 4 - 6。

表 4 - 4 　　　　　　　　　　　　品种序列表

每种商品年销售额（万元）	品种数（种）	品种累计（种）	占全部品种的百分比（%）	销售额（万元）	销售额累计（万元）	占销售总额百分比（%）
6 < X	260	260	7.6	5800	5800	69.1
5 < X ≤ 6	68	328	9.6	500	6300	75.1
4 < X ≤ 5	55	383	11.2	50	6550	78.1
3 < X ≤ 4	5	478	14	340	6890	82.1
2 < X ≤ 3	170	648	18.9	420	7310	87.1
1 < X ≤ 2	352	1000	29.2	410	7720	92
X ≤ 1	2421	3421	100	670	8390	100

表 4 - 5 　　　　　　　　　　ABC 分类标准 　　　　　　　　　单位：%

分类	占总品种的百分比	占销售额的百分比
A	5 ~ 10	70 ~ 75
B	10 ~ 20	10 ~ 20
C	70 ~ 75	5 ~ 10

根据以上题目的要求及表 4 - 4 和表 4 - 5 的数据，把计算的结果填入表 4 - 6，计算过程可以不表示出来。计算的结果保留一位小数。

表 4 - 6 　　　　　　　　按照 ABC 分类法的分类结果填入

分类	品种数（种）	占全部品种百分比（%）	品种累计百分比（%）	销售额（万元）	占销售总额百分比（%）	销售额累计百分比（%）
A						
B						
C				100		100

3. 某公司年销售某种产品 80000 箱，每箱产品年存储费用为 4 元，每次进货费用为 400 元，求该公司的最佳进货次数、最佳进货时间间隔天数、平均储存量。

4. 某加工企业对某零件年需求量为 10000 件，每次订货费用 1000 元，每件产品单价为 200 元，存储费用为 10%，求所需要的经济订货批量、年订货次数、订货时间间隔、与订货相关的库存成本。

七、案例分析题

1. 詹姆（JAM）电子：寻找有效的库存管理策略。

詹姆（JAM）电子是一家生产诸如工业继电器等产品的韩国制造商企业。公司在远东地区的 5 个国家拥有 5 家制造工厂，公司总部在首尔。

美国詹姆公司是詹姆电子的一个子公司，专门为美国国内提供配送和服务功能。公司在芝加哥设有一个中心仓库，为两类顾客提供服务，即分销商和原始设备制造商。分销商一般持有詹姆公司产品的库存，根据顾客需要供应产品。原始设备制造商使用詹姆公司的产品来生产各种类型的产品，如自动化车库的开门装置。

詹姆电子大约生产 2500 种不同的产品，所有这些产品都是在远东制造的，产成品储存在韩国的一个中心仓库，然后从这里运往不同的国家。在美国销售的产品是通过海运运到芝加哥仓库的。

近年来，美国詹姆公司已经感到竞争大大加剧了，并感受到来自顾客要求提高服务水平和降低成本的巨大压力。不幸的是，正如库存经理艾尔所说："目前的服务水平处于历史最低水平，只有大约 70% 的订单能够准时交货。另外，很多没有需求的产品占用了大量库存。"

在最近一次与美国詹姆公司总裁和总经理及韩国总部代表的会议中，艾尔指出了服务水平低下的几个原因。

（1）预测顾客需求存在很大的困难。

（2）供应链存在很长的提前期。美国仓库发出的订单一般要 6 ~ 7 周后才能交货。存在这么长的提前期主要因为：一是韩国的中央配送中心需要 1 周来处理订单；二是海上运输时间比较长。

（3）公司有大量的库存。如前所述，美国公司要向顾客配送 2500 种不同的产品。

（4）总部给予美国子公司较低的优先权。美国订单的提前期一般要比其他地方的订单早 1 周左右。

但是，总经理很不同意艾尔的观点。他指出，可以通过用空运的方式来缩短提前期。这样，运输成本肯定会提高，但是，怎么样进行成本节约呢？

问题：

（1）詹姆公司如何针对这种变动较大的顾客需求进行预测？

（2）詹姆公司如何平衡服务水平和库存水平之间的关系？

（3）提前期和提前期的变动对库存有什么影响？詹姆公司该怎么处理？

（4）对詹姆公司来讲，什么是有效的库存管理策略？

2. 中国台湾雀巢与家乐福的 VMI 计划。

雀巢与家乐福公司在全球均为流通产业的领导厂商，中国台湾雀巢在 1999 年 10 月开始与家乐福公司合作，建立整个 VMI 计划的运作机制，总目标要增加商品的供应率，降低顾客（家乐福）库存持有天数，缩短订货前置时间以及降低双方物流作业的成本。

计划实施前，在系统方面，双方各自有独立的内部 ERP 系统，彼此间不兼容，在推动计划的同时，家乐福也在进行与供货商以 EDI 联机方式的推广计划，与雀巢的 VMI 计划也打算以 EDI 的方式进行联机。

在人力投入方面，雀巢与家乐福双方分别设置专门的对应窗口，其他包括如物流、业务或采购、信息等部门则是以协助的方式参与计划，并逐步转变为物流对物流、业务对采购以及信息对信息的团队运作方式。在经费的投入上，在家乐福方面主要是在 EDI 系统建设的花费，也没有其他额外的投入，雀巢方面除了 EDI 建设外，还引进了一套 VMI 的系统，花费约 250 万台币。

在具体的成果上，除了建设一套 VMI 运作系统与方式外，在经过近半年的实际上线执行 VMI 运作以来，对于具体目标达成也已有显著的成果，雀巢对家乐福物流中心产品到货率由原来的 80% 左右提升至 95%（超越目标值），家乐福物流中心对零售店面产品到货率也由 70% 左右提升至 90% 左右，而且仍在继续改善中，库存天数由原来的 25 天左右下降至目标值以下，订单修改率也由 60%～70% 的修改率下降至现在的 10% 以下。

一方面，在双方的合作关系上，对雀巢来说最大的收获是在与家乐福合作的关系上，过去与家乐福是单向的买卖关系，顾客要什么就给什么，甚至是尽可能地推销产品，彼此都忽略了真正的市场需求，导致卖得好的商品经常缺货，而不畅销的产品却有很高的库存，经过这次合作让双方更为相互了解，也愿意共同解决问题，并使原本各项问题的症结点陆续浮现，有利于根本性改进供应链的整体效率，同时掌握销售资料和库存量来作为市场需求预测和库存补货的解决方法。另一方面，雀巢在原来与家乐福的 VMI 计划基础上，也进一步考虑针对各店降低缺货率，以及促销合作等计划的可行性。

问题：

（1）VMI 的运行给雀巢与家乐福带来了什么好处？

（2）结合案例说明实施 VMI 策略的基本原则有哪些？

（3）结合案例简要说明实施 VMI 策略的实施步骤？

3. 在不到 20 年的时间内，戴尔计算机公司的创始人迈克尔·戴尔，白手起家把公司发展到 250 亿美元的规模。即使面对美国经济目前的低迷境况，在惠普等超大型竞争对手纷纷裁员减产的情况下，戴尔仍以两位数的发展速度飞快前进。根据美国一家权威机构的统计，戴尔 2001 年一季度的个人电脑销售额占全球总量的 13.1%，仍高居世界第一。

该公司分管物流配送的副总裁迪克·亨特一语道破天机："我们只保存可供 5 天生产的存货，而我们的竞争对手则保存 30 天、45 天，甚至 90 天的存货。这就是区别。"

几乎所有工厂都会出现过期、过剩零部件。而高效率的物流配送使戴尔的过期零部件比例保持在材料开支总额的 0.05%～0.1%，2000 年戴尔全年在这方面的损失为 2100 万美金。而这一比例在戴尔的对手企业都高达 2%～3%，在其他工业部门更是高达 4%～5%。

即使是面对如此高效的物流配送，戴尔的副总裁亨特仍不满意："有人问 5 天的库存量是否为戴尔的最佳物流配送极限，我的回答是：当然不是，我们能把它缩短到 2 天。"

问题：

（1）结合所学知识，分析戴尔公司的储存合理化与否，可以通过哪些标志判断。

（2）戴尔公司希望进一步降低库存，根据所学知识，分析可以采取什么办法令其库存更加合理化。

4. 2001 年，中央电视台《新闻 30 分》节目报道了南京冠生园食品有限公司以隔年陈馅做月饼的惊人消息，导致当年和第二年月饼销售量骤降四成。该厂总经理吴震中声称："这在全国范围内是普遍现象，月饼是季节性很强的产品，这个市场很难估量，没有一个厂家不存在这种现象，除非你是个体户，做几个卖几个的。"而其他一些月饼生产厂家则否定这一说法，北京大三元总经理声称："卖不完的月饼全部销毁，但我们库存控制做得比较好，剩下来的不会很多，连盒和包装全部销毁，盒卖废铁，月饼喂猪。"

问题：

（1）库存控制有何意义？

（2）库存控制的目的是什么？

（3）库存控制的关键问题何在？

第五章　配送中心自动化设备管理

🔍 **学习目标**

通过本章的学习，了解自动化立体仓库的基本类型、特点和适用条件；掌握自动化立体仓库的基本概念、总体构成及各组成部分的功能；掌握自动输送系统的基本结构、特点及选用；熟悉自动存取货系统、自动分拣系统、自动控制系统的应用。

🌐 **引导案例**

华为的自动化立体库

华为公司创建于1988年，是我国规模最大、实力最强的通信设备与解决方案供应商。华为的成功从内部来看，既依托于自身强大的研发实力和市场能力，也离不开先进高效的物流系统的支撑。

华为自动化立体仓库的仓储区总占地面积约1.7万平方米，共有20个巷道，其中，托盘立体库有2万多个货位，料箱立体库有4万多个货位。高峰期货位利用率曾达到90%～95%。

华为自动化立体仓库的设备采用了国际先进的软硬件设备，主要包括：自动巷道堆垛机20台，来自德国；WMS（仓储管理系统），来自英国；RF（无线射频）设备，来自美国和加拿大；传送带，来自澳大利亚和德国；物料搬运设备，来自德国和澳大利亚；托盘传送料车，来自德国；托盘升降输送机，来自德国；高架货架，来自中国。

自动化立体库作为华为坂田基地物流系统的核心环节，对优化坂田基地的物流作业、提高物流环节的效率、节约整个公司的管理成本起到了重要的作用。

其实，华为当初建设自动化立体仓库最看重的并不是物流成本的降低，而是提升整个公司的物流管理水平和运作效率。华为借助自动化立体库项目的实施掌握了很多先进的物流信息技术。例如，自动化立体库投入使用后公司很快就在生产环节推行了条码管理，使企业的生产效率与管理水平大幅提升。更重要的是，先进的自动化物流中心有助于华为树立良好的企业形象，对客户特别是海外客户有极强的吸引力。曾有一些客户非常关注华为的物流与供应链管理水平，前来公司考察。当他们看到华为拥有如此高效率、高水平的物流系统时，感到很满意，此后双方业务一直进展得十分顺利。

思考

1. 华为自动化仓库采用了哪些国际上先进的软硬件设备？
2. 自动化仓库为华为带来了哪些变化？

第一节　自动化立体仓库

一、自动化立体仓库概念

仓库（Warehouse）是保管、储存物品的建筑物和场所的总称。而自动化仓库（Automatic Warehouse）是由电子计算机进行管理和控制的，不需要人工搬运作业而实现收发作业的仓库。立体仓库（Stereoscopic Warehouse）是指采用高层货架配以货箱或托盘储存货物，用巷道堆垛机及其他机械进行作业的仓库。因而自动化立体仓库可以认为是自动化仓库与立体仓库的有机结合，它是由高层货架、巷道堆垛机、自动分拣系统、入出库自动输送系统、自动控制系统、计算机仓储管理系统及其周边设施与设备组成的可对集装单元货物实现自动仓储过程的一个综合系统。

二、自动化立体仓库的发展过程

自动化立体仓库的产生和发展是生产力高度发展的结果。随着社会生产力的不断发展，原有的仓储作业不能满足社会生产和生活的需求，同时伴随着城市化进程的不断发展，引起地价不断上涨，迫使人们不得不考虑仓储空间向立体化方向发展。因此，高层货架出现了，随之要求有新型的装卸搬运机械与周边设备配套。同时，由于计算机技术和通信技术的蓬勃发展，为仓储过程的自动化提供了基本条件，因而自动化立体仓库就应运而生了。

美国于 1959 年开发了世界第一座自动化立体仓库，并在 1963 年率先使用计算机进行自动化立体仓库的控制和管理。此后，自动化仓库在欧美一些发达国家和日本迅速发展起来。20 世纪 70 年代以来，发达国家大力推广商品物流自动化、高速化、信息化，在各大城市纷纷建立了大型自动化立体仓库。进入 80 年代，自动化立体仓库在世界各国发展迅速，使用范围涉及几乎所有行业。随着科技的不断发展，先进的技术手段在自动化仓库中得到广泛应用：实现了信息自动采集、物品自动分拣、自动输送、自动存取，库存控制实现了智能化，自动导引车得到广泛应用，大大提高了仓储作业效率，一座大型自动化立体仓库每小时可完成 500～800 次出入库作业。

纵观国内外自动化立体仓库的发展，可将其发展过程按自动化程度分为 5 个阶段：人工仓储技术阶段、机械化仓储技术阶段、自动化仓储技术阶段、集成自动化仓储技术阶段和智能自动化仓储技术阶段。

1. 人工仓储技术阶段

在这一阶段，仓储过程各环节的作业（包括物品的输送、存储、管理和控制等）主要靠人工来完成。这一阶段的优点是作业人员可以面对面地全面接触仓储的全过程，初期的设施设备投资较少。

2. 机械化仓储技术阶段

在这一阶段，仓储企业增加了必要的专用作业机械，其作业特点是作业人员通过操纵机械设备来实现物品的装卸搬运和储存等作业活动。如通过传送带、工业搬运车辆、堆垛机等来移动和搬运物料，采用各种货架、托盘等来存储物料。机械化程度的提高大大提高了劳动生产率，提高了装卸搬运的工作质量，改善了作业人员的劳动条件，且由于采用了货架来储存货物，避免了货品之间的相互挤压，改善了货品的储存保管条件，另外，使储存空间向立体空间发展，大大提高了存储空间的利用率。但是仓储机械设备的购置和使用管理均需要较多的资金投入。

3. 自动化仓储技术阶段

这一阶段在仓储系统中采用了自动输送系统、自动导引车辆系统（AGVS）、货品自动识别系统、自动分拣系统、自动存取系统等，但各系统之间还没有实现有机的结合，只能单独地进行控制。随着计算机技术的发展，信息自动化技术逐渐成为自动仓储系统的核心技术，在计算机之间、数据采集点之间、机械设备的控制器之间，以及它们与主计算机之间的通信可以实时地进行信息汇总，仓库计算机可以及时地记录订货和到货时间，可随时显示库存量，计划人员可以方便地做出供货计划，管理人员可随时掌握货源及需求情况。在这一阶段，信息技术的应用已成为仓储技术的重要内容。

4. 集成自动化仓储技术阶段

自动化仓储系统进一步发展，将仓储过程各环节的作业系统集成为一个有机结合的综合系统，称为仓储管理系统，在仓储管理系统的统一控制指挥下，各子系统密切配合，有机协作，使整个仓储系统的总体效益大大超过了各子系统独立工作的效益总和。在这一阶段，货品的仓储过程几乎可以不需要人工的参与，完全实现仓储的自动化。

5. 智能自动化仓储技术阶段

人工智能技术的发展推动了自动化仓储技术向智能化方向发展。在这一阶段，系统可以完全自动地运行，并根据实际运行情况，自动地向人们提供许多有价值的参考信息，如根据历史数据和外来信息等对市场前景作出科学的预测，根据货品的需求情况对仓储资源的有效利用提出合理化的建议，对系统运行的效果提供科学的评价，根据多个客户的地理位置分布情况，提供最优化的配送路线等。总之，目前智能化仓储技术阶段还处于初级发展阶段，在这一技术领域还有大量的工作需要人们探索，具有广阔的发展空间。

三、自动化立体仓库的特点

自动化立体仓库技术是仓储领域的最新技术，它的使用能够产生巨大的社会效益和经济效益。其主要优缺点如下。

（一）优点

1. 大大提高了仓库的单位面积利用率

自动化立体仓库使用高层货架存储货物，存储区可以最大限度地向三维空间发展，大大提高了仓储空间的利用率，因而提高了仓库的单位面积利用率。

2. 提高了劳动生产率，降低了劳动强度

自动化仓库运用机械化和自动化设备进行作业过程，运行和处理速度很快，大大提高了劳动生产率，同时降低了操作人员的劳动强度，改善了作业人员的劳动条件。

3. 减少了货物处理和信息处理过程的差错

计算机能够始终准确无误地对各种信息进行存储和管理，因此能减少货物处理和信息处理过程中的差错。而利用人工管理由于受人为因素较多，很难做到这一点。

4. 合理有效地进行库存控制

利用计算机管理能有效地充分利用仓库的储存能力，随时掌握库存情况，比较容易地实现先入先出等库存原则，防止货物的自然老化、变质、生锈或发霉等情况的发生，从而对库存进行有效的控制，加快了资金周转，提高了仓储管理水平。

5. 能较好地满足特殊仓储环境的需要

采用自动化技术后，能较好地满足黑暗、低温、污染、有毒和易爆等特殊条件下物品的存储需要。如冷冻自动化仓库和存储胶片的自动化仓库，在低温和完全黑暗的库房内，由计算机自动控制，实现货物的出入库作业。

6. 提高了作业质量，保证货品在整个仓储过程的安全运行

自动化立体仓库一般采用集装单元化存储，搬运过程中搬运机械不直接与货物接触，因此有利于防止货物搬运过程中的破损。

7. 便于实现系统的整体优化

通过自动化仓库的信息系统与其他各子系统集成，使之成为一个有机的综合系统，

可以从整个系统的角度对各作业环节进行优化，从而达到系统最优的目的。

应用自动化仓库以后，企业主管人员可以及时获得仓储过程的准确信息，随时掌握库存动态情况，便于对企业规划做出及时调整，从而可以提高企业的应变能力和决策能力。另外，由于自动化仓库的应用，要求工作人员必须提高自身的业务素质，才能适应工作的需要，与此同时，树立了良好的企业形象，提高了企业的知名度，对企业的长远发展将会带来潜在的经济效益和社会效益。

例5-1：某汽车制造厂对仓储环节进行了技术改造，采用自动化立体仓库对全厂库存物品进行了控制与管理，投入运行后取得了很好的经济效益和社会效益，基本情况总结如下。

①节约了征地费用43.75万元。

②与同样存储量的平面仓库相比节约了土建投资200万元。

③每辆汽车配套件产品的综合费用（包括管理费、运杂费、包装费用等）降低了66.34元，按实际年产12万辆车计算，每年可节约796.1万元。

④加快了库存资金的周转，从原来的8.69次/年提高到11.06次/年，每年节约库存资金利息支出90.72万元。

⑤减少了产品的中转次数，使货损货差率大大降低，仅统计三种易破损件，每年就可节约资金79.27万元。

⑥提高了劳动生产率，与同样存储量的平面仓库相比，人均吞吐量提高了4.97倍。

⑦由于应用计算机进行库存控制和管理，能及时准确地提供各种业务数据作为决策、统计、编制计划等工作的依据，对保证均衡生产、实行科学管理，起到了重要作用。

⑧由于库存控制可容易地实行先入先出等原则，有效地防止了配套件的超期存储老化、变质等带来的损失。

（二）缺点

（1）结构复杂，配套设备多，需要的基建和设备投资很大。

（2）货架的安装精度要求很高，施工比较困难，而且施工周期长。

（3）储存货品的品种受到一定的限制，不同类型的货架仅适合于不同的物品储存，因此，自动化仓库一旦建成，系统的更新改造比较困难。

四、自动化立体仓库的适用条件

自动化仓库是在社会生产力和科学技术不断发展的情况下产生的一种现代化仓储

管理技术手段。然而，它必须具备一定的条件才能发挥其应有的效能。建立和使用自动化仓库应具备以下几个条件。

1. 货品的出入库频率较大，且货物流动比较稳定

货品的仓储总量必须足够大，而且出入库作业频繁，货流量稳定，否则，就会出现仓储空间浪费，仓储设施设备闲置等不良状况，不利于发挥自动化仓库的优势。

2. 需要有较大的资金投入

自动化仓库除了建筑投资外，还必须有相应的配套设施与设备投入，这不仅要求初期投入，而且还要考虑设施与设备的使用维护费用。所以，自动化仓库的资金投入是相当大的，拟建库的企业必须具备雄厚的资金实力。

3. 需要配备一支高素质的专业技术队伍

从自动化仓库的规划设计到投入运营的整个过程中，组成自动化仓库的各个子系统的正常运行和维护均需要相应的专业知识，由专业人员来进行，因此，自动化仓库的运转不仅要求工作人员具有较高的专业技术素质，而且要求工作人员具有高度的责任心。

4. 对货品包装要求严格

自动化仓库采用自动存取装置（巷道式堆垛机）和高层货架来储存和搬运货品，采用自动化输送设备进行货品的输送，因此，要求货品的包装必须符合有关标准要求，且要求外包装要统一规格尺寸，以便于自动仓储作业的顺利进行。

5. 仓库的建筑地面应有足够的承载能力

由于自动化仓库的仓容量很大，其单位面积利用率都比较大，因此要求仓库的单位面积承载能力必须大于仓库设计要求的单位面积承载能力。

总之，自动化仓库的建设必须综合考虑各方面的因素，紧密结合实际，不能盲目投资兴建，否则将会造成很大的损失。

五、自动化立体仓库的类型

自动化立体仓库的分类目前尚无统一的标准，常见的有以下几种分类方法，分别叙述如下。

（一）按高层货架与建筑物之间的关系分类

按照货架与仓库建筑之间的关系，自动化仓库可分为整体式和分离式两种形式，如图 5-1 所示。

1. 整体式

整体式自动化仓库是指货架除了储存货物的基本功能以外，还作为建筑物的支撑

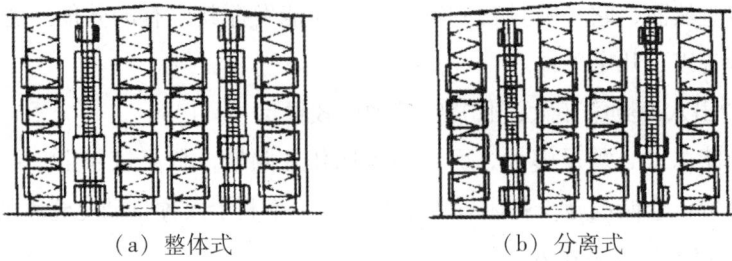

(a) 整体式　　　　　　　　　(b) 分离式

图 5 - 1　整体式与分离式自动仓库示意

结构，成为建筑物的一个组成部分，即货架与建筑物形成一个整体。这种形式的仓库建筑费用低，抗震，适用于 15m 以上的大型自动化仓库。

2. 分离式

分离式自动化仓库是指货架与建筑物相互独立。适用于车间仓库、旧库技术改造和中小型自动化仓库。

(二) 按货架的结构形式分类

按照立体货架的结构形式可分为单元货格式、贯通货架式、旋转货架式、移动货架式四种类型。

1. 单元货格式自动化仓库

这种类型的仓库是应用最为广泛、适用性较强的一种仓库形式。其结构特点是货架沿仓库宽度方向分为若干排，每两排货架为一组，各组货架之间留有堆垛机进行存取作业需要的巷道；沿仓库长度方向分为许多列；沿高度方向分为若干层，因而整个货架形成了储存货物的大量货格，货格的开口面向巷道，基本结构如图 5 - 2 所示。

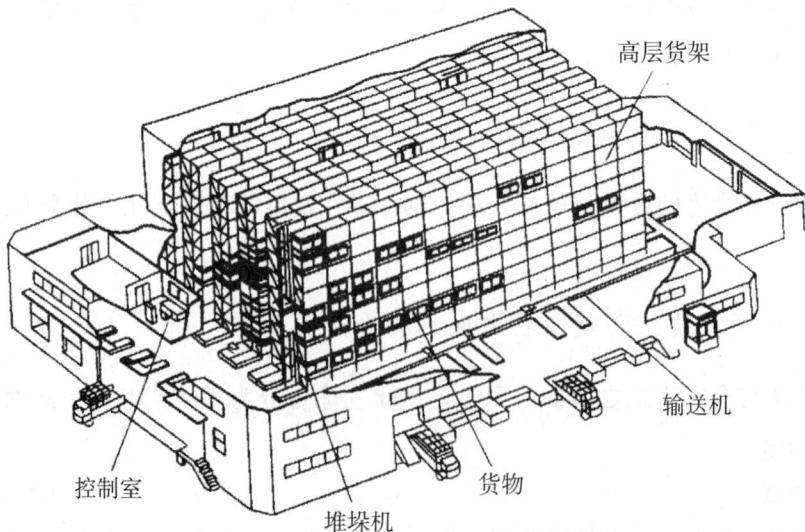

图 5 - 2　单元货格式自动化仓库结构示意

基本工作过程：入库时，堆垛机从巷道口的出入库货台取货，按照控制系统的指令将货物运送到相应的货格中。出库过程则相反，堆垛机根据控制系统的指令，到相应的货格取货，然后将货物运送到巷道口的出入库货台，巷道堆垛机始终不断地接受控制系统的存取货指令，在巷道内来回穿梭，实现存取货作业。

2. 贯通货架式自动化仓库

贯通货架式自动化仓库是在单元货格式仓库的基础上发展而来的，它是为了提高仓库的面积利用率，将货架合并在一起，使同一层、同一列的货物互相贯通，形成能依次存放多货物单元的通道。基本工作过程：在通道一端，由一台入库起重机将货物单元装入通道，而在另一端由出库起重机取货。根据货物单元在通道内移动方式的不同，贯通式仓库又可进一步划分为：重力货架式自动仓库和梭式小车式自动仓库两种类型。

（1）重力货架式自动仓库。如图 5 - 3 所示为重力式自动仓库结构组成示意图，存货通道具有一定的坡度。装入通道的货物单元能够在自重作用下，自动地从入库端向出库端移动，当货物到达通道的出库端或者碰上已有的货物单元时停住。当位于通道出库端的第一个货物单元被取走之后，位于它后面的各个货物单元便在重力作用下依次向出库端移动一个货位。由于在重力式货架中，每个存货通道只能存放同一种货物，所以这种类型的仓库适用于品种较少而数量较多的货物存储。

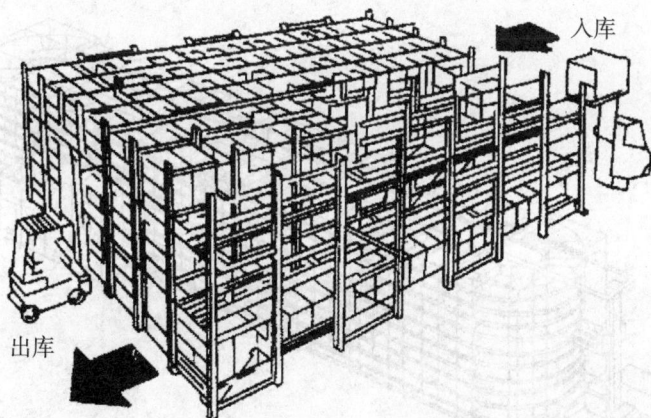

图 5 - 3　重力货架式自动仓库结构组成示意图

（2）梭式小车式自动仓库。如图 5 - 4 所示为梭式小车式自动仓库的工作示意图，它是在重力货架式自动仓库的基础上发展而来的另一种结构形式。它由梭式小车在存货通道内往返穿梭，进行货物的搬运。需要入库的货物由起重机械送到存货通道的入库端，然后，由位于这个通道内的梭式小车将货物运送到出库端或者依次排在已有货物单元的后面。出库时，由出库起重机从存货通道的出库端叉取货物。梭式小车则不停地按顺序将货物——搬运到出库端，梭式小车也可以从一个通道移动到另一个通道进行工作。

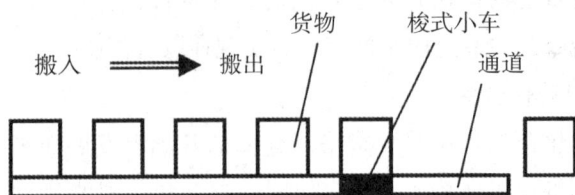

图 5 - 4　梭式小车式自动仓库工作示意

3. 旋转货架式自动仓库

旋转货架式自动仓库又可分为水平旋转式货架仓库和垂直旋转式货架仓库两种形式。

（1）水平旋转式货架仓库。如图 5 - 5 所示为水平旋转式货架仓库的结构示意图，这种货架本身在动力输送机的带动下可在水平面内沿着一定的环形路线运行。需要提取某种货物时，操作人员给出相应的指令，相应的一组货架便开始运转，当装有该货物的货架到达拣选位置时，货架便停止运转。操作人员即可从中拣出货物，然后再给出指令，使货架回位。这种形式的仓库对小件物品的储存和拣选非常合适，特别是在作业频率要求不高的情况下是很适用的。

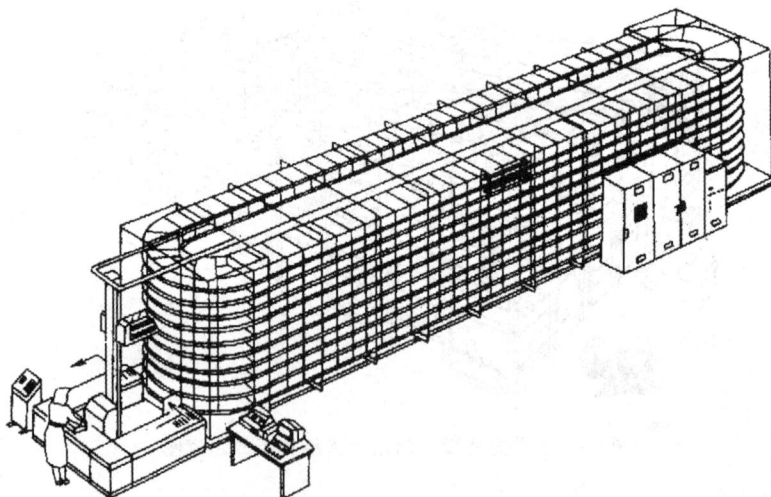

图 5 - 5　水平旋转式货架仓库结构示意

（2）垂直旋转式货架仓库。如图 5 - 6 所示的自动货柜就是垂直旋转式货架仓库的一种具体结构形式，与水平旋转货架式仓库的结构原理相似，它只是改变了旋转方向，将货架在水平面内的旋转运动改为在垂直面内的旋转运动。作业人员通过操作盘向货架系统发出指令，货架系统则根据操作命令既可以正转也可以反转，使需要提取的货物降落到最下面的取货位置上。这种垂直旋转式货架特别适用于储存小件物品。

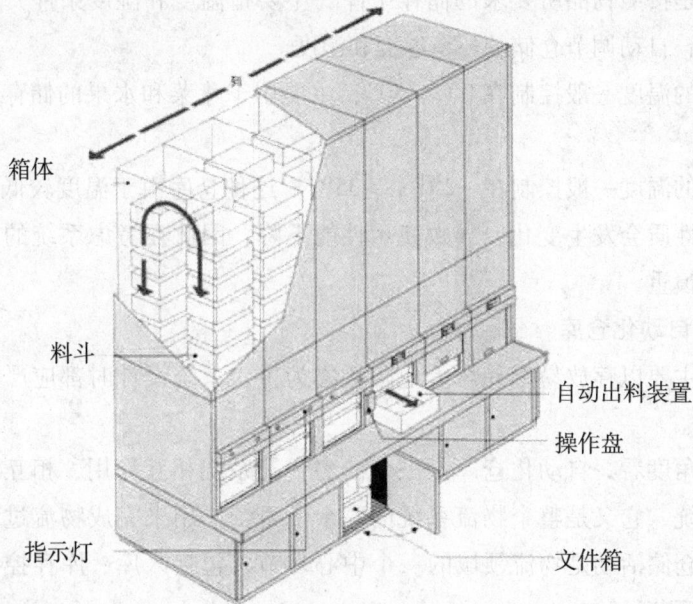

图 5-6　自动货柜结构示意

4. 移动货架式自动仓库

移动货架又称为动力货架或流动货架，如图 5-7 所示为移动式货架仓库的工作示意图，它是将货架本身放置在移动导轨上，在货架底部设有驱动和传动装置，使货架沿着导轨移动。当存取货物时，使相应的货架移动，腾出存取作业用的通道，以便进行存取作业。

图 5-7　移动式货架工作示意

（三）按仓库所提供的储存条件分类

1. 常温自动化仓库

常温自动化仓库的温度一般控制在 5℃~40℃，相对湿度控制在 90% 以下。

2. 低温自动化仓库

低温自动化仓库又包括恒温仓库、冷藏仓库和冷冻仓库等形式。

恒温仓库是按照物品所要求的储存条件（主要指温度和湿度条件）而设计的。根据物品的特性，自动调节仓储的环境温度和湿度。

冷藏仓库的温度一般控制在0℃~5℃，主要用于蔬菜和水果的储存，要求有较高的湿度。

冷冻仓库的温度一般控制在 -2℃ ~ -35℃。这种仓库由于温度较低，普通的钢材在低温条件下性质会发生变化，导致使用性能下降，因此在考虑系统的总体设计及材料选择时都应慎重。

3. 防爆型自动化仓库

这种仓库主要以存放易燃易爆等危险货物为主，系统设计时都应严格按照防爆的要求进行。

从系统的角度看，自动化仓库是一个由多个子系统相互作用、相互协调而组成的自动化仓储系统，它又是整个物流系统的一个子系统，用来完成物流过程的自动仓储活动和作业。仓储活动是物流领域的一个中心环节，包括入库、库存控制和管理、出库等基本作业环节。

第二节　自动输送系统

自动输送系统是自动化仓库中根据自动控制系统的指令自动完成货品输送任务的系统。

根据自动化仓库输送工作任务的要求和特点，常见的自动输送装置有连续输送机械系统和自动导引车辆组成的自动导引车系统。连续输送机械是以连续工作方式沿着一定的线路从装货点到卸货点均匀地输送散料和成件包装货物的自动化系统。自动导引车辆系统是由若干台自动导引车组成，分别按照控制系统的指令，沿着给定的导引路径，将货品从某一地点搬运到目的地点的一种自动化搬运系统。

一、连续输送机械

（一）连续输送机械的主要结构类型

根据输送机械的使用场合以及所输送物品的种类不同，输送机有多种不同的类型，常用的几种输送机类型如下。

1. 带式输送机

带式输送机是用连续运动的无端输送带输送货物的机械。带式输送机的结构特征和工作原理是：输送带既是承载货物的构件，又是传递牵引力的牵引构件，依靠输送带与滚筒之间的摩擦力平稳地进行驱动。如图 5-8 所示，输送带绕过驱动滚筒和被动滚筒（张紧滚筒），并由许多上托辊和下托辊支承着。工作时，由电动机通过减速装置使驱动滚筒转动，依靠驱动滚筒与输送带之间的摩擦力使输送带运转，货物随输送带运送到卸载地点。

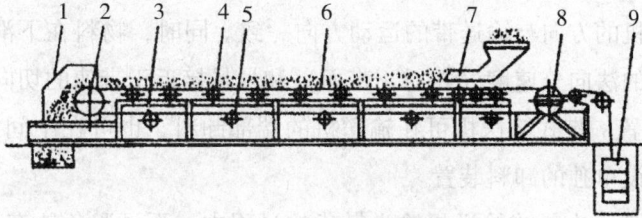

图 5-8　带式输送机结构示意
1—卸料装置；2—驱动滚筒（改向）；3—驱动装置；4—上托辊；5—下托辊；
6—输送带；7—装载装置；8—被动滚筒；9—张紧装置

带式输送机在港口、车站、货栈、库场的应用极为广泛，适合于输送大量的散粒物料或中小型成件物品，具有生产率高、输送距离远、工作噪声小、结构和操纵简单等特点。

带式输送机的主要组成部件有：

（1）输送带。输送带的作用是传递牵引力和承放被运货物，因此要求它强度高、抗磨耐用、挠性好、伸长率小和便于安装修理。输送带按用途分为：强力型、普通型、轻型、井巷型、耐热型 5 种。强力型用于输送密度较大、冲击力较大、磨损较严重的物料；普通型用于输送密度在 $2.5t/m^3$ 以下的物料；轻型用于输送密度较小、磨损性较小的物料，如谷物、纤维、粉末及包装件等；井巷型专用于矿井下的固定输送机上；耐热型适用于输送温度高的焦炭、溶渣、热砖等。目前我国生产的输送带品种、规格已形成标准化、系列化，应根据具体情况进行选择。

（2）支承托辊。托辊的作用是支承输送带及带上的物料，减少输送带的垂度，使其能够稳定地运行。

（3）驱动装置。驱动装置的作用是驱动输送带运动，实现货物的输送。驱动滚筒是传递动力的主要部件，为了有效地传递牵引力，输送带与滚筒间必须有足够的摩擦力。

（4）改向装置。改向装置是用来改变输送方向的装置。在末端改向可采用改向滚筒；在中间线路改向可采用几个支撑托辊或改向滚筒。

（5）制动装置。在倾斜式输送机中，为防止其停车时，在输送货物的重力作用下，发生倒转情况，需装设制动装置，制动装置的作用就是使输送带及物料可靠地停住在某一位置。

（6）张紧装置。张紧装置的作用是使输送带保持必要的张紧力，以免使输送带在驱动滚筒上打滑，并保证两托辊间输送带的垂度在规定的范围以内。

（7）装载装置。装载装置的作用是对输送带均匀地装载，防止物料在装载时洒漏在输送机外面，并尽量减少物料对输送带的冲击和磨损。这就要求装载装置的结构应使物料进入输送机的方向与输送带的运动方向一致。同时，物料在下滑到输送带上时，应具有尽可能小的法向分速度（相对于带面）和尽量接近于带速的切向分速度。

（8）卸载装置。带式输送机可在输送机的端部卸料，也可在中间卸料，为便于顺利卸料，必须装设单独的卸料装置。

（9）清扫装置。在带式输送机输送散货的过程中，不可避免地有部分粉粒物料粘在输送带工作表面，卸料时不能完全卸净，因此，必须在适当的位置设置清扫装置，用以清扫黏附于输送带上的物料。

2. 滚筒式输送机

图 5 - 9、图 5 - 10 分别为直线运行和转弯时滚筒输送机的工作示意图，它是由一系列以一定间距的辊子组成，用于输送成件货物或托盘货物的输送机械。与其他输送成件货物的输送机相比，结构简单，运转可靠，输送平稳，使用方便、经济，因而在仓库、港口、货场得到了广泛应用。为保证货物在输送过程中的稳定性，货品与滚筒的接触支承面至少应该由 4 个辊子支承，所以各辊子之间的间距（指滚子中心线之间的距离）应小于货物支承面长度的 1/4。

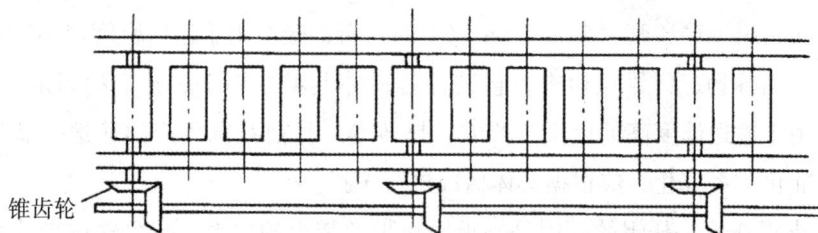

锥齿轮

图 5 - 9 直线运行时滚筒式输送机结构示意

3. 链条式输送机

如图 5 - 11 所示为链条式输送机的工作示意图，主要用于输送单元货物，如托盘、料箱等。这种输送机的断面结构如图 5 - 12 所示，它采用滚动摩擦原理，摩擦阻力小、动力消耗低、承载能力大。滚子的材料一般为钢，为了降低噪声，有的也采用工程塑料。这种输送机的特点是输送速度较慢、结构简单、易维护。

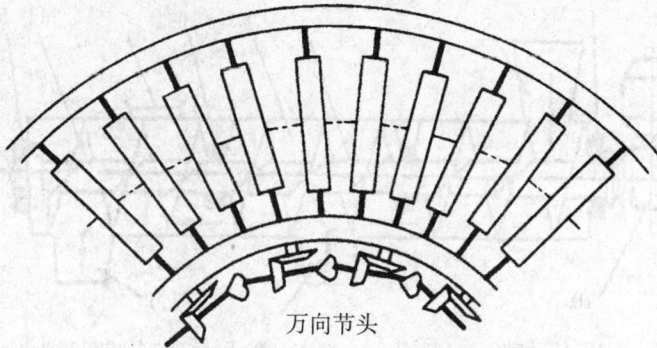

万向节头

图 5 – 10 转弯处滚筒结构示意

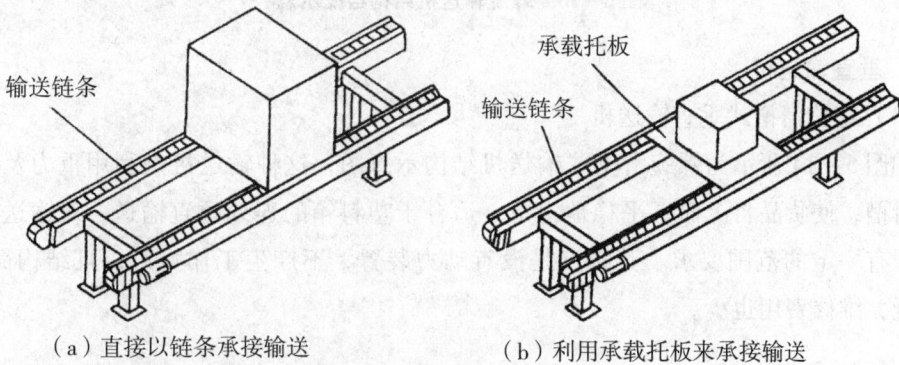

（a）直接以链条承接输送　　　　（b）利用承载托板来承接输送

图 5 – 11 链条式输送机结构示意

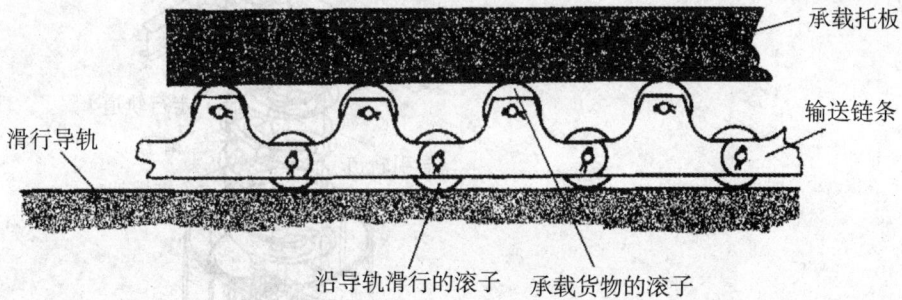

承载托板

输送链条

滑行导轨

沿导轨滑行的滚子　　承载货物的滚子

图 5 – 12 滚动式链条输送机侧面结构示意

4. 水平螺旋输送机

螺旋输送机是通过带有螺旋片的轴的转动、推动装入料槽的货物并使之沿着螺旋轴线方向移动，从而完成货物输送任务的一种连续输送机械，这种输送机主要用于输送散料货品。

其基本结构如图 5 – 13 所示，由驱动装置、传动轴、螺旋片、料槽、支撑装置等组成。

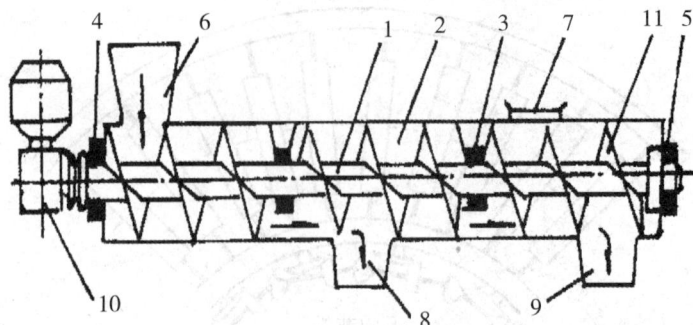

1—传动轴；2—料槽；3、4、5—轴承；6、7—装载漏斗；
8、9—传动轴；10—驱动装置；11—螺旋片

图 5 - 13　螺旋输送机结构组成示意

5. 垂直输送机

（1）螺旋滑槽式垂直输送机

如图 5 - 14 所示为螺旋滑槽式输送机结构示意图，这种输送机是利用重力及螺旋倾斜滑槽，使货品自上而下平稳地滑下，适合于塑料箱的连续垂直输送，对输送的料箱尺寸有一定的范围要求。其特点是没有动力装置，不产生工作噪声，且结构简单、成本低，维修费用也少。

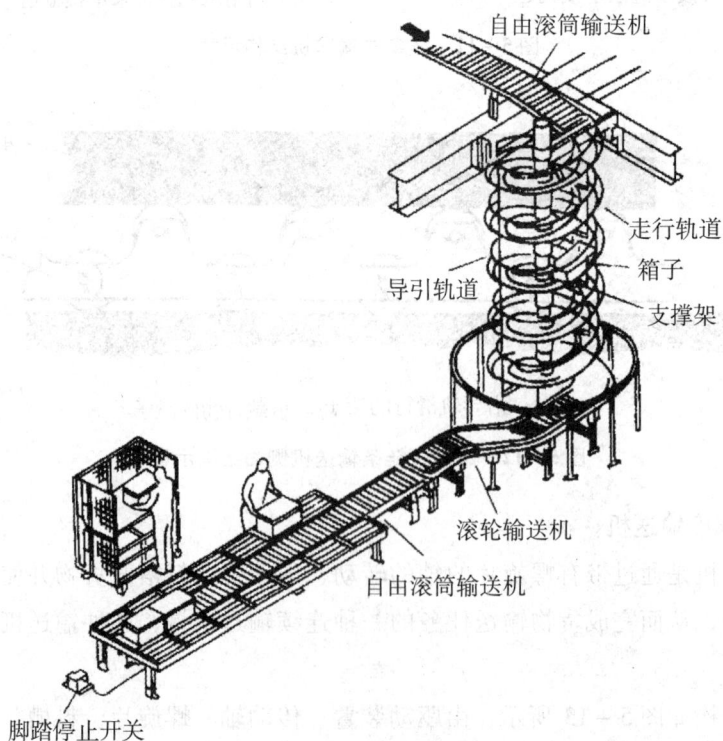

图 5 - 14　螺旋滑槽式垂直输送机

（2）垂直升降输送机

图 5 – 15 为用于各楼层之间货品输送的垂直升降输送机。当货品需要在上下楼层之间进行搬运时，采用这种输送机可完全实现自动化输送作业。货品由自动输送线输送至垂直升降机的承载平面，由垂直升降机实现货品的升降运动，当升降到货品目的地点所在的楼层时，再由垂直升降机的送出机构将货品推送到该层的自动输送带上，然后将货品输送到相应的位置。

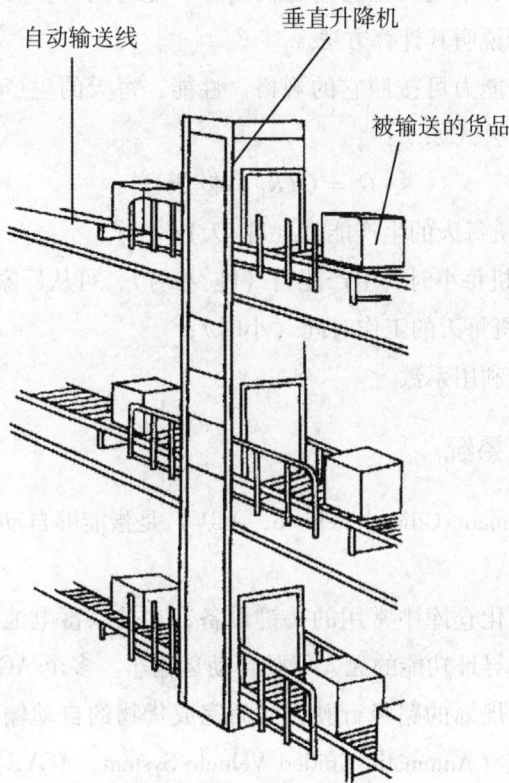

图 5 – 15 垂直升降输送机

（二）连续输送机的主要技术参数

1. 生产率

生产率是指单位时间内能够运送物料的质量，它是反映输送机工作性能的主要指标，单位为 t/h。

2. 输送速度

输送速度是指被运货物或物料沿输送方向的运行速度。

3. 输送长度

输送长度是指输送机装载点与卸载点之间的距离。

4. 提升高度

提升高度是指货物或物料在垂直方向上的输送距离。

（三）输送机生产能力的计算

输送机的种类较多，不同类型的输送机其生产能力的计算方法有所不同，下面以常用的带式输送机为例说明其计算方法。

带式输送机的生产能力可按照它的规格、性能、每天的生产时间和时间利用系数等因素进行计算，计算公式如下：

$$G = QTK_1 （吨/天）$$

式中：G——输送机每天的生产能力（吨/天）；

Q——输送机每小时的生产能力（吨/小时），可从厂家说明书查阅；

T——输送机每天的工作时间（小时）；

K_1——时间利用系数

二、自动导引车系统

自动导引车（Automatic Guided Vehicle，AGV）是指能够自动行驶到指定地点的无轨搬运车辆。

自动导引车是自动化仓库中常用的关键设备，它是以蓄电池为动力，装有非接触式导向装置，具有自动寻址功能的无人驾驶自动运输车。多个 AGV 在控制系统的统一指挥下，分别按照系统规划的路径行驶，从而完成货物的自动输送任务，这样就构成了一个自动导引车系统（Automatic Guided Vehicle System，AGVS）。AGVS 在自动化仓库中得到了广泛应用是由于它具有如下优点。

1. 可方便地实现与其他物流环节的自动连接

AGVS 不仅能够自动地实现与 AS/RS（自动仓储系统）各种缓冲站、自动堆垛机、升降机和机器人等硬件设备的连接，而且能与仓储信息管理系统等软件系统进行在线连接以便提供实时信息等。

2. 降低仓储运作成本

由于采用了 AGVS 以后，可以大大减少仓储管理和业务操作人员数量，从而减少运作成本。

3. 减少货损货差

由于 AGV 搬运物料的操作很规范，所以很少有产品或生产设备的损坏现象。

4. 投资回收期较短

根据大多数 AGVS 的使用情况调查，2～3 年的时间即可收回相应的投资费用。

5. 系统的可靠性高

AGVS 由若干台 AGV 组成，当其中的一台小车出现故障时，其他小车的运行不受影响，因此，系统的可靠性较高。

6. 节能与环保性好

AGV 的充电和驱动系统所需的能耗较少，且能量利用率较高，噪声很低，对周围的作业环境不产生污染。

（一）AGV 基本结构组成

AGV 由车体、充电装置、驱动装置、转向装置、精确停车装置、车载电脑终端（车上控制器）、通信装置、传感器、安全系统、移载装置和车体方位计算子系统等组成。其总体结构如图 5－16 所示。

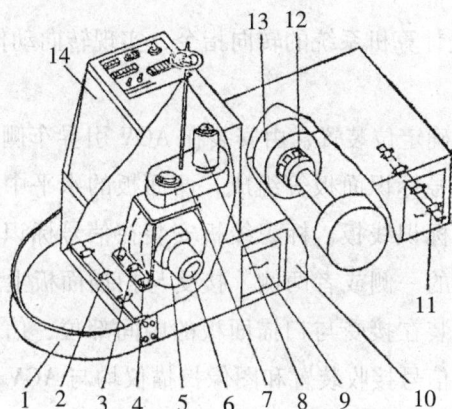

图 5－16　自动导引车结构组成

1—安全挡圈；2、11—认址线圈；3—失灵控制线圈；4—导向探测线；5—驱动轴；6—驱动电机；7—转向机构；8—导向伺服电机；9—蓄电池箱；10—车架；12—制动用电磁离合器；13—后轮；14—主控计算机

1. 车体

车体由车架和相应的机械、电气结构等组成，它是 AGV 的基础部分。车架要求从强度和刚度上满足车体运行和加速时的要求，常用钢构件焊接而成，其上蒙以 1～3mm 的钢板或硬铝板，驱动机构、转向机构或重量较大的部件（如蓄电池等）均安装在蒙板下方的空间内，在进行总体设计时应考虑其工作稳定性，使重心尽量降低。

2. 充电装置

AGV 一般采用 24V 或 48V 直流蓄电池为动力。蓄电池的供电一般应保证连续工作 8 小时以上，对二班制工作的情况则要求满足 17 小时以上的供电能力。

蓄电池充电可采用随机充电和全周期充电两种方式。随机充电是指 AGV 在任意时间均可在 AGV 的各停泊站随时充电。全周期充电则是指 AGV 退出服务并进入指定的充电区且当蓄电池电荷降至指定范围时方可进行充电。此类电池的充电规范一般执行 4 小时连续充电、2 小时冷却的规范。充电操作有自动、人工和快速更换电池等多种方式。

3. 驱动装置

AGV 的驱动装置由车轮、减速器、制动器、驱动电机及速度控制器等部分组成，是控制 AGV 正常运行的一个子系统。它接受运行指令，将电源接通，驱动电机及速度控制器进行工作，其运行速度、方向调节分别由计算机系统来控制。为了保证安全，断电后制动装置应能依靠机械装置实现制动。

4. 转向装置

AGV 的转向装置接受计算机系统的转向指令，实现转向动作。

5. 精确停车装置

精确停车装置也称精确定位装置，由安装在 AGV 引导车侧面的接受与扫描面板和安装在工位平台侧面的信号标识面板等组成，两面板的水平中心线等高。信号标识面板上安装信号发射装置和标识线板，标识线板安装在信号标识面板的中间部位，信号发射装置安装在标识线板的一侧或者两侧。接受与扫描面板上安装信号接收装置和图像扫描仪，图像扫描仪安装在接受与扫描面板的中间部位，信号接收装置安装在图像扫描仪的一侧或者两侧，信号接收装置和图像扫描仪均与 AGV 引导车的中控连接。这种装置结构简单合理，操作方便易行，智能化程度高，定位精准。

6. 车载电脑终端车上控制器

车上控制器的作用是对 AGV 的状态进行实时监控，它通过通信系统接受并执行控制中心的指令，同时将本身的运行状态信息及时反馈给控制中心。通常车上控制器可完成安全装置状态、蓄电池状态、转向极限位置、制动器状态，灯光、驱动和转向电机控制和充电接触器等情况的自动检测功能，有的 AGV 还具有编程能力，允许小车离开导引路径，驶向某个地点，完成任务后按原路线返回到导引路径上来。

7. 通信装置

在 AGVS 运行过程中，在各 AGV 与相应的地面监控站以及各地面监控站之间需要实时传递大量的信息，如地面监控站向 AGV 发出目标地址、要完成的作业命令、监督 AGVS 交通状态、跟踪装载等信息，AGV 还要将命令的执行情况以及车体方位报告地面监控站等。在这些信息传递过程中，必须依靠先进的通信系统来完成。

8. 传感器

以 AGV 磁导航传感器为例，传感器可十分方便地与其他物流系统实现自动连接，如自动化仓储系统（AS/RS）的出入库台、各种缓冲站、升降机和机器人等。实现在工作站之间对物料进行跟踪，对输送进行确认，按计划输送物料并执行检查记录，与生产线和库存管理系统进行在线连接以向工厂管理系统提供实时信息。

9. 安全系统

在 AGV 的实际运行中，安全问题是十分重要的。安全系统包括对 AGV 本身的保护、对人身或其他设备的保护等方面。保证行车安全的措施除了事先根据运行环境对 AGV 的路径进行规划外，另一条保护措施就是当临近障碍物时，AGV 应能及时地探测到障碍物并采取相应的应急措施。目前 AGV 的安全保护装置通常分为两大类：接触式和非接触式。

接触式保护装置也称为被动式保护装置。在这种保护装置中，一旦 AGV 与障碍物接触，就会立即发出应急故障信号，小车自动停止。这种保护装置的优点是结构简单、安全可靠，因而被广泛应用，但它只适用于速度较低、重量较轻、体积较小、制动距离较短的小型 AGV，作为一种应急手段。缺点是有可能造成 AGV 或被触及的外界物体的损坏。

非接触式保护装置也称为主动式保护装置。它是采用超声波或红外线进行探障的方式，利用超声波或红外线探测装置，不停地探测周围环境，当探测到有障碍物存在时，如果障碍物与小车的距离小于某一规定值时即发出警报，并令 AGV 的速度降低或停止运行。也就是说，这种保护是在碰撞即将发生前主动采取措施来防止真正的碰撞发生，从而完全保护 AGV 和外部物体。

如超声探障的原理：在 AGV 的前后部需要安装多个超声波传感器，各传感器在计算机控制下周期性地同时向各个方向发射超声波，当传感器发出的超声波遇到障碍物时就会被反射回来，这种被反射回来的波称为回波。只要传感器能够记录超声波发送时刻及回波到达时刻，就可求出超声波发射源到障碍物之间的距离 D。计算公式如下：

$$D = \frac{1}{2}（t_2 - t_1）v_s$$

式中：t_2——回波到达时刻；

t_1——超声波发射时刻；

v_s——声速，取 340m/s。

为了保证 AGV 的绝对安全，一辆 AGV 上往往同时装备接触式和非接触式两套保护装置。

如图 5 - 17 所示为某一叉式激光导引车的外形，该车具有多重安全系统。在车的前面设有红外线光学探测器，它能探测出车前方 2m 以内的任何障碍物。当它探测出在车前方 2m 的距离有障碍物时，运输车就会立即减速至 0.1m/s 的速度，并发出紧急报警；当它探测出在车前方 0.5m 的距离有障碍物，运输车会马上就地停车，这是第一重安全装置。在该车的前后各有一套由微动开关构成的被动式安全装置，一旦车体与障碍物发生碰撞，该运输车就会立即停车。另外，在该车上还设有多处应急开关，在紧急情况下只要按下应急开关，该车就会立即停车。这些措施保证了导引运输车的安全运行。

图 5 - 17 AGV 外形图

10. 移载装置

移载装置分手动移载和自动移载两种。自动移载装置由输送机、升降平台、伸缩货叉、机械手等组成。自动移载作业时，车辆上的移载装置必须与地面上工位的承载装置相适配。

11. 车体方位计算子系统

对自由路径导引方式的 AGV 还有一个重要的子系统，就是车体方位的准确定位问题，它是由车体方位计算子系统来完成的。AGV 的方位，是指 AGV 在总体坐标系中的位置与方向。该子系统能够实时计算出车体方位，并将车辆位置信息及时上传，以便实现对 AGV 的动态监控。

（二）AGV 的导引方式

AGV 行驶路径的导引方式有两种类型：固定路径导引和自由路径导引。所谓固定路径导引是指在规划好的输送路线上设置导引用的信息媒介物，AGV 自动地检测出它的信息，从而沿着导引媒介物所指引的路线行驶的导引方式，常用的导引媒介物有电磁导引、光学导引和磁带导引。自由路径导引是指根据作业要求，由控制系统随机地设置 AGV 导引路线的方式。在这种 AGV 上装有车载电脑终端，它可与控制系统进行无线实时通信，能够实时接收来自控制系统的控制指令，此导引方式的运用大大提高了搬运系统的柔性。

1. 固定路径导引

（1）电磁导引（Electronic – Magnetic Guided）。

电磁导引方式是目前应用最广泛的一种固定路径导引方式，采用电磁感应原理，其基本原理如图 5 – 18、图 5 – 19 所示。它是在 AGV 的运行路线下面埋设导向电线，通以 3～10kHz 的低压、低频电流，该交流电信号沿电线周围产生磁场，AGV 上装设的信号检测器可以检测到磁场的强弱并通过检测回路以电压的形式表示出来。当导向轮偏离导向电线后，则信号检测器测出电压差信号，此信号通过放大器放大后控制导向电机工作，然后导向电机再通过减速器控制导向轮回位，这样，就会使 AGV 的导向轮始终跟踪预定的导引路径。

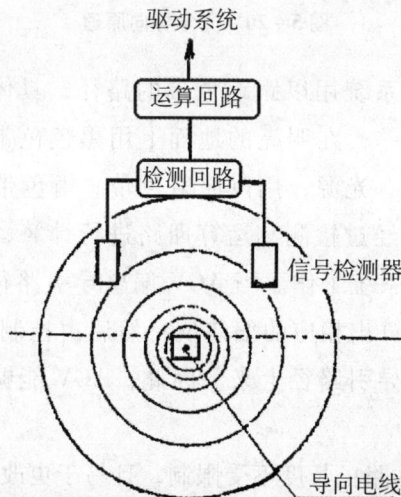

图 5 – 18　电磁导向原理

（2）光学导引（Optical Guided）。

光学导引是采用在运行路线上贴附或涂上宽度均匀、反光性能良好的反射色带来

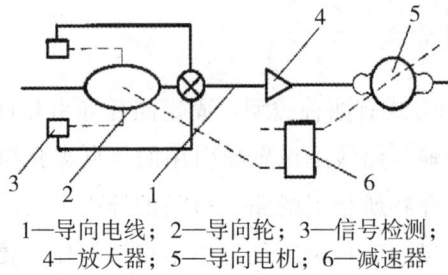

1—导向电线；2—导向轮；3—信号检测；
4—放大器；5—导向电机；6—减速器

图5-19　电磁导引原理

确定行驶路径的导引方式。基本工作原理如图5-20所示。

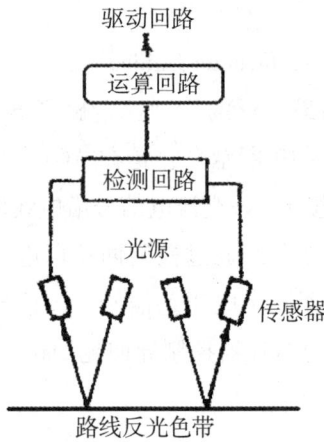

图5-20　光学导向原理

AGV上设有光学检测系统用以跟踪色带的路径，具体的导引原理如下：利用地面颜色与色带颜色的反差，在明亮的地面上用黑色色带，在黑暗的地面上用白色色带。导引车的下面装有光源，用以照射色带。由色带反射回来的光线由光学检测器（传感器）接收，经过检测和运算回路进行计算，将计算结果传至驱动回路，由驱动回路控制驱动系统工作。当AGV偏离导引路径时，传感器检测到的亮度不同，经过运算回路计算出相应的偏差值，然后由控制回路对AGV的运行状态进行及时修正，使其回到导引路径上来。因此，AGV能够始终沿着色带的导引轨迹运行。

光学导引方式的优点是路径长度不受限制，且易于更改与扩充。色带可在任何类型的地面上涂置，但要求色带必须保持清洁和完整，并需定期重新涂置与更新。

与电磁导引相比，光学导引方式的色带本身不具有能量，故称为无源导引方式。电磁导引方式则称为有源导引方式。

2. 自由路径导引

图 5-21 为一种激光导引的自由路径导引方式，其基本工作原理：在导引车顶部装置一个沿 360°方向按一定频率发射激光的装置。同时在 AGV 四周的一些固定位置上放置反射镜片。当 AGV 运行时，不断接受到从三个已知位置反射来的激光束，经过简单的几何运算，就可以确定 AGV 的准确位置，控制系统根据 AGV 的准确位置对其进行导向控制。

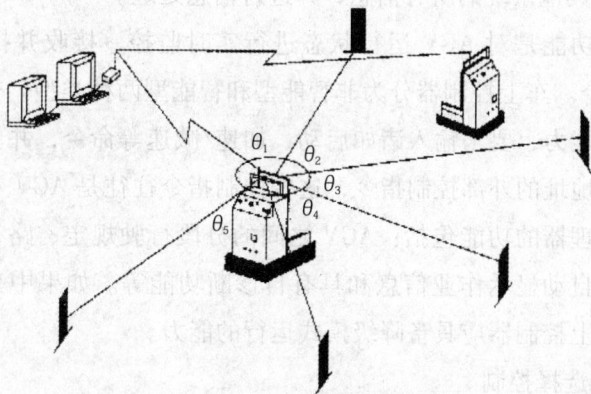

图 5-21　激光导航导引原理

（三）AGVS 的控制

1. 控制方式

AGVS 控制的目的就是对各导引车进行控制，使其沿着各自的导引路径运行，完成物料的输送任务。系统的控制方式一般为三级控制方式：第一级为中央控制计算机；第二级为地面控制器；第三级为车上控制器。

中央控制计算机是整个系统的指挥中心，它与各区域内的地面控制器进行通信，地面控制器接受中央控制计算机的管理。

地面控制器负责对区域内的各 AGV 进行管理，如监视现场设备的状况、统计 AGV 的利用率、AGVS 的交通管制、跟踪装载、制定目标地址、实时存储小车的位置并将 AGV 的位置与装载物的类型、数量传输给区域主计算机等。区域主计算机系统提供人机界面，供用户生成各种报告、更改产品数据以及在线了解 AGVS 的运行情况。地面控制器（站）又称"数据集中装置"，起着"交通管理员"的作用，它直接与小车通信并向小车发出控制指令。它在中央控制计算机与各 AGV 之间进行通信处理。其具体功能包括：

（1）控制 AGV 的运行路线；

（2）根据就近使用等原则进行小车选择；

（3）将准确的目标地址、最迟到达时间、移载及升/降高度信息传输给 AGV；

（4）提供输送优先权与顺序要求和失效的导引路径信息；

（5）产生导引路径的电频率（对电磁导引而言）；

（6）提供 AGVS 的安全监控；

（7）接收来自其他系统的所有信息，并进行信息处理。

车上控制器的功能是对 AGV 运行状态进行实时监控，接收并执行从地面控制器（站）传送来的指令。车上控制器分为非智能型和智能型两种类型。非智能型的车上控制器没有数据处理能力，要求输入诸如启动、加速/减速等命令，并要求提供用于导引小车到达最终目的地址的外部控制指令，这些控制指令往往是 AGV 在指定地点处获得的。智能型车上处理器的功能包括：AGV 之间的分段行驶规定、路径自动选择、速度控制、移载控制、自动显示作业信息和具有自诊断功能等。如果中央监控计算机或地面控制器失灵，车上控制器应具备降级模式运行的能力。

2. AGV 的路径选择控制

AGV 的路径选择控制是 AGVS 的基本控制功能之一。路径选择控制的内容包括路径的优化选择控制和分岔路口的路径选择控制。路径的优化选择控制是指在具有多个环路或多个分支环路等情况下，AGVS 应选择到达目的地的一条最优路径；当 AGV 到达分岔路口时，也要给 AGV 指定唯一的一条路径。

路径控制的常用方法有频率选择法和路径开关选择法。

频率选择法主要用于电磁导引方式的场合。在分岔点处，用数条通以不同频率的电流导引线将 AGV 引入相应的路径，再根据预定的程序到达目的地址。

路径开关选择法是使用单一频率的导引线，将导引路径分割成若干区段，借助于装在相应区段的地面控制器对导引线进行独立的通、断电控制。当一台 AGV 驶近分岔点时，它与该区段的地面控制器进行通信，告知它的目的地址，该地面控制器便接通相应区段导引线的电源而断开其他分支线的电源，这样 AGV 就沿着接通的导引线路径行驶。

当通向目的地址有多条路径可选择时，地面控制器应根据相应的计算原则（如时间最短或成本最低等原则），计算出一条最优路径，并控制 AGV 的运行。

3. AGV 的移载控制

将物料装到 AGV 上或从 AGV 上取下物料放置到缓冲站上的操作过程称为 AGV 的移载。AGV 的移载方式有多种方案可供选择。

（1）人工移载。通过人工将挂车与牵引式 AGV 脱开并将其推到指定的工作站，或者将物料从 AGV 上的简单滚道推到固定的滚道上也称为人工移载。

（2）自动连接与脱开。AGV 自动与挂车脱钩或自动与一组等待的挂车连接，并驶往下一目的地址。

（3）自动移载。AGV 上设有移载装置，用来接受或卸下载荷。常见的移载装置有以下几种结构形式。

平移工作台式移载方式（见图 5 - 22）是利用工作台的伸出、缩回动作，实现移载的过程；升降台式移载方式（见图 5 - 23）是工作台可以升降；推拉杆式移载方式（见图 5 - 24）是小车平台上设置推拉杆可将货物推出或拉上平台。车载机器人移载方式（图 5 - 25）是在 AGV 上装有移载机器人，当 AGV 停准在目的地址时机器人可以实现物品的堆垛及协助进行装车等作业。采用自动移载的 AGVS、AGV 必须要准确定位，以便实现顺利移载作业。

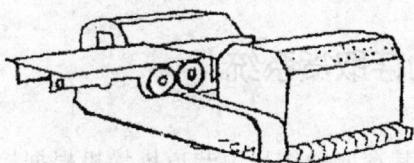

图 5 - 22　平移工作台式移载方式

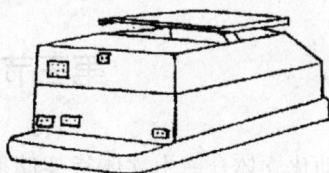

图 5 - 23　升降台式移载方式

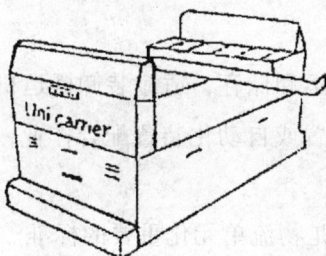

图 5 - 24　推拉杆式移载方式

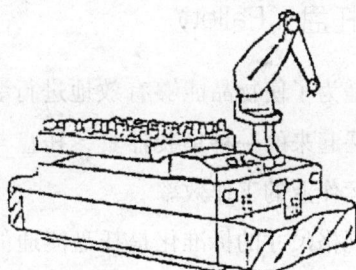

图 5 - 25　车载机器人移载方式

（四）AGV 需要量的计算

一般来讲，AGV 的基本工作过程是先从 AGV 停车站运行到取货点取货，然后再送到目的地点（缓冲站），最后返回到停车站。设 AGV 的装载时间为 S_L、卸货时间为 S_{UL}、行走速度为 V，行走距离为 S，额定装载容量为 W，则 AGV 的工作周期为：

$$T = \frac{S}{V} + S_L + S_{UL}$$

设 B_i 为第 i 个缓冲站单位时间的需货量，R_k 为某个回路上单位时间内的总需货量，则：

$$R_k = \sum_{i=1}^{n} B_i \text{（其中 } n \text{ 为第 } k \text{ 个回路上缓冲站数量）}$$

第 k 个回路单车单位时间的运输能力为：

$$T_{uk} = \frac{W}{T}$$

那么第 k 个回路所需的运输车辆数量为：

$$N_k = \frac{\sum_{i=1}^{n} B_i}{T_{uk}}$$

因此，所有在线缓冲站所需的运输车辆数为：

$$N_T = \sum_{k=1}^{n} N_k$$

式中，N_T 为所有回路上所需要的导引车总数量。

第三节　自动存取货系统

自动化立体仓库由立体货架储存货物，其存取动作是由巷道堆垛机根据控制指令自动进行的，通常情况下，自动存取货系统由托盘、货架和巷道堆垛机组成。

一、托盘（Pallet）

托盘是为了使物品能够有效地进行装卸、搬运和储存，适应装卸搬运机械化和自动化而发展起来的一种集装器具，托盘与机械装置或自动化装置配合作业，大大提高了装卸搬运作业的工作效率。

托盘规格尺寸的标准化是托盘流通的前提，是物流单元化重要的标准。经过 ISO/TC51 托盘标准化技术委员会多次分阶段审议，国际标准化组织已于 2003 年对 ISO 6780《联运通用平托盘主要尺寸及公差》标准进行了修订，在原有的 1200mm×1000mm、1200mm×800mm、1219mm×1016mm（即 48in×40in）、1140mm×1140mm 四种规格的基础上，新增了 1100mm×1100mm、1067mm×1067mm 两种规格，现在的托盘国际标准共有六种。

我国托盘国家标准《联运通用平托盘主要尺寸与公差》GB/T 2934—2007，于 2007 年 10 月 11 日得到国家质量监督检验检疫总局和中国国家标准化管理委员会的批准，从 2008 年 3 月 1 日起正式在全国范围内实施。该标准选定 1200mm×1000mm 和 1100mm×1100mm 两种规格作为我国托盘国家标准，并优先推荐使用 1200mm×1000mm 规格，以提高我国物流系统的整体运作效率。

二、货架（Goods shelf）

用支架、隔板或托架组成的立体储存货物的设施称为货架。高层货架是自动化立体仓库的主要组成部分，是储存保管货品的场所。根据所储存货品的货态，可选择不同的货架形式，常见的货架结构形式有：单元货格式货架、流动货架、移动式货架、回转式货架等结构形式。

三、巷道堆垛机

在自动化立体仓库中使用的堆垛机主要是有轨巷道式堆垛机，外观结构如图 5 - 26 所示，其主要作用是在自动化立体仓库的货架区巷道内来回穿梭运行，将位于巷道口的货品存入货格；或者取出货格内的货品运送到巷道口。在入库作业过程中，当输送系统将货品运送到货架区巷道口时，自动控制系统向巷道式堆垛机发出指令，堆垛机则根据指令将货品自动运送到指定的货位。在出库作业过程中，控制系统向堆垛机发出取货指令，堆垛机根据此指令将位于相应货格中的货品取出，运送到巷道口。巷道式堆垛机的主要技术性能指标有：

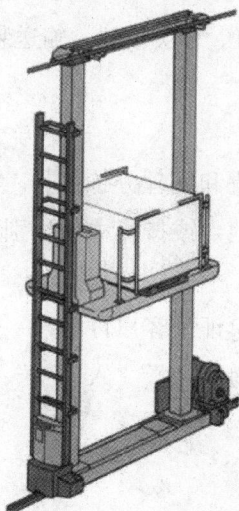

图 5 - 26　有轨巷道堆垛机

起重量：指被起升单元货物的质量（包括托盘和货箱的质量），根据使用要求不同，起重量的大小也不同，一般起重量在 2t 以下，有的可达 4～5t。

起升高度：一般在 10～25m，最高可达 40 多米。

起升速度：是指堆垛机在一定载荷条件下所能起升的最大速度，一般为 6.3～40m/min。

运行速度：是指水平行驶速度，它是指堆垛机在轨道上水平运行时所能达到的最大速度，运行速度的高低直接影响着搬运作业效率，一般为 25～180m/min。

货叉伸缩速度：一般为 5～30m/min。

第四节　自动分拣系统

物流中心每天要接收大量的不同品类的商品，如何在最短的时间内将这些商品按一定的规则（如商品的品种、货主、储位或发送地点）快速准确地分类，然后将其运送到仓储区指定的位置，同时，又如何按客户订单或配送路线的要求，将不同品种的货品在最短的时间内从储存区拣取出来，运送到不同的理货区域或配送站台，以备装车配送，这就需要一套自动分拣系统来自动完成这些工作。

自动分拣系统通常与自动输送系统配套使用。自动分拣系统是实现自动化仓库高速运转的基本条件，在出入库作业中，分拣作业的工作量最大，分拣作业是制约自动化仓库运转效率的关键因素。

一、自动分拣系统的组成

自动分拣系统一般由控制装置、分类装置、输送装置及分拣道口组成。

（一）控制装置

控制装置的作用是识别、接收和处理分拣信号。根据分拣信号指示分类装置，按一定的规则（如商品品种、送达地点或按货主的类别）对商品进行自动分类，从而决定商品的流向。

分拣信号来源于货主的入库单证、客户订单，一般需要先将这些原始单证提供的分拣信息经过处理后，转换成"拣货单""入库单"或电子拣货信号，指导拣货人员或自动分拣设备进行分拣作业。

（二）分类装置

分类装置的作用是执行控制系统发来的分拣指令，使商品进入相应的分拣道口。所谓分类是先识别和引入货品，然后通过分类装置把货品分流到指定的位置。分类的依据主要有：①货品的形状、重量、特性等；②用户、订单和目的地。分类过程是货品通过输送设备进入识别区域，经过识别后送入分类机构。控制装置根据识别信息来控制分类机构把货品进行分类，并把分类后的货品输送到指定位置。分类动作由分类机构来完成，分类机构的种类繁多，可根据实际需要进行选择。

如气缸侧推式分类机构（见图5－27），由侧推气缸直接推动货品，强制货品离开主输送线而进入分流输送线。

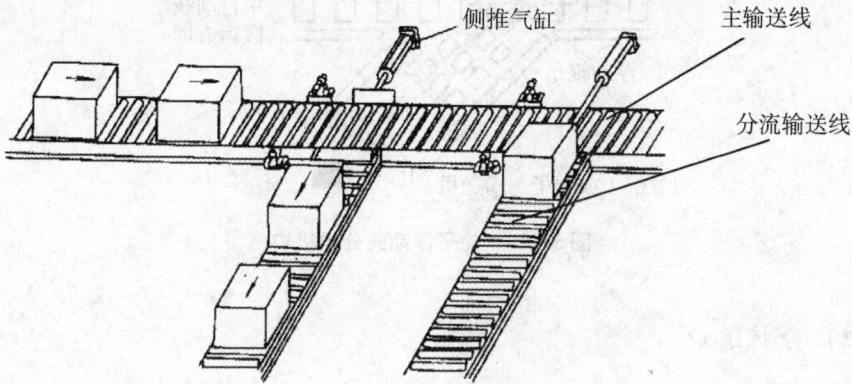

图5－27 气缸侧推式分类机构

如图5－28所示为旋转挡臂式分类机构，当货品到达分流输送线时，旋转挡块自动旋转将货品引入分流线。

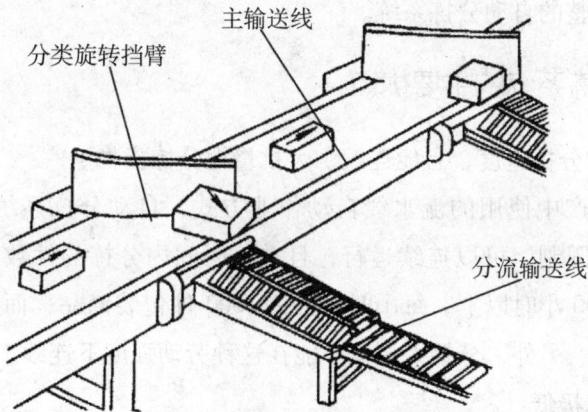

图5－28 旋转挡臂式分类机构

如图5－29所示为轮子浮动式分类机构，当分类物品进入浮动轮子时，根据分类指令，高速旋转的浮动轮子迅速上浮起来，把来自主输送线的货品抬起来，在浮动轮子的引导下分流到分类输送线上，从而达到分类目的。不同的分类装置对分拣货物的包装材料、包装重量、包装物底面的平滑程度等有不完全相同的要求，应根据货品具体情况来确定。

（三）输送装置

输送装置的作用是将已分拣好的商品输送到相应的分拣道口，以便进行后续作业。

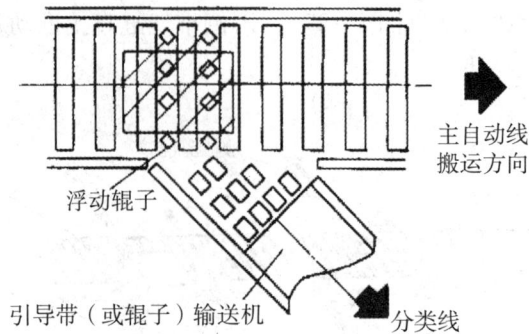

图 5-29 轮子浮动式分类机构

（四）分拣道口

分拣道口是将商品脱离输送装置并进入相应集货区域的通道。一般由钢带、皮带、滚筒等组成滑道，使商品从输送装置滑向缓冲工作站，然后进行入库上架作业或配货作业。

以上四部分装置在控制系统的统一指挥下，分别完成不同的功能，各机构之间有机配合构成一个完整的自动分拣系统。

二、自动分拣系统的主要优点

1. 大大提高了分拣速度，且能连续、大批量地分拣货物

由于采用大生产中使用的流水线自动作业方式，自动分拣系统不受气候、时间、人的体力等因素的限制，可以连续运行，且单位时间内分拣的件数多，如自动分拣系统可以连续运行 100 小时以上，每小时可分拣 7000 件包装商品，而用人工则每小时只能分拣 150 件左右，另外，分拣人员也不能在这种劳动强度下连续工作 8 小时。

2. 分拣误差率极低

自动分拣系统的误差率主要取决于所输入分拣信息的准确性大小，这又取决于信息采集系统的可靠性和准确度。如自动化仓库一般采用条码系统，其差错率仅为百万分之一，除非条码的印刷本身有差错，否则一般不会出错。

3. 大大减少了所需人工数量

国外建立自动分拣系统的目的之一就是为了减少人员数量，减轻人员的劳动强度，提高作业人员的工作效率，自动分拣系统能最大限度地减少人员数量，基本做到无人化操作。分拣作业本身并不需要使用人员，人员的使用仅局限于以下工作：

（1）送货车辆与自动分拣系统之间货物的搬运；

（2）人工控制分拣系统的运行；

（3）分拣线末端由人工将分拣出来的货物进行配货；

（4）自动分拣系统的经营、管理与维护。如美国某公司配送中心面积为 10 万平方米左右，每天可分拣近 40 万件商品，仅使用 400 名左右员工，这其中大部分人员都在从事上述各项工作，自动分拣线做到了无人化作业。

本章小结

本章主要介绍了自动化仓库的概念、特点和发展过程，详细介绍了自动化仓库的类型及适用条件，并对自动输送系统、自动存取货系统、自动分拣系统等进行了深入的论述，介绍了自动化设备的应用。

练习题

一、单项选择题

1. 按照立体货架的结构形式来划分，属于自动仓储系统的是（　　）。

A. 单元货格式自动化仓库　　　　　　　B. 重力式货架自动化立库

C. 循环货架自动化立库　　　　　　　　D. 防爆型自动化仓库

2. 下列哪个不属于仓库的设备？（　　）

A. 集装箱　　B. 货架　　C. 托盘　　D. 堆垛机

3. 常温自动化立体仓库系统的温度一般限制在（　　）。

A. 0℃以上　　B. 0℃以下　　C. 5～40℃　　D. −5～45℃

4. 在自动化仓库里的整体式仓库和分离式仓库，它们是＿＿＿＿＿进行分类的。（　　）

A. 按仓库在生产和流通中的作用　　　　B. 按仓库的建筑形式

C. 按库房高度　　　　　　　　　　　　D. 按库房容量

5. 在自动化立体仓库分类中，不属于按照储存物品的特性进行分类的是（　　）。

A. 常温自动化立体仓库系统　　　　　　B. 低温自动化立体仓库系统

C. 分离式自动化立体仓库系统　　　　　D. 防爆型自动仓储系统

6. 自动化技术在仓储领域中的发展分为＿＿＿＿＿5 个阶段。（　　）

A. 人工仓储、机械化仓储、自动化仓储、集成自动化和智能自动化仓储

B. 人工仓储、半机械化仓储、机械化仓储、自动化和智能自动化仓储

C. 人工仓储、机械化仓储、自动化仓储、集成自动化和智能自动化仓储

D. 人工仓储、半机械化仓储、自动化仓储、集成自动化和智能自动化仓储

7. 自动化立体仓库使用的起重机是（　　）。

A. 高架叉车　　B. 叉式升降机　　C. 巷道堆垛起重机　　D. 升降电梯

二、多项选择题

1. 我国托盘规格与国际标准化组织规定的通用尺寸一致，主要规格有（　　）。

A. 800mm×1000mm　　B. 800mm×1200mm　　C. 1000mm×1000mm

D. 800mm×800mm　　E. 1000mm×1200mm

2. 低温自动化仓库系统包括（　　）。

A. 恒温空调仓储系统　　　B. 冷藏仓储系统　　　C. 冷冻仓储系统

D. 一体式自动化仓储系统　　E. 单元式仓储系统

3. 巷道堆垛起重机主要由_____等构成。（　　）

A. 机架　　B. 运行机构　　C. 升降机构　　D. 货叉机构　　E. 电气控制设备

4. 自动化立体仓库主要由下列哪些部分组成（　　）。

A. GPRS　　　　　　　B. 高层货架　　　　　C. 输送设备系统

D. 控制与管理系统　　　E. 存取设备系统

三、名词解释

1. 自动化立体仓库

2. 自动输送系统

3. AGV

四、简答题

1. 简述自动化立体仓库的优缺点。

2. 简述自动化立体仓库的类型。

3. 简述 AGVS 的优点。

4. 简述自动分拣系统的主要优点。

五、计算题

1. 某公司有一台输送机，该输送机每小时能输送货物5t，每天可工作8小时，时间利用系数为0.8，求该输送机每天的生产能力。

2. 有一台 AGV 前后安装多个超声波传感器，在13：30从其中一个超声波传感器发出一束超声波，该超声波在13：31返回，求超声波发射源到障碍物之间的距离。

六、案例分析题

蒙牛乳业自动化立体仓库

一、库区概况

内蒙古蒙牛乳业泰安有限公司乳制品自动化立体仓库，该库后端与泰安公司乳制品生产线相衔接，与出库区相连接，库内主要存放成品纯鲜奶和成品瓶酸奶。库区面积 8323m²，货架最大高度 21m，托盘尺寸 1200mm×1000mm，库内货位总数 19632 个。其中，常温区货位数 14964 个；低温区货位 46687 年。入库能力 150 盘/小时，出库能力 300 盘/小时。出入库采用联机自动。

二、库区布置及工艺流程

根据用户存储温度的不同要求，该库划分为常温和低温两个区域。常温区保存鲜奶成品，低温区配置制冷设备，恒温 4℃，存储瓶酸奶。按照生产—存储—配送的工艺及奶制品的工艺要求，库区划分为入库区、储存区、托盘（外调）回流区、出库区、维修区和计算机管理控制室 6 个区域。

入库区由 66 台链式输送机、3 台双工位高速梭车组成。负责将生产线码垛区完成的整盘货物转入各入库口。双工位穿梭车则负责生产线端输送机输出的货物向各巷道入库口的分配、转动及空托盘回送。

储存区包括高层货架和 17 台巷道堆垛机。高层货架采用双托盘货位，完成货物的存储功能。巷道堆垛机则按照指令完成从入库输送机到目标的取货、搬运、存货，以及从目标货位到出货输送机的取货、搬运、出货任务。

托盘（外调）回流区分别设在常温储存区和低温储存区内部，由 12 台出库口输送机、14 台入库口输送机、巷道堆垛机和货架组成。分别完成空托盘回收、存储、回送、外调货物入库、剩余产品，退库产品入库、回送等工作。

出库区设置在出库口外端，分为货物暂存区和装车区，由 34 台出库输送机、叉车和运输车辆组成。叉车司机通过电子看板、RF 终端扫描来指导叉车完成装车作业，反馈发送信息。

维修区设在穿梭车轨道外一侧，在某台空梭车更换配件或处理故障时，其他穿梭车仍旧可以正常工作。

计算机管理控制室设在二楼，用于出入库登记、出入库高度管理和联机控制。

三、库区的管理与控制

依据蒙牛乳业泰安立体仓库的具体需求，针对立体仓库的业务实际和管理模式，该企业运用了一套仓库管理系统来对仓库的运作进行管理。

该仓储管理系统主要包括仓储物流信息管理系统和仓储物流控制监控系统两部分。仓储物流信息管理系统实现上层战略信息流、中层管理信息流的管理；仓储物流控制监控系统实现下层信息流与物流作业的管理。

1. 仓储物流信息管理系统

（1）入库管理。实现入库信息采集、入库信息维护、脱机入库、条码管理、入库交接班管理、入库作业管理、入库单查询等。

（2）出库管理。实现出库单据管理、出库货位分配、脱机出库、发货确认、出库交接班管理、出库作业管理。

（3）库存管理。对货物、库区、货位等进行管理，实现仓库调拨、仓库盘点、存货调价、库存变动、托盘管理、在库物品管理、库存物流断档分析、积压分析、质保期预警、库存报表、可出库报表等功能。

（4）系统管理。实现对系统基础资料的管理，主要包括系统初始设置、系统安全管理、基础资料管理、物料管理模块、业务资料等模块。

（5）配送管理。实现车辆管理、派车、装车、运费结算等功能。

（6）质量控制。实现出入库物品、库存物品的质量控制管理。包括抽检管理、复检管理、质量查询、质量控制等。

（7）批次管理。实现入库批次数字化、库存批次查询、出库发货批次追踪。

（8）配送装车辅助。通过电子看板、RF 终端提示来指导叉车进行物流作业。

（9）RF 信息管理系统。通过 RF 实现入库信息采集、出库发货数据采集、盘点数据采集等。

2. 仓储物流控制监控系统

仓储物流控制监控系统是实现仓储作业自动化、智能化的核心系统，它负责管理仓储物流信息系统的作业队列，并把作业队列解析成自动化仓储设备的指令队列，根据设备的运行状况指挥协调设备的运行。同时，本系统以动态仿真人机交互界面监控自动化仓储设备的运行状况。

系统包括作业管理、作业高度、作业跟踪、自动联机入库、设备监控、设备组态、设备管理等几个功能模块。

问题：

（1）简述蒙牛乳业自动化立体仓库的操作流程。

（2）蒙牛乳业自动化立体仓库库区管理与控制的措施有哪些？

第六章　配送中心管理信息系统

🔍 **学习目标**

通过本章学习，使学生理解配送信息系统建设对配送管理现代化的重要意义，掌握相关的物流信息技术。

引导案例

美国联合包裹服务

UPS 公司（联合包裹速递服务公司）将于 2007 年迎来 100 周年庆典。作为世界上最大的包裹递送公司以及全球领先的供应链服务提供商，UPS 提供多种服务，使货物流、信息流与资金流能够实现同步协调运作。UPS 的总部设在美国佐治亚州的亚特兰大市，其业务网点遍布世界 200 多个国家和地区。UPS 的股票在纽约证券交易所上市（代码为 UPS）。

UPS 于 1907 年作为一家信使公司成立于美国，通过明确地致力于支持全球商业的目标，UPS 如今已发展到拥有 426 亿美元资产的大公司。如今的 UPS，是一家全球性的公司，作为世界上最大的快递承运商与包裹递送公司，同时也是专业的运输、物流、资本与电子商务服务的领导性的提供者，每天都在世界上 200 多个国家和地区管理着物流、资金流与信息流。

UPS 能够对每日运送的 1300 万个邮包进行电子跟踪。例如一个出差在外的销售员在某地等待某些样品的送达，他可以通过在 UPS 安排的 3COM 网络系统中输入 UPS 运单跟踪号码，即可知道货物在哪里，当需要将货物送达另一个目的地时，可再次通过网络以及附近的蜂窝式塔台，找出货物的位置，并指引到最近的投递点。

🎓 **思考**

1. 你认为 UPS 经历百年发展，成为拥有 426 亿美元资产的大公司，其成功的关键是什么？

2. UPS 如何做到对每日运送的 1300 万个邮包进行跟踪？

第一节　配送信息系统概述

一、配送信息系统的概念

配送是物流的主要功能之一，其产品是为客户提供配送服务。配送涉及面广，配送的对象各种各样，客户的服务要求各有不同，且越来越高。所以，要在竞争日趋激烈的市场中取得竞争优势，提高客户服务水平，实现物流配送的合理化，就必须有现代配送信息系统的有力支持。

配送信息系统就是在物流业务活动中，凡是有关配送方面的物流信息都归类为配送信息系统，由主管配送业务的部门进行管理。如有关配送计划、统计资料，货物发运清单、货物到达通知、货物中转手续，事故查询、处理等。

物流配送信息系统是物流信息系统的一个重要的子系统，与其他子系统有着密切的关系，它们之间的相互衔接、相互配合相当重要。

二、配送信息系统的作用

配送信息系统提高了物流配送活动的服务水平，降低了物流配送的作业成本，其具体作用表现在下列四个方面。

1. 提供配送信息的查询服务

当客户需要对货物的状态进行查询时，只要输入货物的发货号码，马上就可以知道有关货物状态的信息。查询作业简便快捷，信息及时准确。

2. 提高配送货物的准确性和及时性，提高客户服务水平

通过货物信息可以确认货物是否将在规定的时间内送到客户手中，能及时发现配送过程中发生的问题，便于快速查明原因并及时进行改正。

3. 提升企业的竞争优势

配送信息系统是获得竞争优势的重要手段之一，为配送作业提供所需的决策信息并提供最佳路线选择信息，从而提高物流配送效率，提供差别化的物流服务。

4. 有利于信息资源的共享

通过物流配送信息系统所得到的有关货物运送状态的信息，丰富了供应链的信息分享资源，有关货物信息的分享有利于客户预先做好接货以及后续工作的安排。

三、配送信息系统的主要内容与运作

配送信息系统主要包括配送计划、配车与配送路线计划、配送与货物跟踪、车辆

运作管理、成本管理与控制以及配送信息的查询交换等。物流配送信息系统一般是由发送货物业主、物流配送业主和接收货物业主组成的。其运作步骤如下：

（1）发送货物业主（如生产厂家）在接到订货通知后制订货物配送计划，并把配送货物的清单及配送时间安排等信息发送给物流配送业主和接收货物业主（如零售商），以便物流配送业主预先制订货物接收计划。

（2）发送货物业主依据客户订单的要求和货物运送计划下达发货指令、分拣配货、打印出货物条码的货物标签（如 SCM 标签，Shipping Carton Marketing——装运箱销售）并贴在货物包装箱上，同时把配送货物品种、数量、包装等信息发送给物流配送业主和接收货物业主，向物流配送业主发出运送请求信息，物流配送业主依据请求下达车辆调配指令。

（3）物流配送业主在向发送货物业主取运货物时，利用车载扫描仪读取货物标签的物流条码，并与先前收到的货物运输数据进行核对，确认配送货物。

（4）物流配送业主在物流中心对货物进行整理、集装、填妥送货清单并向收货业主发送发货信息。在货物配送的同时进行货物跟踪管理，并在货物交给收货业主之后，通过 EDI（电子数据交换）向发送货物业主发送完成配送业务信息和运费请求信息。

（5）收货业主在货物到达时，利用扫描读数仪读取货物标签的物流条码，并与先前收到的货物运输数据进行核对确认，开出收货发票，货物入库。同时向物流配送业主和发送货物业主发送收货确认信息。

第二节 配送中应用的信息技术

一、条码技术

条码作为国内外商品流通的通用语言，是商品走向国际市场的绿卡之一，被认为是进出口商品的"身份证"。它已渗透到生产管理、商业销售、仓储和运输的票据（单证）管理等领域的计算机应用之中，大大提高了经济工作的效率。条码自动识别技术，以其简便、快速、准确、低成本、可靠性等显著特点，广泛地应用于各行各业，成为商品的主要自动识别技术。在发达国家和地区，条码技术应用非常广泛，产生了巨大的经济效益和社会效益。

条码是一种信息代码，由一组宽度不同、反射率不同的条和空及字符按规定的编码规则组合起来，用于表示一级数据的符号。这种粗细不同的黑色线条表示一定的数据、字母信息和某些符号。人们根据其构成图形的外观结构，称其为"条码"（Bar Code）。它是一种用光电扫描阅读设备识读并实现数据输入计算机的特殊代码。

条码出现的历史较短。1949 年，美国德雷克塞尔理工学院的乔·乌德郎德和巴尼亚·希罗巴二人共同提出申请条码专利,这时视为条码的起始。1970 年,美国为制定通用商品代码及其标志而设立了一个委员会。3 年后,由国际商用机器公司(IBM)提出的黑色和白色的条纹为基础的通用商品代码——UPC 条码(统一商品条码)诞生。在欧洲为 EAN 条码(通用商品条码),在日本为 JAN(日本通用商品编码)条码,我国通用商品条码标准也采用 EAN 条码结构。一个完整的条码符号是由两侧空白区、起始符、检验字符和终止字符组成。

条码由一组黑白相间的线条组成,每根线条的宽窄不同代表不同的数据。将磁性物质经激光喷墨机打印到空白纸条和商品的包装袋上,然后用光阅读器扫描,将光信号转换成电子数据送入计算机中,完成数据输入。条码主版是由 13 位数字及相应的条码符号组成的(见图 6 -1),在较小的商品上也采用 8 位数字及其相应的条码符号(见图 6 -2)。

图 6 -1 EAN -13

图 6 -2 EAN -8

条码包含的信息如下。

1. 前缀码

前缀码由三位数字组成,表示商品生产国别(地区),我国是 690、691 和 692,这是由国际物品编码协会(EAN international)统一决定的。

2. 商品制造厂名(公司)代码

该代码由四位数字组成,我国由中国物品编码中心(设在北京)统一分配并统一注册,一厂一码。

3. 商品代码

商品代码由一位数字组成,用以校验前面各码的正误。

条码技术是一项信息处理技术,是旨在解决大量信息自动进入数据库的登录问题的智能技术,是释放信息集散的有力工具。同时,条码技术也是一项综合技术,主要包括编码技术、符号技术、识别与应用系统设计技术。主要用于自动识别和计算机数据输入。目前,编码工作主要集中在如何提高条码符号的信息密度,已突破了创立编码制的早期思想,向条码介质的更新和高分辨方向迈进,出现全息条码和二维条码

（见图 6 – 3）。

图 6 – 3　二维条码

条码应用的主要设备是条码刷制机、条码打印机、条码扫描器（光笔、台式、手持式等）、条码译码（在线式、便携式、无线便携式）等设备。通常这些设备和计算机终端、自动扫描器连接在一起，以实现数据录入和自动化操作。条码与其他自动识别技术相比，具有可读性高、可靠性高、经济性好、可反复使用、信息对应强、更加灵活等优越性。

二、EDI 技术

EDI 的英文全称是 Electronic Data Interchange，被译为"电子数据交换""电子资料联络"和"电子资料转换"。其整体含义为计算机到计算机之间，以标准格式进行的数据运输。是电子计算机与通信技术相结合的一种技术和服务手段，是贸易、运输、保险、银行和海关等行业的买卖双方或多方，将信息用一种国际公认的标准格式，通过计算机通信网络，以实现有关部门或公司与公司之间的数字交换与处理，并完成以商务贸易为中心的全过程。EDI 是一种新的迅速发展起来的数据传送方式，它在计算机上以数据形式将文件从一个公司或企业传输到另一个公司或企业，并以全新的方式来经营公司或企业。

实现 EDI 包括三个方面的内容：计算机应用、通信网络和数据标准化，三者间相互衔接、相互依存，构成了 EDI 的基本框架。它是按照协议对已具有一定结构性的标准经济信息，经过电子数据通信网络，在商业贸易伙伴的计算机信息系统之间进行转换和自动处理。这就比传统的手工信息处理要快得多、准确得多，效率也高得多，而且能系统地反映出顾客的需求和商品的盈缺状况，进而增强其在国际市场上的竞争力。

在整个对外贸易系统中，外贸货物运输是一个比较大的系统。由于外运工作具有涉及面广、线路长、环节多、手续复杂、风险大等特点，因而对 EDI 的综合运用提供了广阔的天地，也只有 EDI 系统的服务支持，才能保证外贸买卖双方实施及时、优质的货物交付与货款的收取。货款支付与货款收取的对流条件，其中以出口货物的运输尤为复杂，大量货运单证的缮制和传递，都由出口方来实现。租船订舱、结汇、交货过程中，大量的信息传递也要求及时、准确、节省费用。由发货人、承运人和收货人构成的 EDI 物流模型如图6-4所示。

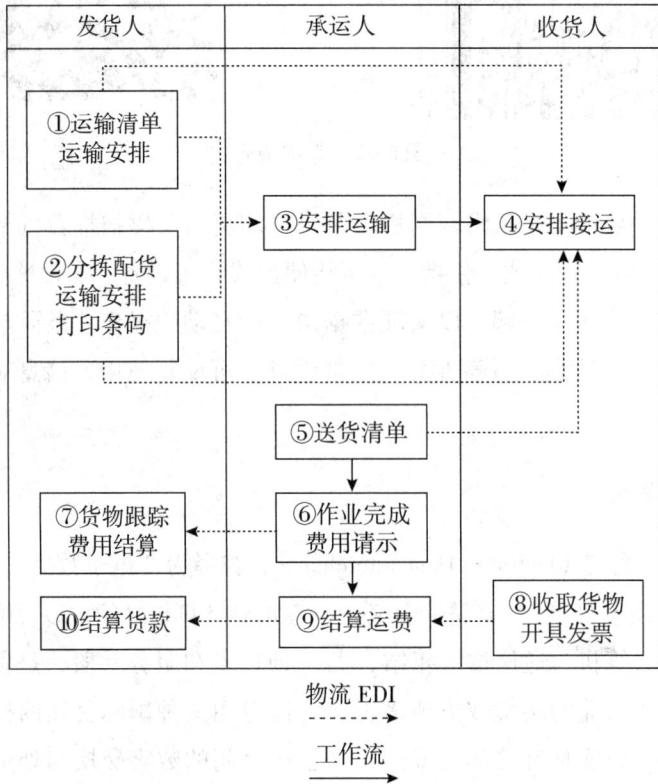

图6-4 由发货人、承运人和收货人构成的 EDI 物流模型

国际运输中 EDI 系统的应用项目包括以下几点。

（1）节省时间上，开发 EDI 的应用。使用 EDI 系统快速准确地传递信息，自动化处理数据，可以最大程度减少运输过程的中间环节，诸如港口、码头、银行等与之相关的中间服务环节。

（2）大幅降低日常文传工作费用。

（3）减少销售费用，开发货运跟踪系统，将进出口商、海运、港口、海关、银行联系在一起，对进出口商提供 EDI 综合服务。

三、配送车辆和货物跟踪技术

配送车辆和货物跟踪是通过全球卫星定位系统（Global Positioning System，GPS）和地理信息系统（Geographic Information System，GIS）来实现的。

（一）全球卫星定位系统（GPS）

全球卫星定位系统是利用多颗通信卫星对地面目标的状况进行精确测定的系统。可以实现运行车辆的全程跟踪监视，并通过相关的数据和输入的其他系统相关数据进行交通管理。

全球卫星定位系统是通过卫星对地面上运行的车辆、船舶进行测定并精确定位，在车辆、船舶或其他运输工具设备上配置信标装置，就可以接收卫星发射信号，以置于卫星的监测之下，通过接收装置，就可以确认精确的定位位置。应用于物流领域的GPS系统的构成如图6-5所示。

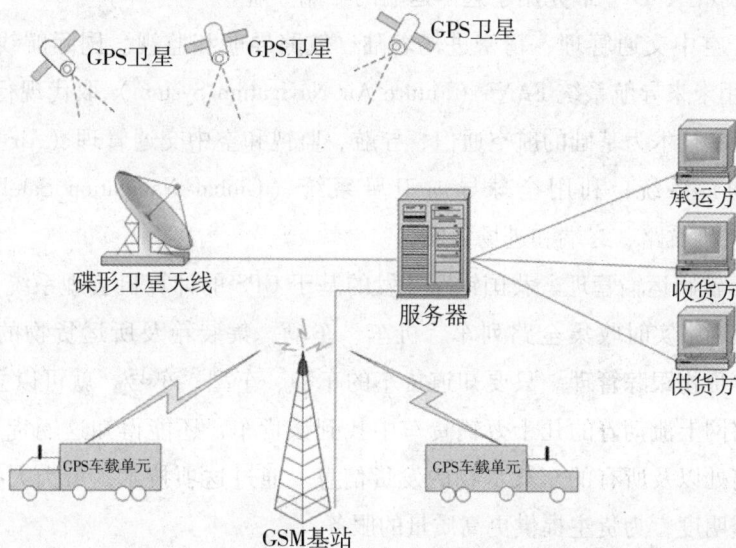

图6-5 应用于物流领域的 GPS 系统的构成

1. GPS 的基本构成

（1）空间卫星系统。空间卫星系统由分布在6个轨道平面上的24颗（其中3颗备用）高轨道卫星构成，轨道高度为$2 \times 10^4 \, \text{km}$，每颗卫星都配备有精度极高的原子钟（30万年的误差仅为1秒），各轨道平面相对于赤道平面的倾面内，各卫星的间隔为90°。GPS空间卫星的这种分布方式，可以保证在地球上的任何地点都能连续同步地观测到至少4颗卫星，从而提供全球范围从地面到$2 \times 10^2 \, \text{km}$高空之间任一载体高精度的三维位置、三维速度和系统时间信息。

（2）地面监控系统。地面监控系统由均匀分布在美国本土和三大洋的美军基地上的 5 个监测站、1 个主控站和 3 个数据注入站构成。这些子系统的功能是对空间的卫星系统进行监控、控制，并向每颗卫星注入更新的导航电文。

（3）用户接收系统。用户部分主要是 GPS 接收机，它接收卫星发射的信号并利用本机产生的伪随机噪声码取得距离观测量和导航电文，根据导航电文提供的卫星位置和钟差改正信息计算位置。

2. GPS 在物流信息系统中的应用

（1）用于汽车自定位、跟踪调度、陆地救援。据丰田汽车公司的统计和预测，日本公司利用 GPS 开发车载导航系统，其市场在 1995—2000 年将平均每年增长 35% 以上，全世界在车辆导航上的投资将平均增长 60.8%，因此，车辆导航系统将成为未来 GPS 的主要应用之一。

（2）用于内河及远洋船队最佳航程和安全航线的测定、航向的实时调度、监测及水上救援。在我国，GPS 最先用于远洋运输的船舶导航。

（3）用于空中交通管理、精密进场着陆、航路导航和监视。国际航线组织提出，在 21 世纪将用未来导航系统 FANS（Future Air Navigation System）取代现行航行系统，它是一个以卫星技术为基础的航空通信、导航、监视和空中交通管理（Air Traffic Management，ATM）系统，利用全球导航卫星系统（Global Navigation Satellite System，GNSS）实现飞机航路、终端和进场导航。

（4）用于铁路运输管理。我国铁路开发的基于 GPS 的计算机管理系统，可以通过 GPS 和计算机网络实时收集全路列车、机车、车辆、集装箱及所运货物的动态信息，可实现列车、货物跟踪管理。只要知道货车的车种、车型、车号，就可以立即从近 10 万千米的铁路网上流动着的几十万辆货车中找到该货车，还能得知这辆货车现在何处运行或停在何处以及所有的车载货物的发货信息。通过这项技术，可大大提高铁路网及其运营的透明度，为货主提供更高质量的服务。

（二）地理信息系统（GIS）

1. GIS 概述

地理信息系统（GIS）是多种学科交叉的产物，它以地理空间数据为基础，采用地理模型分析方法，适时地提供多种空间的和动态的地理信息，是一种地理研究和地理决策服务的计算机技术系统，是用于获取、处理、分析、访问、表示和在不同用户、不同系统和不同地点之间传输数字化空间信息的系统。GIS 的基本特征是以计算机为运行平台，空间数据参与运算，为各类应用目的服务。

地理信息系统根据应用领域的不同，又有各种不同的应用系统，例如土地信息系统、城市信息系统、交通信息系统、环境信息系统、仓库规划信息系统等，它们的共同点是用计算机处理与空间相关的信息。

地理信息系统的主要应用领域有以下几个方面：

（1）电子地图。借助计算机和数据库的应用，电子地图可以有比一般地图几百倍、几千倍的信息容量，通过电子地图可以提供一种新的按地理位置进行搜索的方法，以获取相关的社会、经济、文化等各方面的信息。

（2）辅助规划。地理信息系统可以辅助仓库、站场等基础设施的规划，用地理坐标、图标方式，直观地反映基础设施的基本情况和布局情况，以进一步分析布局是否合理，从而对规划起到支持作用。

（3）交通管理。GIS 和 GPS 相结合，实时反映车辆运行情况、交通路段情况、交通设施运行情况等，从而支持有效的交通管理。

（4）军事应用。GIS 对于军事后勤及战时提供信息进行分析，并起辅助决策作用。

2. GIS 在物流配送中的应用

地理信息系统在物流配送中的应用主要为以下两个方面：一是 GIS 与 GPS 相结合，实现交通信息的查询和对配送车辆的实时跟踪，从而提高物流配送的服务质量和效率，如图 6-6 所示为招商迪辰 GPS/GIS 综合应用系统；二是配送车辆路线的规划，用于解决一个起始点、多个终点货物配送中如何降低物流作业费用，并保证服务质量的问题，包括决定使用多少车辆及每辆车的行走路线等。

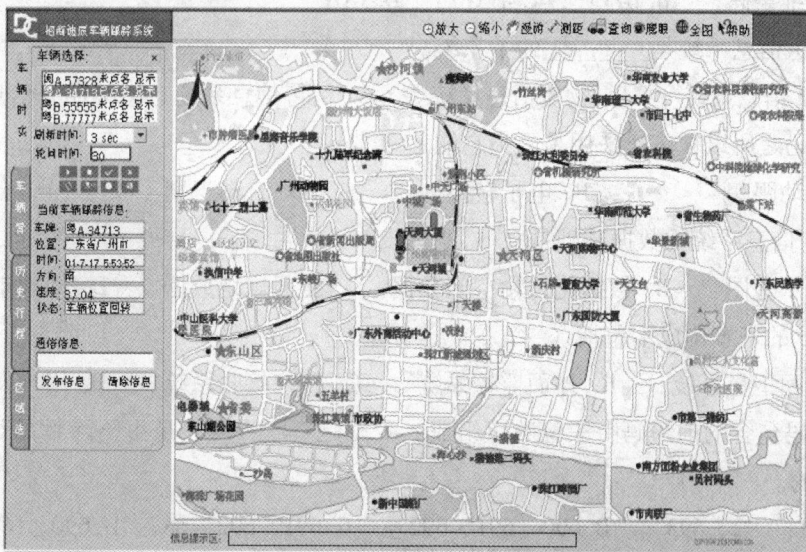

图 6-6　招商迪辰 GPS/GIS 综合应用系统

需要指出的一个关键问题是，以上所述的技术在一个物流配送系统中不是相互独立的，而是通过计算机及计算机网络形成综合的物流信息管理系统，从而实现降低物流运输成本，提高配送效率和效益，提高配送服务水平。

本章小结

本章从阐述配送信息系统概念入手，介绍了配送信息系统的主要内容、运作及作用，同时也介绍了条码技术、EDI 技术、GPS 技术和 GIS 技术等相关物流信息技术。通过本章学习，使学生理解配送信息系统建设对配送管理现代化的重要意义，掌握相关的信息技术。

练习题

一、单项选择题

1. 配送车辆和货物跟踪可以通过_____来实现。（   ）

A. GPS 和 GIS   B. GSP 和 GIS   C. EDI 和 GPS   D. FANS 和 GPS

2. 使用 GPS 技术能提供全球范围内在 200km 高空以下的任一载体的位置、速度及系统时间的_____信息。（   ）

A. 一维   B. 二维   C. 三维   D. 四维

3. 目前，我国通用商品条码标准采用下列哪种条码结构？（   ）

A. 二维条码   B. UPC   C. EAN   D. JAN

4. 配送信息系统是_____的子系统。（   ）

A. EDI 信息系统   B. 物流信息系统   C. 销售信息系统   D. GPS 信息系统

5. 条码之所以被广泛采用是因为它能（   ）。

A. 自动跟踪   B. 电子转换   C. 自动识别   D. 自动编码

6. GIS 信息系统的数据基础是（   ）。

A. 电子地图   B. 数据化传输空间数据   C. 交通规划数据   D. 地理空间数据

7. GPS 的基本构成不包括（   ）。

A. 空间卫星系统   B. 地面监控系统   C. 用户接收系统   D. 用户发射系统

8. 条码包含的前缀码由三位数字组成，我国是_____，是由国际物品编码协会统一决定的。（   ）

A. 689、692、693   B. 690、691、692   C. 691、692、687   D. 690、691、686

9. 商业条码的前缀码的意思是（   ）。

A. 生产国别   B. 制造厂商   C. 商品代码   D. 验证码

10. 我国通用的条码是（　　　　）。

A. UPC 码　　　　B. JAN 码　　　　C. EAN 码　　　　D. 牛眼码

11. EDI 是通过电子方式，采用_____，利用计算机网络进行结构化数据的传输和交换。（　　　）

A. Word 格式　　　　B. 超文本格式　　　　C. 标准化格式　　　　D. RTF 格式

12. GIS 是指（　　　）。

A. 全球卫星定位系统　　B. 地理信息系统　　C. 企业资源计划　　D. 条码技术

二、多项选择题

1. 条码的完整组成内容有（　　　）。

A. 一级数据符号　　　　B. 两侧空白区　　　　C. 起始符

D. 检验字符　　　　E. 终止字符

2. 全球卫星定位系统由下列_____构成。（　　　）

A. 空间卫星系统　　　　B. 导航系统　　　　C. 用户接收系统

D. 地理信息系统　　　　E. 地面监控系统

3. 下列哪些选项是地理信息系统的主要应用领域？（　　　）

A. 电子地图　　　　B. 城市规划　　　　C. 辅助规划

D. 交通管理　　　　E. 军事应用

三、判断题

1. 在 EAV-13 条码中，我国的国家代码是 960。（　　　）

2. 条码技术是一项信息处理技术，旨在解决大量信息自动进入数据库的登录问题的智能技术，是释放信息集散的有力工具。（　　　）

3. 电子地图是 GIS 的主要应用领域。（　　　）

4. 应用 GPS 技术，可以全天候、连续地为无限用户提供任何覆盖区域内目标的高精度的三维速度、位置和时间信息。（　　　）

5. 配送车辆和货物跟踪是通过全球卫星定位系统和地理信息系统来实现的。（　　　）

四、名词解释

1. 配送信息系统

2. 全球定位系统（GPS）

3. 条码

4. EDI 技术

5. 地理信息系统

五、简答题

1. 简要叙述物流配送信息系统的作用。

2. 简述 GPS、GIS 在配送信息系统中的作用。

3. EDI 技术包括什么内容?

六、案例分析题

A 集团是位于华南的一家大型制造企业。为了实施北进战略,在北方某省招标外包其物流业务。参与竞争的主要有一家当地运输公司(简称 B 公司)和来自南方的一家第三方物流企业(简称 C 公司)。B 公司在本省是数一数二的传统运输公司,仅运输车辆就有 500 台。招标会上,他们自以为家大业大,根本不把 C 公司放在眼里,声言:"一个运输指标,我们用 3 台车做保证,你们 C 公司能做到吗?"当时 C 公司也不示弱,反复阐述现代物流的运作模式,就是运用现代信息技术,整合社会运力资源。所谓的"3 台车等一个指标"是运力资源的浪费;而 C 公司"一个萝卜一个坑",才是最佳配置。A 集团考虑要关照当地企业,暂定两家各做 50% 的份额。

实践辨真金。C 公司凭借其全国性物流网络和信息系统以及高素质的管理,给社会车辆创造了一个能够"满载荷""零回空"的良好运输空间。这像一个强大的"磁场",广泛吸引了社会动力,保证了"一个萝卜一个坑"模式的落实。C 公司不但圆满完成了本身的份额,还承担了曾出狂言的 B 公司部分无法完成的份额。更戏剧性的是,B 公司的大部分车辆"叛变"到 C 公司的运作网络中。不到一年,C 公司就竞争到了A 集团百分之百的份额。

问题:

(1)C 公司依靠什么取得 A 集团的信任而获得 50% 的份额?

(2)B 公司的车辆为什么会"叛变"到 C 公司的运作网络?

第七章　电子商务与物流配送

🔍 **学习目标**

　　通过本章学习，使学生掌握电子商务的基本概念，了解电子商务的功能和效益，理解电子商务与物流配送的关系。

🌐 **引导案例**

　　佑康电子商务创立于 2000 年 12 月，是目前浙江省最大的 B to C 电子商务销售服务商。佑康电子商务致力于打造国内电子商务行业的杰出品牌，其运营系统为核心，涵盖网上购物、呼叫中心（特服电话 96188）、佑康便利连锁、佑康物流配送四个部分，年销售配送额超过 1 亿元。佑康电子商务已被国家科技部确立为"十五"电子商务与现代物流示范单位，是浙江省、杭州市电子商务试点企业、浙江省现代物流发展重点联系企业、浙江省"十五"服务业电子化工程试点示范企业、浙江首批电子商务应用推荐企业。

　　佑康网上购物系统坚持以"电子"为手段，以"商务"为核心，以"物流"为基础，建立了先进的信息网、立体的营销网和完善的物流网，三网合一，创造了电子商务盈利的新模式。

　　佑康物流以城域配送为主业，以低温冷冻冷藏配送链为特色。其信息平台优势：物流之道，网络为本。佑康拥有先进的、功能强大的物流信息平台，实现了客户市场网络化、营运资源网络化、信息交换网络化、运输服务网络化、财务结算网络化，真正达到全程全网及一站式服务。其仓库优势：拥有占地 20000m² 的常温库、10000t 高低温冷库，二期占地 200 亩的物流基地中心正在规划建设中。其配送优势：自有型号齐全的配送车辆 200 余辆；社会车辆资源调度游刃有余；网络化、全程化的现代调度手段。

　　佑康连锁便利店的优势：集中采购的商品价格优势；大型专业的物流配送支持；统一的规范经营与管理；大规模的商品促销支持；先进的信息化网络技术；高知名度、高美誉度的服务品牌效应；丰富的会员共享资源。

　　佑康连锁便利店的定位：社区便民服务中心；信息集散中心；佑康电子商务的终

端落地平台；佑康的物流节点。

佑康技术先进、运行稳定的呼叫中心为客户提供 7 × 24 小时的服务。

思考

1. 佑康的电子商务有何特色？
2. 佑康的物流如何与电子商务结合？

第一节　电子商务概述

一、电子商务的概念

电子商务（Electronic Commerce，EC）是一种崭新的企业经营方式，它是利用网络技术，通过网络与合作伙伴进行经济信息的交换和处理，从而快速而有效地处理日常商务的最新方法。它能够直接与广大的网络接口相连，能进行各种商业活动，从而为企业和用户带来巨大的利益和价值。

数字化、网络化与信息化是 21 世纪的时代特征。经济全球化与网络化已经成为一种潮流，信息技术革命与信息化建设正在使资本经济转变为信息经济、知识经济，并将迅速改变传统的经贸交易方式和整个经济面貌。它加快了世界经济结构的调整与重组，推动着我国从工业化向信息化社会的过渡。

对于电子商务的概念，到目前为止还没有一个较为全面、具有权威性的能够为大多数人接受的电子商务的定义。各种组织、政府、公司、学术团体、专家学者都依据自己的理解和需要为电子商务做出定义，其中有一些较为系统和全面的观点如下。

（1）加拿大电子商务协会给出了电子商务的较为严格的定义：电子商务是通过数字通信进行商品和服务的买卖以及资金的转账，它还包括公司间和公司内利用 E - mail、EDI、文件传输、传真、电视会议、远程计算机联网所能实现的全部功能（如市场营销、金融结算、销售以及商务谈判）。

（2）联合国经济合作和发展组织（OECD）有关电子商务的报告中对 EC 定义：电子商务是发生在开放网络上的包含企业间（Business to Business，B to B）、企业和消费者之间（Business to Consumer，B to C）的商业交易。

（3）美国政府在其"全球电子商务纲要"中，比较笼统地指出电子商务是通过电子手段进行的各项商务活动，包括广告、交易、支付、服务等活动，全球电子商务涉及各个国家。

（4）通用电气公司（GE）对电子商务的定义：电子商务是通过电子方式进行商业

交易，分为企业与企业间的电子商务和企业与消费者之间的电子商务。企业与企业间的电子商务：以电子数据交换 EDI 为核心技术，以增值网（VAN）和互联网（Internet）为主要手段，实现企业间业务流程的电子化，配合企业内部的电子化生产管理系统，提高企业的生产、库存、流通（包括物资和资金）各个环节的效率。企业与消费者之间的电子商务：以 Internet 为主要服务提供手段，实现公众消费和服务提供方式以及相关的付款方式的电子化。

（5）美国 IT 厂商提出的电子商务的定义：电子商务是一种商务活动的新形式，它通过采用现代信息技术手段，以数字化通信网络和计算机装置替代传统交易过程中纸介质信息载体的存储、传递、统计、发布等环节，从而实现商品和服务交易以及管理等活动的全过程无纸化，并达到高效率、低成本、数字化网络化、全球化等目的。

（6）我国专家王可研究员从过程角度定义电子商务为"在计算机与通信网络基础上，利用电子工具实现商业交换和行政作业的过程"。

从以上的一些定义中，可以看出，它们没有谁对谁错之分，人们只是从不同角度，从广义和狭义上各抒己见而已。总之，可以这样说：从宏观上讲，电子商务是计算机网络所带来的又一次革命，旨在通过电子手段建立一种新的经济秩序。它不仅涉及电子技术和商业交易本身，而且涉及诸如金融、税务、教育等其他社会层面；从微观角度说，电子商务是指各种具有商业活动能力的实体（生产企业、商贸企业、金融机构、政府机构、个人消费者等）利用网络和先进的数字化媒体技术进行的各项商业贸易活动。这里要强调两点：一是活动要有商业背景；二是网络化和数字化。

二、电子商务的功能与效益

（一）电子商务给企业带来的效益

1. 降低采购成本

对于企业来说，物资或劳务的采购是一个复杂得多阶段过程。首先，购买者要寻找相应的产品供应商，调查他们的产品在数量、质量、价格方面是否满足要求。在选定了一个供应商后，企业需要把详细计划和需求信息传送给供应商，以便供应商能够准确地按照客户要求的性能指标进行生产。如果产品样品被认可而且供应商有能力立即生产，购买者就会发出一份具体产品数量的采购订单。然后，买方会接到供应商的通知，告诉他采购订单已经收到并确认该订单可以满足。当产品由供应商发出时，购买者再次接到通知，同时还有产品的发货清单。买方的会计部门核对发货单和采购订单后付款。当原有订单变动时，购买过程将更加复杂。

电子数据交换（EDI）、互联网（Internet），减少采购过程中的人力、印刷和邮寄费用，降低了处理费用，并通过在网上公开招标，为企业提供了新的采购机会和更低的采购成本。

2. 减少库存和产品的积压

生产计划送达供应商所需的时间越长，公司的库存就越大，并带来延迟和错误，同时使供应商对需求变化来不及做出所要求的快速反应。公司库存越多，其运转费用就越高，效益就越低。对公司来说，恰当地管理库存将实现对客户更好地服务和较低的运转费用。增加库存周转频率，将降低与库存有关的利息、搬运和储存费用。减少库存量也意味着现有的制造能力得到了更有效的利用。而更有效地生产可以减少或消除对工厂和设备增加投资的要求。

电子商务和有效的物流配送系统能够缩短订单处理时间和做到 JIT 配送，最大限度地降低公司的库存，以降低生产成本。

3. 缩短生产周期

生产周期是制造产品所需的总时间。制造任何一种产品都与某些固定的开支相联系，这些固定开支不随产量的变化而变化。固定开支包括设备折旧费、大部分公用设施和建筑物费用以及大部分管理和监督费用。如果制造产品的时间可以从 10 天缩短到 7 天，那么，由于时间减少，每个产品的固定开支就可降低。电子商务活动可以使循环时间缩短，可以以同等的或降低的费用生产更多的产品。

4. 有效的客户服务

电子商务能在网上介绍产品、提供技术支持、查询订单处理信息，不仅可以解放公司自己的客户服务人员，让他们去处理更复杂的问题，调整与客户的关系，而且也会使客户更满意。

5. 降低价格

电子商务使公司提高处理订单的容量，提高订单处理的速度，而不增加工作人员，从而降低了操作成本和管理成本，进而降低产品的销售价格。

6. 获得新的销售机会

电子商务通过网络进行促销和广告宣传，并创造定制服务，增加新的销售机会。

（二）电子商务的社会效益

1. 全社会的增值

电子商务带来的最直接的好处就是由于贸易范围的空前扩大而产生的全球贸易活动的大幅度增加，因而提高了贸易环节中大多数角色的交易量。因此，全球范围的经济形势将向一个良好的增长趋势发展。

2. 促进知识经济的发展

信息产业是知识经济的核心和主要的推动力，而电子商务又是目前信息产业中最具前途的发展趋势。因此，电子商务的发展必将直接或间接地推动知识经济的浪潮。

3. 导致新行业的出现

在电子商务条件下，原来的业务模型发生了变化，许多不同类型的业务过程由原来的集中管理变为分散管理，社会分工逐步变细，因而产生了大量的新兴行业，以配合电子商务的顺利运转。

第二节　电子商务对物流的影响

物流与电子商务之间的关系是相互影响、相互促进的。下面先来认识电子商务对物流活动的影响。

一、电子商务是一场商业大革命

近几年来，随着知识经济的发展和信息高速公路的建设，电子商务活动已经形成一股浪潮，迅速在互联网上蓬勃开展起来。从 1999 年开始，我国在电子商务方面的发展飞速增长。电子商务正在迅速渗透到每一个行业领域，连接起企业、社团、政府和个人。很多企业、单位、政府和个人在互联网上开设网站，宣传自己、发表观点、互相通信、获取信息、寻找机会；有的开设网上商店，在网上销售商品和提供服务；更多的人是作为消费者或浏览者收发电子邮件、上网看报、了解新闻、做广告、炒股票、听音乐、看电影、查资料、读小说、求职、求婚、购买商品甚至随心玩游戏等。通过在网上"冲浪"，有的商家生意红红火火，扩大了销售、扩大了市场占有率；有的网民足不出户，坐在计算机旁轻轻点击鼠标，就可以在茫茫的网上商店商品中、在太平洋的彼岸找到自己想买的东西，很方便地购买成交，而且会有人把所买的商品送上门来。互联网一下子拉近了人们之间的空间距离、时间距离，给社会、给人们的生活和工作模式带来了深刻的革命性的变化。

电子商务的基本特征如下：

①以互联网为基础的网络环境，模拟跨国界的实际市场环境；

②以计算机网站为基本单元，虚拟实际市场的商店、银行、税局等市场基本单元；

③实际的商务事务处理信息化、信息处理电子化。即实际的商务事务处理，包括订货、销售、支付、认证等都变成了网络上的信息处理。

电子商务将导致一场深刻的革命，这大概不会有人怀疑。但是这场革命的意义和深度，现在谁也估计不准。下面几点大概是可以预见的。

①这场革命是一场比工业革命更深刻的革命。17 世纪的工业革命，以机械化生产和扩大规模为标志，将手工生产和个体劳动转变为机械化大规模生产，大大提高了劳动生产率，促进了生产力的发展。这一次电子商务引起的革命，则是一次高科技和信息化的革命。它一方面将事务处理信息化，把商店、产品、广告、订货、购买、货币支付、认证等实物和事务处理虚拟化、信息化，使它们变成脱离实体而能在计算机网络上处理的信息。另一方面又将信息处理电子化。将所有信息处理都通过计算机网络，用计算机、电子邮件、文件传输、数据通信等电子手段等处理。这样做实际上是强化了信息处理、弱化了实体处理，用信息处理来控制实体处理，使实体处理更科学化、效率化。因此，这样做将是充分发挥信息对经济发展的价值，充分利用人类的知识和智慧，更科学合理地组织运用有限的资源，创造最大的经济效益。如果说工业革命是强化了人的体力（手脚等）、创造了一种产业经济的话，这一次革命则是强化了人的智力（脑子）、创造的是一种信息经济。信息经济实际上就是知识经济，是一种高科技经济。因为信息经济的最基本的特征是计算机网络，所以人们又直观地称它为网络经济。

②产业大重组。由于电子商务这场革命是将实物和事务处理信息化，使事务处理的内容、处理方式和处理程序发生了革命性变化，因此这场革命必然导致产业大重组。原有的一些行业、企业单位将逐渐消亡，将新增加一些行业、企业和单位，扩大一些行业、企业和单位。例如电报业、信件投递业等将逐渐消亡，将新增加一些行业，如网络广告业、信息服务业等；将压缩一些行业，例如制纸业、出版业等；将扩张一些行业，例如物流业、通信业等。

也许以后就不会有像今天这样多的商店和银行分店了，人们都在网上的虚拟商店里购物，虚拟商店的商品展示功能将比现在的实物商店的展示功能更强，购物付款也不用亲自跑到商店或银行去了，人们坐在计算机旁轻按鼠标，点击网络银行就可以了。

产业大重组，也从根本上改变着企业内部运作、外部合作与交流的机制，前所未有地提高着整个社会资源的运行效率。

③在信息经济时代，未来的竞争将是信息的竞争。信息通过互联网传输，打破了空间和区域的界限，极大地提高了信息处理的效率，也就充分展现了信息的经济效益，也极大地扩充了竞争空间，在更大范围内创造商业机遇。

二、电子商务将把物流业提升到前所未有的高度

电子商务导致产业大重组，那些消亡了的商店、银行等企业的人员到哪里去？去搞物流业、搞送货，或去网络银行工作（那里将比现在的业务量大得多），或者去搞其他服务业。大量的商店和银行消亡以后，将代之以按区域合理分布的配送中心、物流中心。

产业重组的结果实际上使得社会上的产业只剩下两个行业：一个是实业，包括制造业和物流业；另一个是信息业，包括广告、订货、销售、购买、服务、金融、支付和信息处理业等。而这两个行业，又可以理解为一个是"实"业，一个是"虚"业。

在"实"业中，制造业和物流业二者相比，制造企业会逐渐弱化，而物流企业会逐渐强化。制造企业会越来越弱化，主要是因为：随着经济的发展和生产力水平的提高，社会已经从短缺经济走向了剩余经济，绝大多数的产品都出现了供给大于需求的现象。即使一个产品暂时短缺，由于高科技和高生产力水平，再加上趋利竞争，这个产品产量会迅速上升，很快就会由短缺变为剩余。所以，以后就很难找到一个企业，能长期不变地只生产其固有的产品。随着人们生活水平的提高，需求品越来越走向个性化、高档化，商品的寿命周期也越来越短，所以制造企业生产的产品就必须越来越随之迅速地变化。今天生产这个产品，说不定明天就要改生产另外的产品；今天这个企业还能存在，说不定明天就不能存在了。正是为了适应这种情况，所以最近出现了所谓柔性理论，出现了柔性制造、柔性企业、虚拟企业等。柔性企业的基本特征是：其组织结构是由一些最基本的功能单元按产品生产的需要临时组合起来，能随时根据产品品种规格产量的变化而变化。随着这种企业的增加，特别是虚拟企业的增加，使得制造业的企业实体不得不随时变化，时大时小、时此时彼，甚至时存时亡，也就是说越来越弱化。物流企业会越来越强化，这是因为：在电子商务的环境里，消费者在网上的虚拟商店购物，并在网上支付，送货的功能就由物流公司承担。也就是说，现实的商店没有了，银行没有了，而物流公司不但不能省，而且任务加重了。物流公司不但要把虚拟商店的货物送到用户手上，而且还要从各个生产企业及时进货，存放到物流仓库中。物流公司既是生产企业的仓库，又是用户的实物供应者。

在电子商务环境下，随着绝大多数的商店、银行虚拟化，商务事务处理信息化、多数生产企业柔性化以后，整个市场剩下的就只有实物物流处理工作了。物流企业成了代表所有生产企业及供应商向用户进行实物供应的唯一最集中、最广泛的供应者，是进行局域市场实物供应的唯一主体。可见，电子商务把物流业提升到了前所未有的高度。物流企业应该认识到，电子商务为他们提供了一个空前发展的机遇。

三、电子商务下物流需求的新变化

（一）消费者的地区分布分散化

互联网是电子商务的最大信息载体。因特网的物理分布范围正在迅速扩展，是否凡是互联网所触及的地区都是电子商务的销售区域呢？在电子商务发展的初级阶段这是不可能的。一般商务活动的有形销售网点资源按销售区域来配置，每一个销售点负责一个特定区域的市场。比如把全国划分为 7 个销售大区，每个大区内有若干销售网点，再设立一个配送中心，负责向该大区内的销售网点送货，销售点向配送中心订货和补货，配送中心则在规定的时限内将订货送达。电子商务也有可能按照这种方式来操作，但问题在于，电子商务的客户可能在地理分布上是十分分散的，要求送货的地点不集中，物流网络并没有像因特网那样广的覆盖范围，无法经济合理地组织送货。所以，提供电子商务服务的公司也需要像有形店铺销售一样，要对销售区域进行定位，对消费人群集中的地区提供物流承诺，否则是不经济的。还有一种处理办法，就是针对不同的销售区域采取不同的物流服务政策。如在大城市因为电子商务的普及，订货可能比较集中，适用于按不低于有形店铺销售的送货标准组织送货，但对偏远地区的订单则要进行集货，送货期限肯定要比大城市长得多，那些地区的电子商务消费者享受的服务就要差一些。从电子商务的经济性考虑，宜先从上网用户比较集中的大城市起步，这样建立基于一个城市的物流配送体系也比较好操作。

借助于互联网，电子商务将整个世界联系在一起。电子商务的推广，加快了世界经济的一体化，因为电子商务的跨时域性和跨区域性，使得物流需求必然呈现跨国性，国际物流在整个商务活动中越来越占有举足轻重的地位。

（二）销售的商品标准化

是否所有的商品都适合采用电子商务这种形式？在电子商务发展的初期答案是否定的。有没有最适合采用电子商务进行销售的商品？当然有。以上两个问题要考虑的是不同商品的消费特点及流通特点，尤其是物流特点。音乐、歌曲、电影、游戏、图片、图书、计算机软件、电子邮件、新闻、评论、教学节目、医疗咨询、汇款等可以通过信息传递来完成物流过程，最适合采用电子商务销售。因为不仅商品信息查询、订货、支付等商流、信息流、资金流可以在网上进行，而且物流也可在网上完成，也就是这些品种可以实现商流、物流、信息流、资金流的完全统一，比如消费者可以在网上选择流行音乐，点击音乐名称即完成订货和付款，收听音乐的过程就是进行物流的过程，音乐听完了，这个音乐的物流过程也就完成了，所以无论是亚马逊网上书店，还是珠穆朗玛电子商城，都是从销售这些商品开始的。当然，如果消费者除了需要满足视听需求外，还要拥有这些商品的载体本身，如发烧友要珍藏歌星的盒带、要满足多次重放功能，还是需要完成单独的物流过程，将盒带或其他载体本身送到消费者手中。

从理论上讲，没有什么商品特别不适合采用电子商务的销售方式。但从流通本身的规律来看，需要有商品定位，现在的商品品种有 40 万～50 万种之多。一个大型百货商店充其量经营 10 万种商品，没有一个公司能够经营所有的商品，总是要确定最适合自己销售的商品，电子商务也一样，为了将某一商品的销售批量累积得更大，就需要筛选商品品种。同时，电子商务也要有一定的销售渠道配合，不同的商品进货和销售渠道可能不同。品种越多、进货渠道及销售渠道越复杂，组织物流的难度就越大，成本也就越高，因此，为了考虑在物流环节不增加过多的费用，也需要将品种限制在一定的范围之内。一般而言，商品如果有明确的包装、质量、数量、价格、储存、保管、运输、验收、安装及使用标准，对储存、运输、装卸等作业等无特殊要求，就适合采用电子商务的销售方式。

（三）物流服务需求多功能化和社会化

与传统的把物流分割成包装、运输、仓储、装卸等若干个独立的环节，由不同的企业单独完成的做法不同，电子商务的物流要求物流提供企业全方位的服务，既包括仓储、运输服务，还包括配货、分发和各种客户需要的配套服务，使物流成为连接生产企业与用户的重要环节。电子商务的物流要求把物流的各个环节作为一个完整的系统进行统筹协调、合理规划，使物流服务的功能多样化，更好地满足客户的需求。

随着电子商务的发展，物流服务的社会化趋势也越来越明显。在传统的经营方式下，无论是实力雄厚的大企业，还是三五十人的小企业，一般都由企业自身承担物流职能，导致物流的高成本、低效率的结果。而在电子商务条件下，特别是对小企业来说，在网上订购、网上支付实现后，最关键的问题就是物流配送，如果完全依靠自己的力量来完成肯定是力不从心的，特别是面对跨地区、跨国界的用户时，就显得束手无策。因此，物流的社会化也将是电子商务发展的一个十分重要的趋势。

（四）物流服务空间的拓展

电子商务需要的不是普通的运输和仓储服务，它需要的是物流服务，而物流与仓储运输存在着比较大的差别。正是因为传统的储运经营者用传统储运的要求和标准为电子商务服务，才使得电子商务经营者在 21 世纪初的今天仍然抱怨物流服务不到位、跟不上等。电子商务经营者（也包括其他新型流通方式的经营者）需要的是增值性的物流服务，而不仅仅是传统的物流服务。

四、电子商务对物流时效性的要求

获取竞争优势的方法多种多样，如今，时间正成为新的竞争焦点。纵观近 40 年制造业的发展史，可以概括为 7 个字："更便宜、更好、更快"。20 世纪 60 年代，重点是降低成本，提高劳动生产率，为顾客提供更便宜的产品，竞争焦点是成本。20 世纪 80 年代，竞争转移到质量方面，制造更好的产品，提供更好的服务，竞争焦点是质量。

20 世纪 90 年代和 21 世纪，成本、质量当然仍是重要的竞争手段。但是，在许多行业中，时间正成为新的竞争焦点。需求趋向多样化、个性化，快速反映市场需求，是企业竞争的新定律。时间代替质量，成为新的竞争焦点。

电子商务的优势之一就是能大大简化业务流程，降低企业运作成本。而电子商务下企业成本优势的建立和保持必须以可靠和高效的物流运作为保证。现代企业要在竞争中取胜，不仅需要生产适销对路的产品、采取正确的营销策略和强有力的资金支持，更需要加强"品质经营"，即强调"时效性"，其核心在于服务的及时性、产品的及时性、信息的及时性和决策反馈的及时性。这些都必须以强有力的物流能力作为保证。以生产企业为例，有关调查研究的数据显示，物流对企业的影响是公认的，90% 以上的人认为较重要，其中 42% 的人认为很重要，仅有 9.2% 的人认为不重要。

五、电子商务对物流环节的影响

首先，电子商务可使物流实现网络实时控制。传统的物流活动在其运作过程中，不管是以生产为中心，还是以成本或利润为中心，其实质都是以商流为中心，从属于商流活动，因而物流的运动方式是紧紧伴随着商流来运动。而在电子商务下，物流的运作是以信息为中心的，信息不仅决定了物流的运动方向，而且也决定着物流的运作方式。在实际运作过程中，通过网络上的信息传递，可以有效地实现对物流的实时控制，实现物流的合理化。比如，在电子商务方案中，可以利用电子商务的信息网络，尽可能地通过信息沟通，将实物库存暂时用信息代替，即将信息作为虚拟库存（Virtual Inventory）。办法是建立需求端数据收集系统（Automated Data Collection，ADC），在供应链的不同环节采用 EDI（Electronic Data Interchange）交换数据，建立基于因特网的 Intranet，为用户提供 Web 服务器，便于数据实时更新和浏览查询。一些生产厂商和下面的经销商、物流服务商共用数据库，共享库存信息等，目的都是尽量减少实物库存水平，但并不降低供货服务水平。

其次，网络对物流的实时控制是以整体物流来进行的。在传统的物流活动中，虽然也依据计算机对物流实时控制，但这种控制都是以单个的运作方式来进行的。比如，在实施计算机管理的物流中心或仓储企业中，所实施的计算机管理信息系统大都是以企业自身为中心来管理物流的。而在电子商务时代，依据网络全球化的特点，可使物流在全球范围内实施整体的实时控制。

UPS 总裁兼首席执行官吉姆·凯里在解释传统供应链与电子供应链的区别时说，电子供应链改变了传统供应链的运行方向。在传统供应链中，供应商是将货物沿着供应链向最终用户的方向"推动"。这样的系统需要在仓库里储存货物，尽管这种作法并不合算。而电子供应链主张的是及时生产顾客所需的产品，而不需在仓储上耗费巨资。

在电子商务及新的在线购物系统中，顾客可从供应链的每个成员中"拉出"他们所需的东西，结果是顾客可获得更快速且可靠的服务，而供应商也可减少成本。为了有效地实施拉动战略，企业必须与供应链中的所有成员建立电子联系。UPS 一直在争取使自己成为每个客户供应链中不可缺少的环节。在这个过程中，UPS 成长为一家信息公司。目前，UPS 可向顾客和供应商提供瞬间电子接入服务，以便查阅有关包裹运输和传递过程的信息。在 1998 年圣诞节前夕，有 100 万顾客访问 UPS 网站，查看所托货物的运送状况。节日期间在线购物总量的 55% 是由 UPS 送达的。

第三节　物流在电子商务中的地位与作用

在电子商务给物流带来巨大变化的同时，物流在电子商务活动中的地位与作用也显得日益重要。

一、物流业是电子商务的支点

如果电子商务能够成为 21 世纪的商务工具，它将像杠杆一样撬起传统产业和新兴产业，在这一过程中，现代物流产业将成为这个杠杆的支点。

世界上最大的网上书店——亚马逊网站可谓是电子商务领域的先锋，然而它也隐约地感到一个强有力对手的存在：零售业巨头沃尔玛也开始涉足网上销售，虽然沃尔玛只把它的网站当作信息浏览的窗口，并未大规模开展网上销售，但亚马逊已看到最大的挑战来自沃尔玛拥有遍布全球的由卫星通信连起的商品配送体系。尽管沃尔玛网上业务开展的时间比亚马逊晚了 3 年，然而沃尔玛网上商店的送货时间却比亚马逊早了许多。亚马逊一旦意识到这个对手的可怕，立刻奋起直追，一改以零库存著称的商业作风，开始兴建大规模的储物仓库，并在全球分设配送中心，用物流体系的完善来为自己的网上销售锦上添花。

正是信息技术的进步，才使人们更加意识到物流体系的重要，现代物流产业的发展也才被提到日程上来。

（一）物流能力可以成为核心竞争力

物流系统的价值最早是在第二次世界大战中得到认识的，至今共经历了 7 次价值发现。所谓第 7 次价值发现是在 1997 年东南亚爆发经济危机之后，人们在分析和总结东南亚各国和各地区的情况时发现，以物流产业为重要支柱产业的新加坡、中国香港有较强的抗御经济危机的能力。例如，1998 年，受金融风波影响较大的马来西亚，经济增长为 - 6.8%、泰国为 - 8%、东盟为 - 9.4%，与之相比较，中国香港情况较好，

为 -5.1%，而新加坡则实现了 1.5% 的正增长。这个发现完善了现代物流的定义。从此，人们意识到物流不仅对于微观企业有着特别的意义，对于国家的经济发展也有非常重要的意义。物流发展水平已成为一个国家综合国力的重要体现。

第 7 次价值发现对于国家和企业来说，都有着重要的启迪和借鉴作用。深圳市已决定投资 1600 亿元规划 16 万平方千米土地，开发以综合物流中心基地为核心的新型产业开发区，从而在 21 世纪通过开发物流产业形成新的经济增长点。著名家电企业海尔集团已充分认识到物流对企业生存的决定性作用，1999 年 9 月特别成立了物流推进部，着力进行海尔集团的物流重组和物流改革，并把物流能力定位为海尔集团的核心竞争力，从而达到以最低的物流总成本向客户提供最大附加值服务的战略目标。

（二）现代物流应运而生

用"成也配送，败也配送"来形容电子商务与物流的关系再恰当不过了。原国家经贸委贸易市场司副司长向欣说："信息技术的发展与普及，正在改变过去的生产、交易及生活方式，流通体制也发生了重大的变化，电子商务、连锁经营、电视直销等新的流通方式的逐步发展，对物流产业发展提出了更高的要求。"

当我们庆幸终于可以实现网上订货、网上支付的同时，也无可奈何地抱怨网上订了货、账单也被划掉，可是货物却迟迟不来。为了送货，有的网站采用 EMS，有的网站利用快递公司，有的网站甚至打起了居委会大妈的主意。而这只是电子商务在网上购物过程中遭遇的尴尬。

再看看电子商务在企业供应链上的表现。众所周知的世界直销大王——戴尔计算机公司，目前面临的最大问题也是物流方面的难题。在收到顾客的要货订单后，如何及时采购到计算机的各种零配件，计算机组装好了以后如何及时配送到顾客手上，这些都需要一个完整的物流系统来支持，而迅速成长起来的戴尔公司缺乏的也正是这个。正如海尔集团物流推进部的周行先生所说，电子商务是信息的传送保证，物流是执行保证。没有物流，电子商务只能是一张空头支票。

都说电子商务将成为企业决胜未来市场的重要工具，但如果没有现代物流体系作电子商务的支点，恐怕电子商务什么事也干不了。

（三）物流市场争夺战已经打响

1998 年年底，就已经有媒体用"撒网捞鱼"的比喻来形容物流市场的争夺之势。不仅有科利华投资 2 亿元开通"中运网"，和国家信息中心与中国交通运输协会投资 200 万元开通的"全国货运信息服务网"来争夺空车配载市场，也有东方红叶集团开通"时空网"来争夺网上购物的配送市场，更有专业物流企业如华运通有限公司来争夺专业物流市场。还有消息说，有的外资公司已与外资专业物流公司签约，从而完全自主控制其在中国市场上的配送……毕竟，对于以市场为生存之本的企业来说，控制物流就可以控制市场，所以物流市场主动权的争夺在所难免。进入 21 世纪之后，更是涌现出了大批物流企业，其中不乏强大实力的大型国有企业。

有人担心中国进入 WTO 以后，物流产业将成为中外投资者的竞争焦点，这种担心不无根据。我国目前的物流产业刚刚摆脱计划经济体制的束缚，走上市场化的道路，还谈不上体系，也谈不上规模。如果外资物流企业长驱直入，我国物流体系将受到严重冲击。中国仓储协会秘书长、华运通物流有限公司总经理沈绍基说："到那时，我们将面临一个谁当主角的问题。这主角是中国企业？还是外资企业？还是合资企业？市场格局将会重新改写。"

日资背景的伊藤洋华堂已在北京扎下了根，其在日本的物流配送伙伴伊藤忠株式会社也跟随而至，并承担了其配送工作。这种由工业或商业企业与物流企业长期结盟进行物流配送的形式在日本相当普遍，几乎占到社会总物流量的 80%。许多知名跨国企业如可口可乐、宝洁等要么拥有自己投资建立的完善物流体系，要么拥有长期的合作伙伴，如果他们以其现有的方式进入中国市场，我们的企业将承受更大的市场压力。沈绍基在谈到中国物流如何迎接 WTO 挑战时说："工业及商业企业必须立刻调整战略，把物流管理作为降低企业总成本的主要手段，把物流能力作为企业的核心竞争力；物流企业必须加快改制、改组、整合资源的速度，提升服务能力，加速实现网络化、规模化与国际物流水平接轨。"

二、物流现代化是电子商务的基础

电子商务通过快捷、高效的信息处理手段可以比较容易地解决信息流（信息交换）、商流（所有权转移）和资金流（支付）的问题，而将商品及时地配送到用户手中，即完成商品的空间转移（物流）才标志着电子商务过程的结束，因此，物流系统的效率高低是电子商务成功与否的关键，而物流效率的高低很大一部分取决于物流现代化的水平。

物流现代化包括物流技术和物流管理两个方面的现代化。物流技术现代化包括软技术和硬技术两个方面的现代化。在物流软技术方面，现代化内容包括：无损检测和抽样检验技术、商品科学养护技术、条码技术、信息处理技术、安全装载技术等。在物流硬技术方面，现代化内容包括：发展自动化程度高的仓库，运输设备的专用化、大型化，保管设备的多样化、组合化，装卸搬运设备的效率化，信息处理设备的计算机化等。

物流管理的现代化就是应用现代经营管理思想、理论和方法，有效地管理物流，在管理人才、管理思想、管理组织、管理方法、管理手段等方面实现现代化，并把这几方面的现代化内容同各项管理职能有机地结合起来，形成现代化物流管理体系。物流管理现代化的目标是实现物流系统的整体优化。

物流现代化中最重要的部分是物流信息化，物流的信息化是电子商务物流的基本要求，是企业信息化的重要组成部分，表现为物流信息的商品化、物流信息收集的数据化和代码化、物流信息处理的电子化和计算机化、物流信息传递的标准化和实时化、物流信息储存的数字化等。物流信息化能更好地协调生产与销售、运输、储存等环节的联系，对优化供货程序、缩短物流时间及降低库存都具有十分重要的意义。

三、物流是实施电子商务的关键

《互联网周刊》撰文列举了人们为什么不选择电子商务的五大理由，从根本上讲，就是一个物流与信息流、商流、资金流严重脱节的问题。但目前的电子商务只能是靠网络订货，靠物流体系送货。例如，消费者网上浏览，轻松点击就完成了一本自己喜欢的书的购买过程，但所购的书迟迟不能送到手中，最后终于等到了送来的书，封面破损，还必须支付 20 元的送货费，其结果可想而知。随着物流运作水平的不断提高，这种情况当然也越来越少，网站的服务水平明显提高了。从中可以很直观地看出物流的作用。

（一）物流保障生产

无论在传统的贸易方式下，还是在电子商务下，生产都是商品流通之本，而生产的顺利进行需要各类物流活动支持。生产的全过程从原材料的采购开始，便要求有相应的供应物流活动，将所采购的材料送到位，否则，生产就难以进行；在生产的各工艺流程之间，也需要原材料、半成品的物流过程，即所谓的生产物流，以实现生产的流动性；部分余料、可重复利用的物资的回收，就需要所谓的回收物流；废弃物的处理则需要废弃物物流。可见，整个生产过程实际上就是系列化的物流活动。

合理化、现代化的物流，通过降低费用从而降低成本、优化库存结构、减少资金占用、缩短生产周期，保障了现代化生产的高效进行。相反，缺少了现代化的物流，生产将难以顺利进行，那么无论电子商务是多么便捷的贸易形式，仍将是无米之炊。

（二）物流服务于商流

在商流活动中，商品所有权在购销合同签订的那一刻起，便由供方转移到需方，而商品实体并没有因此而移动。在传统的交易过程中，除了非实物交割的期货交易，一般的商流都必须伴随相应的物流活动，即按照需方（购方）的需求将商品实体由供方（卖方）以适当的方式、途径向需方（购方）转移。而在电子商务下，消费者通过上网点击购物，完成了商品所有权的交割过程，即商流过程。但电子商务的活动并未结束，只有商品和服务真正转移到消费者手中，商务活动才告以终结。

在整个电子商务的交易过程中，物流实际上是以商流的后续者和服务者的姿态出现的。没有现代化的物流，再轻松的商流活动都会退化为一纸空文。

（三）物流是实现"以顾客为中心"理念的根本保证

电子商务的出现，在最大限度上方便了最终消费者。他们不必再跑到拥挤的商业街，一家又一家地挑选自己所需的商品，而只要坐在家里，在因特网上搜索、查看、挑选，就可以完成他们的购物过程。但试想，他们所购的商品迟迟不能送到，或者商家所送的商品并非自己所购，那消费者还会选择网上购物吗？

物流是电子商务中实现"以顾客为中心"理念的最终保证，缺少了现代化的物流技术，电子商务给消费者带来的购物便捷等于零，消费者必然会转向他们认为更为安全的传统购物方式，那网上购物还有存在的必要吗？

从以上的论述中可见，物流是电子商务重要的组成部分。我们必须摈弃原有的"重信息流、商流和资金流的电子化，而忽视物流电子化"的观念，大力发展现代化物流，以进一步推广电子商务。

四、物流是电子商务的重要组成部分

电子商务是 20 世纪信息化、网络化的产物，由于其自身的特点已广泛引起了人们的注意，但是人们对电子商务所涵盖的范围却没有统一、规范的认识。仍如传统商务过程一样，电子商务中的任何一笔交易，都包含着以下几种基本的"流"，即信息流、商流、资金流和物流。

过去，人们对电子商务过程的认识往往只局限于信息流、商流和资金流的电子化、网络化，而忽视了物流的电子化过程，认为对于大多数商品和服务来说，物流仍然可以经由传统的经销渠道。但随着电子商务的进一步推广与应用，物流的重要性对电子商务活动的影响日益明显。试想在电子商务下，消费者网上浏览后，通过轻松点击完成了网上购物，但所购货物迟迟不能送到手中，甚至出现了买电视机送茶叶的情况，其结果可想而知，消费者势必会放弃电子商务，选择更为安全可靠的传统购物方式。

在电子商务中，一些电子出版物，如软件、CD 等可以通过网络以电子的方式送给购买者，但绝大多数商品仍要通过其他各种方式完成从供应商到购买者的物流过程。我国的许多网上商店由于解决不了物流问题，只好告诉购买者送货必须在一定的范围内，否则就不要在我这里买了，电子商务的跨地域优势也就一点也没有了。

1999 年 9 月，我国的一些单位，组织了一次 72 小时的网上生存测验。测验中一个突出的问题就是物流问题，尤其是费尽周折填好订单后漫长的等待，使电子商务的跨时域优势也丧失殆尽。此后的一次市场调查证实，人们最关注的热点问题是"物流"。再次使人们认识到物流在电子商务活动中地位的重要性，认识到现代化的物流是电子商务活动中不可缺少的部分。

对于电子商务的定义，时至今日也没有最终的标准定论。有一类定义，主要是由美国 IT 厂商提出的，可以归纳为：电子商务是一种商务活动的新形式，它通过采用现代信息技术手段，以数字化通信网络和计算机装置替代传统交易过程中纸介质信息载体的存储、传递、统计、发布等环节，从而实现商品和服务交易及交易管理等活动的全过程无纸化，并达到高效率、低成本、数字化、网络化、全球化等目的。

由于 IT 企业业务范围的限制，IT 厂商往往把电子商务定位于"无纸贸易"。在这类电子商务的定义中，电子化工具主要是指计算机和网络通信技术；电子化对象主要是针对信息流、商流和资金流，并没有提到物流。

电子商务概念的提出首先是在美国。而美国的物流管理技术自 1915 年发展至今已有百年历史，通过利用各种机械化、自动化工具及计算机和网络通信设备，早已日臻完善。同时，美国作为一个发达国家，其技术创新的本源是需求，即所谓的需求拉动技术创新。作为电子商务前身的电子数据交换技术的产生是为了简化烦琐、耗时的定单等的处理过程，以加快物流的速度，提高物资的利用率。电子商务的提出最终是为了解决信息流、商流和资金流处理上的烦琐对现代化的物流过程的延缓，进一步提高现代化的物流速度。

可见，美国在定义电子商务概念之初，就有强大的现代化物流作为支持，只需将电子商务与其进行对接即可，而并非电子商务过程不需要物流的电子化。而我国作为一个发展中国家，物流业起步晚、水平低，在引进电子商务时，并不具备能够支持电子商务活动的现代化物流水平，所以在引入时，一定要注意配备相应的支持技术——现代化的物流模式，否则电子商务活动难以推广。缺少了现代化的物流过程，电子商务过程就不完整。

五、物流是电子商务概念模型的基本要素

电子商务概念模型是对现实世界中电子商务活动的一种抽象描述，它由电子商务实体、电子市场、交易事务和信息流、商流、资金流、物流等基本要素构成。

在电子商务概念模型中，电子商务实体是指能够从事电子商务的客观对象，它可以是企业、银行、商店、政府机构和个人等。电子市场是指电子商务实体从事商品和服务交换的场所，它由各种各样的商务活动参与者，利用各种通信装置，通过网络连

接成一个统一的整体。交易事务是指电子商务实体之间所从事的具体的商务活动的内容，例如询价、报价、转账支付、广告宣传、商品运输等。

电子商务中的任何一笔交易，都包含着几种基本的"流"，即信息流、商流、资金流、物流。其中信息流既包括商品信息的提供、促销、技术支持、售后服务等内容，也包括诸如询价单、报价单、付款通知单、转账通知单等商业贸易凭证，还包括交易方的支付能力、支付信誉等。商流是指商品在购、销之间进行交易和商品所有权转移的运动过程，具体是指商品交易的一系列活动。资金流主要是指资金的转移过程，包括付款、转账等过程。在电子商务交易方式下，以上三种流的处理都可以通过计算机和网络通信设备实现。物流，是四流中最为特殊的一种，除了少数商品和服务，可以直接通过网络传输的方式进行配送（如各种电子出版物、信息咨询服务、有价信息软件等），对于大多数商品和服务来说，物流仍要经由物理方式传输，显然速度要慢很多。但通过一系列机械化、自动化工具的应用，准确、及时的物流信息对物流过程的监控，可以使物流的流动速度加快、准确率提高，能有效地减少库存，缩短生产周期。

在电子商务概念模型的建立过程中，强调信息流、商流、资金流和物流的整合。其中，突出了信息流的重要性，它在一个更高的位置上实现对流通过程的监控。

六、物流是实现电子商务中跨区域物流的重点

我国加入 WTO 后，电子商务的应用将更加重视跨区域物流。要解决电子商务中跨国物流、跨区域物流可能出现的问题，有赖于完善的物流系统。

借助于互联网，电子商务将整个世界联系在一起。电子商务的推广加快了世界经济的一体化，因为电子商务的跨时域性和跨区域性，使得物流活动必然呈现跨国性，国际物流在整个商务活动中越来越占有举足轻重的地位。

在 1985 年至 1995 年间，我国国民生产总值平均保持 20.3% 的年增长速度，对外贸易增长速度为 27.5%。同期国际物流中，集装箱运量增长速度为 31.5%，1995 年外贸货运量达 1108 万吨。可见，我国国际物流量和对外贸易是同步增长的，均超过了同期国民生产总值的增长速度。我国加入 WTO 后，借助电子商务，国际物流呈加速增长的趋势。

在商业运行中，不同的交易方式会产生不同的物流模式。在电子商务这种交易方式下，物流模式的特点将使国际物流、跨区域物流不断增加，与之相应，第三方物流模式将成为一种必然选择。

（一）电子商务下的消费者—企业间跨区域物流

企业对消费者的业务（Businesst to Consumer，B to C）又称直接市场销售，主要包

括以下两个方面：①有形商品的电子订货和付款，这类业务需要利用传统的邮政服务或商业送货服务加以配套，所以称之为间接电子商务；②无形商品和服务产品的销售，如计算机软件、娱乐产品消费、订票、付款、信息服务等，供需双方可以在网上直接实现交易，又称为直接电子商务。

我们以有形商品的电子商务，如网上购物为例，分析其贸易流程，过程如下：用户通过网上商城向商家提交购货订单，交易双方向认证中心提出认证申请，并获得 CA 证书；商家把用户的 CA 证书和有关信息传送到自己的收单银行；收单银行向用户所持信用卡的发卡银行询问，查询用户信用卡是否属实；发卡银行认可并签证这笔交易，把用户货款划给收单银行；商家向用户发送货物和收据；交易成功；发卡银行向用户定期寄去信用卡消费账单。

这种交易过程没有商业谈判，交易双方不进行询盘、报盘、还盘等活动。如果这种网上交易是跨国性的，那么随之进行的国际物流活动将会遇到麻烦。

假设 A 国的消费者在 B 国的网上商店用国际通用的信用卡购买了商品，若要将商品送到消费者手里，对于小件商品（如图书）可以邮购；对于大件商品，则是速递公司完成交货。对于零散用户，采用以上两种方式送货，流通费用显然过高，目前，这些流通费用一般均由消费者承担。国际物流的总目标是为国际贸易和跨国经营服务，即选择最佳的方式和路径，以最低的费用和最小的风险，保质、保量、适时地将货物从某国的供方运到另一国的需方。

为降低流通费用，一些网上商店在各国成立境外分公司和配送中心，消费者完成网上交易后，由用户所在国的配送中心将货物运送到用户手里。这种方法可以降低流通费用，提高流通速度。如 Dell 公司是美国著名的网上直销公司，为了在中国销售它的产品，在中国设立分公司，中国客户在网上购买计算机后，由中国公司负责向用户交货。

一位顾客在网上商店购物时，我们不可能事先得知他是本地顾客，还是远程顾客。这种跨区域购物，如果没有发达的配送系统，将使跨区域物流遇到阻碍或增加物流成本。例如，一位上海的顾客在北京的网上商店购买的商品，如果配送系统发达，可以直接由该商店设在上海的配送中心送货，或者由上海的第三方配送中心送货，而不必从北京千里迢迢送货。

（二）电子商务下的企业—企业间的跨国物流

电子商务的另一种模式是企业与企业之间的网上交易（Business to Business，B to B），主要是通过 EDI 进行的，包括如下几个方面：

（1）企业与其供应商之间采购事务的协调；

（2）物料计划人员与仓储、运输其产品的公司间的业务协调；

（3）销售机构与其产品批发商、零售商之间的协调；

（4）客户服务；

（5）公司日常运营活动，内部员工的交流等。

如果企业—企业间交易是跨国进行的，则双方需通过 EDI 进行商业谈判，达成协议后，一方发货，另一方通知银行付款。在外贸谈判过程中，商品价格中可以包含关税价格和运输费用。这种跨国贸易已经有一定的历史，EDI 只不过使得贸易过程更加便捷。

对于大宗商品交易，从产品出货到报关、国际间运输及到达地的报关，直至配送，整个物流过程要经过多个环节。如果有第三方物流公司能够提供一票到底、门到门的服务，利用多种运输工具，互相配合，联合运输，就可以实现物流合理化，大大减少货物周转环节，降低物流费用。交易双方也可以真正实现"一手交钱，一手交货"。在实际运作中，往往双方需要花费很多的人力、物力进行货物运送。出口方要寻找一家国际运输公司，负责将商品运送到对方口岸；商品到岸，进口方又要在本国寻找一家国内物流公司，或利用自有的配送中心到海关提货，整个过程不能保证物流的通畅，物流的费用和周期必然大大上升。

（三）第三方物流

在上述讨论中，我们看到对于 B to C 电子商务交易模式，如果出现跨区域物流，流通费用将大大增加，最理想的解决方法是由第三方帮助卖方完成商品的送货。

第三方物流就像完善的邮政系统：寄信时，只要将信投放到信箱，另一方就可收到来信，而不必关心信的递送过程。采用第三方物流模式，优点是明显的。首先，网上商店的优势是投资少、收益高、经营灵活。网上商店一般都是新建的企业、公司，这些公司在成立初期，不可能大力投资建设自己的配送网络，如果由第三方物流企业利用它们完善的网络系统，为这些网上商店向顾客送货，那么，网上商店可以节省大笔的费用，第三方物流企业的专业送货也比网上商店更为迅速、更有保证。其次，如果出现跨区域物流，顾客是网上商店难以送货的异地用户，如果由处于异地的第三方物流公司送货，则这种送货可轻易完成。当第三方物流非常发达的时候，网上购物才会得到迅速发展。

对于 B to B 电子商务交易模式，物流成本在商品交易成本中占很大比重，尤其在跨国交易中，没有良好的物流系统为双方服务，这种成本增加的幅度会更大。而各自组建自己的物流系统，不仅难度很大，而且双方在出入境时仍然存在衔接不畅的问题。跨国性的第三方物流企业可以给双方提供最佳的服务，实现门到门的送货。EDI 通过信息将交易双方联系在一起，而第三方物流企业则是通过物流将双方联系在一起。

可以预见，随着电子商务发展的日趋成熟，跨国、跨区域的物流将日益重要。没有物流网络、物流设施和物流技术的支持，电子商务将受到极大抑制。没有完善的物流系统，电子商务能够降低交易费用，却无法降低物流成本，电子商务所产生的效益将大打折扣。只有大力发展电子商务，广泛开展国际物流合作，才能促进世界经济繁荣。

第四节　电子商务下物流的发展趋势与策略

一、电子商务下的物流的发展趋势

电子商务时代的来临，给全球物流带来了新的发展，使物流具备了一系列新特点。

（一）信息化

电子商务时代，物流信息化是电子商务的必然要求。物流信息化表现为物流信息的商品化、物流信息收集的数据库化和代码化、物流信息处理的电子化和计算机化、物流信息传递的标准化和实时化，以及物流信息存储的数字化等。因此，条码技术（Bar Code）、数据库技术（Database）、电子订货系统（Electronic Ordering System，EOS）、电子数据交换、快速反应（Quick Response，QR）及有效客户反馈（Effective Customer Response，ECR）及企业资源计划（Enterprise Resource Planning，ERP）等技术与观念在我国的物流中将会得到普遍的应用。没有物流的信息化，任何先进的技术设备都不可能应用于物流领域，信息技术及计算机技术在物流中的应用将会彻底改变世界物流的面貌。

（二）自动化

自动化的基础是信息化，自动化的核心是机电一体化，自动化的外在表现是无人化，自动化的效果是省力化。另外，自动化还可以扩大物流作业能力、提高劳动生产率，以及减少物流作业的差错等。物流自动化的设施非常多，如条码/语音/射频自动识别系统、自动分拣系统、自动存取系统、自动导向车及货物自动跟踪系统等。这些设施在发达国家已普遍用于物流作业流程中，而在我国由于物流业起步晚，发展水平低，自动化技术的普及还需要相当长的时间。

（三）网络化

物流领域网络化的基础也是信息化，这里指的网络化有两层含义：一是物流配送系统的计算机通信网络，包括物流配送中心与供应商或制造商的联系要通过计算机网络，另外，与顾客之间的联系也要通过计算机网络。比如，物流配送中心向供应商提出订单这个过程，就可以使用计算机通信方式，借助增值网（Value－Added Network，VAN）上的电子订货系统和电子数据交换技术来自动实现，物流配送中心通过计算机网络收集客户订货的过程也可以自动完成。二是组织的网络化，即所谓的内联网（Intranet）。比如，中国台湾的计算机业在20世纪90年代创造出了"全球运筹式产销模式"，这种模式的基本点是按照客户订单组织生产，采取分散形式生产，即将全世界的计算机资源都利用起来，采取外包的形式将一台计算机的所有零部件、元器件和芯片外包给世界各地的制造商去生产，然后通过全球的物流网络将这些零部件、元器件和芯片发往同一个物流配送中心进行组装，由该物流配送中心将组装的计算机迅速发给订户。这一过程需要有高效的物流网络支持，当然物流网络的基础是信息和计算机网络。

物流的网络化是物流信息化的必然，是电子商务物流活动的主要特征之一。目前，全球网络资源的可用性及网络技术的普及为物流的网络化提供了良好的外部环境。

（四）智能化

智能化是物流自动化、信息化的一种高层次应用，物流作业过程中大量的运筹和决策，如库存水平的确定、运输（搬运）路径的选择、自动导向车的运行轨迹和作业控制、自动分拣机的运行，以及物流配送中心经营管理的决策支持等问题都需要借助大量的知识才能解决。在物流自动化的进程中，物流智能化已成为电子商务物流发展的一个新趋势，需要通过专家系统、机器人等相关技术来解决。

（五）柔性化

柔性化本来是为实现"以顾客为中心"的理念而在生产领域提出的。但要真正做到柔性化，即能真正根据消费者需求的变化来灵活调节生产工艺，没有配套的柔性化的物流系统是不可能达到目的的。20世纪90年代，国际生产领域纷纷推出弹性制造系统（Flexible Manufacturing System，FMS）、计算机集成制造系统（Computer Integrated Manufacturing System，CIMS）、制造资源系统（Manufacturing Requirement Planning，MRP）、企业资源计划及供应链管理的概念和技术，这些概念和技术的实质是要将生产和流通进行集成，根据需求端的需求组织生产，安排物流活动。因此，柔性化的物流正是适应生产、流通与消费的需求而发展起来的一种新型物流模式。这就要求物流配送中心要根据消费者需求"多品种、小批量、多批次、短周期"的特色，灵活组织和实施物流作业。

另外，物流设施和商品包装的标准化、物流的社会化和共同化也是电子商务物流发展的新特点、新趋势。

二、电子商务交易方式下物流的发展策略

面对电子商务发展的这种形势，物流企业应当感到任重道远，应当不失时机地抓住机遇，认真地制定物流业发展的战略和策略。其中，以下几点特别重要。

（一）寻求政府支持

建立和发展适应网络经济形势的物流业，是一个大的社会工程，要全区域甚至全社会统一认识，形成合力，特别是要得到政府的支持，政府应当出面组织策划和实施。之所以要政府出面，因为这牵涉像产业重组这样的几乎涉及社会所有企业单位和人们的革命性的变化，没有政府妥善的规划组织，仅靠企业自己是很难实现的。

政府策划这个工程的工作，应当分步骤地进行。首先是基础建设——建网、上网。要迅速组建覆盖整个区域的互联网和企业内部网。动员组织企业、家庭和个人上网，特别是动员企业、银行在网上建立网站、虚拟商店、虚拟银行，开展电子商务。

随着电子商务的开展，自然就会逐渐进行产业重组。这时，就要有计划地撤销一些实际商店、实际银行的分行、支行、营业点，同时有步骤地将这些企业的下岗人员组建成合理的配送中心。

几个配送中心就可以合并成一个物流公司或货物流通中心。这样下去，就会逐渐形成一个完善的物流业。

（二）组建的配送中心、物流企业一开始就要合理规划布局

物流业是一个系统，应当组成一个相互联系、相互区别、相互分工协作、有着等级层次结构的物流企业体系。各个小区设一个综合配送中心，负责小区的供货送货；若干个小区联合起来，建立大的物流中心，负责向各个小区配送中心供货送货。还有更大的物流中心，例如港口码头、铁路站点，负责向全区甚至向国内转运物资。不同的物流企业承担不同的功能，彼此互相协作又互相支持，构成一个功能齐全、布局合理的物流企业体系。

（三）采用第三方物流模式

第三方物流模式，是一种完全专业化的物流模式。生产企业专搞生产，把生产企业的原材料进货供应、所生产的产品的销售送货等物流业务全交给物流企业去承担。物流企业是生产企业的大管家，既负责"后"勤，又负责"前"勤。这样做，物流企

业才会充分合理有效地组织利用资源，既保证自己的经济效益，又保证生产企业的经济效益。

建立第三方物流模式，最大的困难是体制。生产企业担心自己成了物流企业的附属品，成了物流企业的供应仓库。其实这种想法是狭隘的。物流企业直接面对市场，它根据市场的需要来组织调控若干生产企业的生产，形成一个经济联合体来面对市场。

（四）为适应电子商务的需要，配送中心的功能应有所变化

这些配送中心的基本功能应当有以下几个方面。

（1）货物储存，无论是生产企业生产出来的还是从外地转运来的、供应本区域生产或生活需要的商品，都要储存到这里的仓库里，以备送货用。

（2）运输，也就是送货和进货。根据网上销售的信息，将网上销售的商品送到用户手中。也要及时进货，保证及时吸纳生产企业的产品（将这里办成生产企业的成品库），又保证货物不脱销。

（3）包装、装卸、流通加工等功能。这些功能传统的物流中心和配送中心都有，在电子商务交易方式下，还要特别增加两个功能：商品展示功能和销售零售功能。

因为取消了大多数的商店以后，人们通常都在网上的虚拟商店中购物，不到实体商店去。但是有时特别是节假日旅游，人们也想逛逛商场，看看实物。所以物流中心、配送中心也需要满足这些需求而增设展示和零售的功能。由于这些需求量不会太多，所以附设在物流中心和配送中心比较合适。如果这些需求量很大，或者物流中心、配送中心不愿增设这些功能，则必须在物流中心、配送中心之外，还要保留适量的超级市场。

（五）建立物流企业要立足于高科技、高起点

网络经济时期，实际上就是一个高科技经济模式。物流企业要适应电子商务，就要努力立足于高科技、高起点。

首先，物流企业要上网。要在网上建立站点，提供信息。除了介绍公司、仓库、货物信息以外，特别是要提供用户所关心的送货信息，例如用户已经购买的货物送货了没有，什么时候送的，送了多少。

其次，要有高水平的、先进的储运设施；要有足够的仓库储存场所，有先进的包装装卸及存放设备设施，应当有舒适宽敞的商品展示和零售场所；要有强大先进的运输车队和强大的吞吐能力；还要有无线通信设备，随时可以上网联系。总之要努力建立起一个具有现代化水平的物流企业，要有一个严格科学的管理系统；也要实现事务处理信息化、信息处理电子化；要充分利用计算机和计算机网

络来处理信息；要利用无线通信、卫星通信和数据传输、电子邮件等工具来进行
事务处理。

本章小结

　　本章从电子商务基本概念入手，介绍了电子商务的功能和效益，同时阐述了电子
商务与物流配送的关系。物流配送是电子商务的重要组成部分，物流配送是实现电子
商务的保证。通过本章学习，使学生掌握电子商务的基本概念，了解电子商务的功能
和效益，理解电子商务与物流配送的关系。

练习题

一、单项选择题

1. 电子商务能够给企业带来许多效益，不包括（　　　）。

A. 降低采购成本　　　　　　　B. 减少库存和产品积压

C. 缩短生产周期　　　　　　　D. 导致新行业的出现

2. 关于电子商务的下列说法不正确的是（　　　）。

A. 物流配送是电子商务的重要组成部分

B. 电子商务的成功与否主要取决于物流配送

C. 物流配送是实现电子商务的保证

D. 成功的电子商务必定有一个具有规模效应的完善的配送系统的支持

3. 电子商务不能为企业带来的效益是（　　　）。

A. 降低采购成本　　　　　　　B. 减少库存和产品积压

C. 获得少供应源采购途径　　　D. 有效客户服务

4. 电子商务带来的最直接的好处是（　　　）。

A. 贸易范围的空前扩大　　　　B. 促进知识经济的发展

C. 贸易额度增加　　　　　　　D. 导致新行业的出现

5. 不属于电子商务的社会效益的是（　　　）。

A. 全社会的增值　　　　　　　B. 导致新行业的出现

C. 促进知识经济的发展　　　　D. 有效的客户服务

6. 电子商务的最直接的社会效益是（　　　）。

A. 有效客户服务　　　　　　　B. 促进知识经济发展

C. 导致新行业出现　　　　　　D. 贸易范围扩大导致全球贸易活动大幅增加

二、多项选择题

1. 电子商务的社会效益体现在（　　）。

A. 全社会的增值　　　　B. 获得新的销售机会　　　C. 促进知识经济的发展

D. 有效客户服务　　　　E. 导致新行业出现

2. 电子商务物流的特点是（　　）。

A. 信息化　　B. 网络化　　　C. 智能化　　　D. 柔性化　　　E. 自动化

三、判断题

1. 电子商务不能缩短生产周期。（　　　）

2. 物流配送是电子商务的重要组成部分。（　　　）

3. 成功的电子商务必定有一个具有规模效应的完善的配送系统的支持。（　　　）

4. 电子商务成功与否，主要取决于商品的质量和客户服务。（　　　）

5. 电子商务的成功与否，主要取决于一是商品价格，二是客户服务。（　　　）

6. 物流业是电子商务的支点。（　　　）

四、名词解释

电子商务

五、简答题

1. 简述电子商务的功能和效益。

2. 简述电子商务与物流配送的关系。

3. 电子商务对物流会产生哪些方面的影响？在电子商务形势下应如何发展物流？

4. 物流在电子商务中起什么样的作用？

5. 电子商务下的物流的发展策略有哪些？

六、案例分析题

1. 全球最大的网上书店亚马逊网上书店于 2002 年年底开始赢利，这是全球电子商务发展的福音。美国亚马逊网上书店自 1995 年 7 月在美国开业以来，经历了 7 年的发展历程。到 2002 年年底全球已有 220 个国家的 4000 万网民在亚马逊书店购买了商品，亚马逊为消费者提供的商品总数已达到 40 多万种。随着近几年来在电子商务发展上受挫，许多追随者纷纷倒地落马之时，亚马逊却顽强地活了下来并脱颖而出，创造了令人振奋的业绩：2002 年第三季度的净销售额达 8.51 亿美元，比上年同期增长了 33.2%；2002 年前三个季度的净销售额达 25.04 亿美元，比上年同期增长了 24.8%。虽然 2002 年前三个季度还没有盈利，但净亏损额为 1.52 亿美元，比上年同期减少了 73.4%，2002 年第四季度的销售额为 14.3 亿美元，实现净利润 300 万美元，是第二个盈利的季度。亚马逊的扭亏为盈无疑是对 B2C 电子商务公司的巨大鼓舞。

为什么在电子商务发展普遍受挫时亚马逊的旗帜不倒？是什么成就了亚马逊今天

的业绩？亚马逊的快速发展说明了什么？带着这一连串的疑问和思索探究亚马逊的发展历程后，我们经过研究后惊奇地发现，正是被许多人称为是电子商务发展"瓶颈"和最大障碍的物流拯救了亚马逊，是物流创造了亚马逊今天的业绩。那么亚马逊的生存和发展经历带给我们现在的企业哪些有益的启示呢？——完善的物流系统是电子商务生存与发展的命脉。

电子商务是以现代信息技术和计算机网络为基础进行的商品和服务交易，具有交易虚拟化、透明化、成本低、效率高的特点。在电子商务中，信息流、商流、资金流的活动都可以通过计算机在网上完成，唯独物流要经过实实在在的运作过程，无法像信息流、资金流那样被虚拟化。因此，作为电子商务组成部分的物流便成为决定电子商务效益的关键因素。在电子商务中，如果物流滞后、效率低、质量差，则电子商务经济、方便、快捷的优势就不复存在了。所以完善的物流系统是决定电子商务生存与发展的命脉。分析众多电子商务企业经营失败的原因，在很大程度上是缘于物流上的失败。而亚马逊的成功也正是得益于其在物流上的成功。亚马逊虽然是一个电子商务公司，但它的物流系统十分完善，一点也不逊色于实体公司。由于有完善、优化的物流系统作为保障，它才能将物流作为促销的手段，并有能力严格地控制物流成本和有效地进行物流过程的组织运作。在这些方面亚马逊同样有许多独到之处。

（1）在配送模式的选择上采取外包的方式。在电子商务中亚马逊将其国内的配送业务委托给美国邮政和 UPS，将国际物流委托给国际海运公司等专业物流公司，自己则集中精力去发展主营和核心业务。这样可以减少投资，降低经营风险，又能充分利用专业物流公司的优势，节约物流成本。

（2）将库存控制在最低水平，实行零库存运转。亚马逊通过与供应商建立良好的合作关系，实现了对库存的有效控制。亚马逊公司的库存图书很少，维持库存的只有200 种最受欢迎的畅销书。一般情况下，亚马逊是在顾客买书下了订单后，才从出版商那里进货。购书者以信用卡向亚马逊公司支付书款，而亚马逊却在图书售出 46 天后才向出版商付款，这就使得它的资金周转比传统书店要顺畅得多。由于保持了低库存，亚马逊的库存周转速度很快，并且从 2001 年以来越来越快。2002 年第三季度库存平均周转次数达到 19.4 次，而世界第一大零售企业沃尔玛的库存周转次数也不过 7 次左右。

（3）降低退货比率。虽然亚马逊经营的商品种类很多，但由于对商品品种选择适当、价格合理，商品质量和配送服务等能满足顾客需要，所以保持了很低的退货比率。传统书店的退书率一般为 25%，高的可达 40%，而亚马逊的退书率只有 0.25%，远远低于传统的零售书店。极低的退货比率不仅减少了企业的退货成本，也保持了较高的顾客服务水平并取得良好的商业信誉。

（4）为邮局发送商品提供便利，减少送货成本。在送货中亚马逊采取一种被称之为"邮政注入"的方法减少送货成本。所谓"邮政注入"就是使用自己的货车或由独立的承运人将整卡车的订购商品从亚马逊的仓库送到当地邮局的库房，再由邮局向顾客送货。这样就可以免除邮局对商品的处理程序和步骤，为邮局发送商品提供便利条件，也为自己节省了资金。据一家与亚马逊合作的送货公司估计，靠此种"邮政注入"方式节省的资金相当于头等邮件普通价格的5%～17%，十分可观。

（5）根据不同商品类别建立不同的配送中心，提高配送中心作业效率。亚马逊的配送中心按商品类别设立，不同的商品由不同的配送中心进行配送。这样做有利于提高配送中心的专业化作业程度，使作业组织简单化、规范化，既能提高配送中心作业的效率，又可降低配送中心的管理和运转费用。

（6）采取"组合包装"技术，扩大运输批量。当顾客在亚马逊的网站上确认订单后，就可以立即看到亚马逊销售系统根据顾客所订商品发出的是否有现货，以及选择的发运方式、估计的发货日期和送货日期等信息。如前所述，亚马逊根据商品类别建立不同的配送中心，所以顾客订购的不同商品是从位于美国不同地点的不同的配送中心发出的。由于亚马逊的配送中心只保持少量的库存，所以在接到顾客订货后，亚马逊需要查询配送中心的库存，如果配送中心没有现货，就要向供应商订货。因此会造成同一张订单上商品有的可以立即发货，有的则需要等待。为了节省顾客等待的时间，亚马逊建议顾客在订货时不要将需要等待的商品和有现货的商品放在同一张订单中。这样在发运时，承运人就可以将来自不同顾客、相同类别、而且配送中心也有现货的商品配装在同一货车内发运，从而缩短顾客订货后的等待时间，也扩大了运输批量，提高了运输效率，降低了运输成本。

问题：

（1）亚马逊的物流系统是如何成为其电子商务生存与发展的命脉的？

（2）从本案例中你受到哪些启发？

2. UPS自进入中国市场之日起，就把满足客户需求、最大限度地为客户提供方便作为其首要服务目标。2001年8月21日，UPS宣布在北京、上海、广州同时启用其独创的高科技速递工具DIAD（速递资料收集器）。该系统可将收件方签收字据以数字化方式传输至UPS主机，而客户则可以通过上网或传真获得包裹收到的数字化证据。这一系统可以大大缩短票据循环周期，简化客户供应链的管理。

本着为客户提供便利的精神，UPS持续不断地推出更新更好的服务。2001年10月8日，UPS又宣布在全亚洲率先推出UPS签名跟踪系统。应用这一系统之后，UPS将网络包裹查询服务又提高了一个档次。2002年2月11日，UPS又推出了采用汉语的无线包裹跟踪服务。届时，使用具有互联网功能的手机用户就可以利用本国的语言来追踪自己的包裹行踪，客户能够更方便、更快捷地获得 UPS 提供的包裹信息。

接收过 UPS 公司邮包的客户，一定会对其现代化的邮包签收方式留下深刻印象，因为客户在签收包裹或文件时，不是用纸和笔，而是通过 UPS 递送人员手中的手提电脑及电子笔进行签收。邮件签收完毕后，客户的签名将在 DIAD 系统中数字化后，传送回公司相应的业务处理系统，这样客户就可以通过 UPS 的网站查询到货件递送情况及收件人的数字化签名。

在商务应用中，如需证明货物送达货款收讫，UPS 提供的这项服务就显得极为有用。它可以极大地缩短传递票据的时间，提高物流效率，简化客户的供应链管理，从而也就为客户有效地降低了运营成本。

问题：分析 UPS 的优势在哪里？

第八章　物流配送服务

学习目标

通过本章学习，使学生掌握物流服务的含义和内容，并理解物流服务的重要组成部分——配送服务。

引导案例

杭州八方物流——第三方物流服务案例

杭州八方物流有限公司是浙江省第一家注册的物流公司，也是浙江省生产性物流研究课题的牵头单位之一。永无止境的服务是八方物流始终追求的目标。下面将八方物流给某橡胶企业（以下称 A 企业）所设计的物流解决方案提供如下。

A 企业为一家大中型国有企业，随着服务竞争时代的到来，A 企业原本适用的经营方式和管理模式正在逐步显现出它的不足之处。主要表现在以下几个方面：

（1）产品经销商对 A 企业的忠诚度不够，始终成为 A 企业销售上的一大隐患；

（2）产品物流系统较为混乱，采购、生产和销售难以实现一体化运作，无法为客户提供更优越的物流服务，没有充分利用已经建立的物流渠道；

（3）销售网络从广度上来看覆盖面不够，较为狭窄，从深度来看渗透力不够，只涉及一级代理商为止，对终端客户没有形成控制力；

（4）品牌知名度不够，市场影响力不强。

这些问题的出现正是 A 企业公司的管理体制、销售模式和经营理念与服务性经济不适应的具体表现。

八方物流建议 A 企业进行了以下几方面的改革，逐步解决以上一系列问题。

一、改造现有的物流系统结构，建立"以杭州物流中心为核心，各异地仓库配送中心为骨架"的物流网络

（1）仓储设置。A 企业总体上形成以杭州为中心仓库，各异地仓库为配送仓库的总体格局。

中心仓库包括原材料仓库、轮胎仓库和车胎仓库。原材料和产品生产紧密相连，因此，考虑将原材料仓储设在厂区内，由 A 企业公司派人管理库存。由原材料供应商直接将原材料送到 A 企业。轮胎仓库和车胎仓库总面积估计需要 8 万～12 万平方米，采取外包给八方物流，由八方物流进行杭州中心仓库的建设和投资。

（2）运输供应商管理。目前，A 企业公司内有多家运输公司共同承运 A 企业的货物，导致一方面 A 公司对运输公司管理困难，服务水平参差不齐；另一方面，由于订单分散化，难以实现规模经济，人为地增加了物流成本。改革后，A 企业公司将所有干线运输和异地区域配送的业务统一外包给八方物流，由八方物流进行物流资源的整合。

二、加强物流信息化，建立以条码为核心的信息系统

为了配合 A 企业公司的发展，八方物流根据 A 企业公司对条码的要求，投资开发物流管理系统。该系统包括调度管理系统和仓储管理系统两大部分，适用于总部物流中心和各异地配送中心。

三、改革现有销售模式，逐步取消一级代理商

A 企业现有的销售渠道主要有两条，一条是由 A 企业直接送货到汽车配套厂或自行配套厂；另一条是 A 企业送货到各个一级代理商仓库，再由一级代理商仓库配送到下一级代理商或终端用户，这样的销售模式削弱了 A 企业的竞争力。

鉴于以上原因，八方物流建议 A 企业建立集商流、物流为一体的销售模式。将销售点设在各异地配送仓库内，销售系统和物流系统相互独立，各异地销售处人员接受总部销售处的指令，各异地配送中心接受八方物流总部的指令，八方物流总部接受总部销售处的指令。异地销售人员接受各代理商和终端客户的订单，由异地配送中心直接交货物到代理商的下一级客户或终端客户，在此过程中逐渐打响 A 企业品牌，做好 A 企业服务，最终实现终端客户直接向 A 企业下单，淘汰中间代理商。

经过以上各项改革，A 企业有关部门的功能实现了转换，为本地的配送订单而存货，总部物流中心为各异地仓库的安全库存而存货，生产线为总部物流中心的安全库存而生产的状况。各相关部门的货物流、信息流和资金流则按照以下方式进行流动。

思考

1. 杭州八方物流为该企业提供物流解决方案有何特点？
2. 你从本案中受到哪些启发？

第一节　物流服务概述

物流服务与物流服务管理如今越来越被企业界所重视。它所带来的效益是继物资的节约——"第一利润源泉"、劳动消耗的降低——"第二利润源泉"之后的又一利润源泉，即被喻为"第三利润源泉"。

物流业属于第三产业的范畴，即广义的服务。其管理活动从本质上说是一种服务，是对顾客的服务，在使顾客满意的前提下，在权衡服务成本的基础上，向物流需求方——顾客，有效率、有效果、迅速地提供产品。由此，物流服务是对顾客商品利润可能性的一种保证，包含备货保证、输送保证与品质保证，其最终目的是使顾客满意，使顾客欣喜。

一、物流服务的含义与内容

现代物流管理的实质就是以顾客满意为基础，向物流需求方有效地、迅速地提供产品。由此，在企业经营战略中首先确定顾客的目标，然后其服务实现差别化的战略。

(一) 物流服务的含义

物流服务，即顾客服务的内涵和外延一般可以划分为交易前、交易中和交易后三个阶段，每个阶段都包括了不同的服务要素。交易前包括政策声明、顾客保证声明、组织构造、系统的灵活性和技术服务；交易中包括商品断货标准、反馈、订货的能力、订货周期的要素、时间、货物周转、系统精度、订货便利性和产品的更新；交易后包括保证、变更、维修零部件、产品追踪、顾客意见与不满、产品包装、维修中产品的替代。

除此之外，顾客服务也可以划分为营销服务、物流服务和经营技术服务三个领域。不同领域都有一些相应的可度量或不可度量的要素。营销服务包括价格服务（适当的价格、折扣等）、商品服务（提供符合顾客需求的商品等）、售后服务（交易后的服务等）、抱怨服务（抱怨妥善处理与改制体制确立等）、系统服务（营销系统的服务等）等；物流服务包括进货服务（退货率、误送率降低与数量保证等）、时间服务（指定时间的商品充足率等）、质量服务（品质不良率的降低等）、在库服务（在库服务率等）、后期服务（在库服务率等）、抱怨服务（在库服务率等）、系统服务（在库服务率等）。

从上面两种代表性的观点来看，无论如何表述顾客服务，都表明顾客服务是一种调查、生产、经营、物流合而为一的综合经营行为，它要比狭义物流系统所理解的物流服务要宽广得多。结合顾客服务的观点，所谓物流服务是对顾客商品利用可能性的一种保证，包含三个要素：①拥有顾客所期望的商品（备货保证）；②在顾客所期待的时间内传递商品（输送保证）；③符合顾客所期望的质量（品质保证）。

（二）物流服务的内容

物流服务是物流业为他人的物流需要提供的一切物流活动。它是以货主的委托为基础，进行独立的物流业务活动。也可以说，物流服务是按照货主的要求，为克服货物在空间和时间上的间隔而进行的活动。

物流服务的内容是满足货主需求、保障供给，而且无论是在服务量上还是质上都要使货主满意。在量上满足货主的需求主要表现在适量性、多批次、广泛性（场所分散）；在质上满足货主的需求上主要表现在安全、准确、迅速、经济等。具体来说，为满足货主的需求，物流服务的基本内容应包括运输与配送、保管、装卸搬运、包装、流通加工等以及与其相联系的物流信息。

1. 运输与配送

在社会分工和商品生产条件下，企业生产的商品作为商品销售给其他企业使用，但商品生产者与其他消费者在空间距离上常是相互分离的。运输就是完成商品在空间的实体转移，克服商品生产者（或供给者）与消费者（或需求者）之间的空间距离，创造商品的空间效用。运输是物流服务的核心环节，不论是企业的输入物流或输出物流，都依靠运输来实现商品的空间转移。可以这样说：没有运输，就没有物流，也就没有物流服务。为了适应物流服务的需要，要求具有一个四通八达、畅通无阻的运输线路网系统作为支持。

在商品由其生产地通过地区流通仓库或配送中心发送给用户的过程，由生产地至配送中心之间的商品空间转移，称为"运输"；而从分配中心到用户之间的商品空间转移，则称为"配送"。

2. 保管

产品的生产完成时间与其消费时间之间总有一段时间间隔，特别是季节性生产与季节性消费的产品尤为显著。此外，为了保证再生产过程的顺利进行，也需要在供、产、销各个环节中保持一定的储备，保管就是将商品的使用价值和价值保存起来，克服商品生产与消费在时间上的差异，创造商品的时间效用。保管是物流服务的一项重要内容。为保管商品，需要建立相应的仓库设施。在产品销售集中地区所设置的，作为商品集聚和分散基地和进行短期保管的流通仓库就是配送中心。

3. 装卸搬运

装卸搬运是伴随运输和保管而附带产生的物流服务活动，如装车（船）、卸车（船）、入库堆码、拣选出库以及连接以上各项活动的短距离搬运。在企业生产过程中，材料、零部件、产成品等在各仓库、车间、工序之间的传递转移也包括在物料搬运的范畴。为了提高装卸搬运作业的效率，减轻体力劳动强度，应配备一定的装卸搬运设备。

4. 包装

商品包装是为了便利销售和运输保管，并保护商品在流通中不受毁损，保持完好。为便利运输和保管将商品分装为一定的包装单位以及保护商品免受损毁而进行包装，这些都是物流服务的内容。

5. 流通加工

流通加工是在流通过程中为适应用户需要进行必要的加工，如切割、平整、套裁、配套等。

6. 物流信息

在物流服务过程中，伴随着物流服务的进行，产生大量的、反映物流服务过程的关于输入、输出物流的结构、流向与流量，库存储存量，物流费用，市场动态等数据，并不断传输和反馈，形成信息流。利用电子计算机进行物流服务数据的收集、传送、储存、处理和分析，提供迅速、正确和完备的物流服务信息，有利于及时了解和掌握物流服务进程，正确决策，协调各业务环节，有效地计划和组织物资的实物流通。

以上六项内容，运输、配送与保管是物流的服务的中心内容，其中运输与配送是物流服务体系中所有动态内容的核心，而保管则是唯一的静态内容。物流服务的装卸搬运、包装、流通加工与物流信息则是物流的一般内容。它们的有机结合构成了一个完整的物流服务系统。

（三）物流服务的特性

从物流服务的本质和内容来看，与其他产业比较有许多不同之处，这给物流企业的经营带来了重大的影响。具体来讲，物流服务的主要特性如下。

1. 从属性

货主企业的物流需求不是凭空由自己创造出来的，而是以商流的发生为基础，伴随着商流的发生而产生的。对于这样的需求提供供给的物流服务，必然具有明显从属于货主企业物流系统的性质。主要表现在，处于需方的货主企业，对于流通的货物种类、流通的时间、采取的流通方式等都由自己选择和决定，甚至是自行提货还是靠物流业配送也由自己决定。而处于供方的物流业，则是按照货主企业的这种需求，站在被动的地位来提供物流服务。这在客观上决定了物流服务具有被动性，受货主企业的制约，另外，由于是自己提货还是物流企业配送都由货主决定，因此，易于使物流供需失去均衡。

2. 即时性

物流服务属于非物质形态的劳动，它生产的不是有形的产品，而是一种伴随销售和消费同时发生的即时服务，这就决定了它的特性——即时性和非储存性。通常，有形的商品需要经过生产、储存、销售才能完成交换过程，而物流业务本身决定了它的生产就是销售，其间不需要储存环节进行调整。

物流服务即时性的特性，使其与直接生产过程有很大区别。直接生产过程为了取得最大的经济效益，通常要投入大量资本，采取集中、大规模的生产方式，引进新技术，实现机械化操作，提高劳动生产率。又由于产品的生产和消费之间具有时间差和空间差，因此产品需要储存和运输环节，才能使生产顺利进行。物流业者要完成非物流形态劳动的物流服务，也需要具备必要的设施和劳动力等生产要素，或者提供必要的生产能力。这些生产能力当中，有一部分生产能力是适合需要的，为有效地完成生产、销售、消费过程服务，为此所支付的运费是必要的；而有一部分生产能力是不适合需方的需求的，表现为无效劳动，则不能支付费用。

3. 移动性和分散性

物流服务分布广泛，大多数是以不固定的客户为对象，所以，具有移动性以及面广、分散的特性。由此往往产生局部的供需不平衡，或者给经营管理带来一定的难度。

4. 较强的需求波动性

由于物流服务是以数量多又不固定的顾客为顾客对象，它们的需求在方式上和数量上都是多变的，有较强的波动性，为此易于造成供需失衡，成为在经营上劳动效率低、费用高的重要原因。

从满足需求的程度来看，如果降低供给水平，则表现出服务不够；如果提高供给水平，则会带来费用上升的不良后果。使物流服务不断适应需求者的多样性，克服需求的波动性，已经成为物流业者经营上的重要课题。

5. 可替代性

一般企业都可能具有自营运输、自家保管等自营物流的能力，都可以搞物流服务，这种自营物流的普遍性，使物流业者从量和质上调整物流服务的供给力变得相当困难。也就是说，物流服务从供给力方面来看富于替代性，这也是物流业在经营上具有一定难度的原因之一。

二、物流服务的作用和地位

目前，很明显而且将继续发展的变化是，服务经济即第三产业的快速成长。这就是说，在我们所进行的经济活动中，提供服务比从事物质生产有较大幅度的增长。物流工作按其含义是企业为了组织和管理原材料和产成品有秩序地流动而产生和发展的，并日益起着重要的作用。企业物流与运输等服务业有着密切联系，独立经营的物流企业按其性质也属于服务业。

（一）服务业的特点及其地位

许多发达国家都致力于扩大服务行业，使其在国民生产总值中占有较大比重。据联合国统计，第三产业（服务业）在国民生产总值中占有相当大比重的国家有：美国、以色列、加拿大、新加坡、希腊以及西欧各国。服务业在国民生产总值中所占比重较低的国家有：中国、加纳、乌干达、索马里、印度等。

而一般服务业的第一个工作特点是提供的服务不能储存，如修理、擦皮鞋、咨询等服务；服务业的第二个工作特点是通过服务使属于消费者的货物的价值或使用价值增加，如产品售后服务，计算机在售后提供软件支持等。服务业在提供服务过程中，提供服务者和接受服务者各方面，由谁进行运输活动；第三个特点是提供服务者必须移动，如管道修理工就必须到用户所在地进行维修服务，有时被服务者必须移动，如病人到医院看病；第四个特点是，提供服务者和被服务者都可以移动，如在公路上损坏的卡车，可由汽车修理工携带工具和配件等乘坐汽车前往修理，也可将卡车拖回，到修理厂进行修理。当然前一种处理办法较后者所需的费用可能较为节省。在两者都可移动时，有时顾客愿意支付一笔额外费用，由提供服务者移动，如请理发师到家里来理发。

服务者与其用户之间的接近情况是服务行业物流的一个关键问题。某些服务可利用电话或其他电子通信工具来提供，如病人心跳的声音就可通过电话传输到几千米外的医生那里，由医生诊治。在具有有线电视系统的城市，就有了展览商品和买东西的渠道，买者可以使用免费电话号码"800"订购商品。使用电话调制解调器的个人计算机用户还可以利用其他买东西的服务。在此，应注意的是，使用电话销售代表了商流和物流方式的重大变化，在这种销售方式下，就不再需要零售商店储存产品了。

雇用劳动力的惯例也导致服务业的兴起。通常，企业要支付给固定员工高额工资补助，如养老金、假日工资等，而依赖其他企业提供类似服务，就可减少雇用固定职工的数量，从而减少工资费用负担。这样相比之下，所花费用就比较少。例如，美国铁路就同服务公司签订合同，把许多设备维修工作交由他们负责，这些服务公司的劳动工资费用都很低。在服务领域，并非所有雇员都能取得高额工资报酬。

服务业存在于国内和国际市场，例如挪威有海运服务出口，英国有金融服务出口，美国有计算机软件出口，韩国有建筑工人劳动出口。近来，韩国成为世界上提供建筑劳务的主要出口国，向美国和西欧提供建筑劳动。通常建筑劳动必须将大批外籍劳工迁移到建筑工地，这与19世纪前在全世界修建铁路和运河的情形一样。沿着美国和墨西哥边界，许多墨西哥人向美国企业提供劳力服务。理查德逊先生罗列了许多可在国际范围进行的服务。

服务业在国民经济中的地位相当重要，一是国家在一般情况下，要求发展第三产业，即广义的服务业，更好地为社会提供服务，从而物流需要除运输产品外，转向运输人员和传输思想方向发展。二是提供服务是否会受到比国际贸易中进出口更大的限制，使得处理这些产品的物流活动增加了许多工作困难。此外，对提供货币、银行、保险和劳动等服务，一些国家也加以种种限制，以保护本国的服务业和劳动就业。如果是这样，则提供这些服务的服务行业将面临第二次世界大战以来制造业和银行业所遇到的国际竞争，为此，它们必须适应环境，谋求生存和发展。

（二）物流服务的作用

物流服务主要是围绕着顾客所期望的商品、所期望的传递时间，以及所期望的质量而展开的，在企业经营中有相当重要的地位，特别是随着网络的发展，企业间的竞争已淡化了地域的限制，其竞争的中心将是物流服务的竞争，如配送服务。

物流服务就是围绕上述三点展开的，如图 8-1 所示。从理论上讲，物流服务之所以在企业经营中如此重要，是因为以下原因。

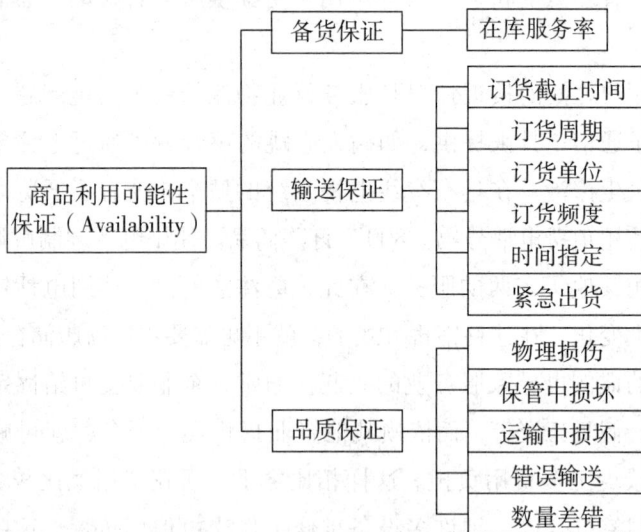

图 8-1　物流服务的构成要素

（1）在细分化市场营销时期，物流服务已成为企业销售差别化战略的重要一环。长期以来，物流并没有得到人们的高度重视，在大众营销阶段，由于消费呈现出单一、大众化的特征，经营是建立在规模经济基础上的大量生产、大量销售，因而物流机能只是停留在商品传递和保管等一般性业务活动上，物流从属于生产和消费，从而成为企业经营活动中的附属职能。但是，进入细分化市场营销阶段，市场需求出现多样化和分散化，而且发展变化十分迅速。在这种状况下，企业经营较以往任何时期都要艰巨，即只有不断符合各种不同类型、不同层次的市场需求，并且迅速、有效地满足其欲望，才能使企业在激烈的竞争和市场变化中求得生存和发展。而差别化经营战略中的一个主要内容是顾客服务上的差异，所以，作为顾客服务重要组成部分的物流服务也相应具有战略上的意义，也就是说，物流服务是差别化营销的重要方式和途径。

（2）物流服务水准的确立对经营绩效具有重大影响。决定物流服务水准是构筑物流系统的前提条件，在物流开始成为经营战略重要一环的过程中，物流服务越来越具有经济性的特征，即物流服务有随市场机制和价格机制变化而变化的倾向，或者说，市场机制和价格机制变动通过供求关系既决定了物流服务的价值，又决定了一定服务水准下的成本，所以，物流服务的供给不是无限制的。否则，过高水准的物流服务势必损害经济绩效，不利于企业收益的稳定。因而制定合理或企业预期的物流服务水准是企业战略活动的重要内容之一，特别是对于一些例外运输、紧急输送等物流服务需要考虑成本的适当化或者各流通主体相互分担的问题。

（3）物流服务方式的选择对降低流通成本具有重要意义。低成本战略历来是企业营销竞争中的重要内容，而低成本的实现往往涉及商品生产、流通的全过程，除了生产原材料、零部件、人力成本等各种有形的影响因素外，物流服务方式等软性要素的选择对成本也具有相当大的影响力。合理的物流方式不仅能提高商品流通效率，而且能从利益上推动企业发展，成为企业利润的第三大来源。特别值得注意的是，由于消费者低价格志向的发展，一些大型零售业为降低商品购入和调运物流成本，改变原来的物流系统，转而实行由零售主导的共同配送、直送、JIT配送等新型物流服务，以支持零售经营战略的展开。这从一个侧面显示了物流服务的决策已经成为企业经营战略不可分割的重要内容。

（4）物流服务是有效联结供应商、厂商、批发商和零售商的重要手段。随着现代社会经济全球化、网络化的发展，现代企业的竞争不是单个企业的竞争，而是一种网络间的竞争。现代企业的竞争优势不是单一企业的优势，而是一种网络优势。因此，企业经营网络的构造是当今竞争战略的主要内容，物流服务作为一种特有的服务方式，一方面以商品为媒介，打破了供应商、厂商、批发商和零售商之间的隔阂，有效地推动商品从生产到消费全过程的顺利流动；另一方面，物流服务通过自身特有的系统设施（POS、EOS、VAN等）不断将商品销售、在库等重要信息反馈给流通中的所有企业，并通过知识、诀窍等经营资源的蓄积，使整个流通过程能不断协调地应对市场变化，进而创造出一种超越单个企业的供应链价值。

三、确定物流服务的标准

物流服务的标准是基于服务优势与服务成本的一种平衡，是衡量顾客服务工作的准绳。确定物流服务的标准历来是物流服务管理的难题，因为这涉及一套专用的、全面的服务目标体系，并且不存在明显的物流服务标准来衡量、评价顾客服务工作成绩，只能用一些基本的、完美的服务标准及服务指标来衡量物流服务。

基本的物流服务标准包括三个方面的内容：可得性、作业绩效和可靠性。不同的物流企业都认为这三个服务标准非常重要。然而，对于给定的服务，其标准性的程度或多或少取决于具体的营销情况。

1. 物流服务的可得性

可得性是指当顾客需要存货时所拥有的库存能力。可得性可以通过各种方式实现，最普通的做法就是按预期的顾客订货进行存货储备。于是，仓库的数目、地点和储存政策等标准变成了物流服务标准的基本问题之一。存货储备计划通常是建立在需求预测基础上的，而对特定产品的储备战略还要结合其是否畅销、该产品对整个产品线的重要性、收益率以及商品本身的价值等因素考虑。存货可以分为两类：一类是取决于需求预测并用于支持基本可得性的基本储备；另一类是满足超过预测数的需求量并适应异常作业变化的安全储备。

向同一类顾客进行销售的具体厂商所配置的仓储网络可以在很大的范围内变化。一般来说，一个系统中的仓储设施数目越大，那么支持给定层次的存货可得性所需的平均库存也就越大。

可得性的一个重要方面就是厂商的安全储备标准。安全储备的存在是为了调整预测误差，并在安全储备的补给期间对递送延迟进行缓冲。一般来说，防止缺货的期望越大，安全储备的需要也越大；安全储备的负荷越大，平均存货的数量也越大。在市场需求高度变化的情况下，安全储备的构成有可能占到厂商平均存货的一半以上。

许多厂商开发了各种物流服务安排方案，以增补其满足顾客存货需求的能力。一家厂商可以经营两个仓库，其中一个指定为主要服务地点，另一个作为次要的或后援的供给来源。例如，假定该主要仓库是位于广州的一个大型的自动化配送中心，而次要的物流设施则是位于中山的一个效率极低的小型作业仓库。主要仓库是厂商用于输出其绝大多数产品的地点，以便利用自动化设施、效率及其所处地点的优势。一旦主要仓库发生缺货并且情况继续恶化时，就可以利用次要仓库或后援仓库。但是，使用次要或后援仓库的厂商，应尽可能在最大程度上向其提供服务的顾客公开，这是因为主要地点有时候只有顾客订货的一部分产品，而次要地点却能满足其剩余的需求，在这种情况下，除非这两部分的订货在递送前能够组合在一起，否则，因分开递送会使顾客感到不便。需要指出的是，由于厂商已尽了额外的努力保持存货可得性，而不是延交部分订货，这一事实本身会转变成一种积极的形象，说明厂商为满足顾客需求尽心尽力。这类在作业问题发生时设法满足顾客需求的例子被称作"无暇的恢复"。

应该清楚的是，要高水准地实现存货可得的一致性需要进行大量的精心策划，而不是在销售量预测的基础上给各个仓库分配存货。事实上，关键是要对首选顾客或核心顾客实现高水准的存货可得性，同时使整个存货储备和仓库设施维持在最低限度。显然，如此严格的物流服务需要所有的物流资源都实现一体化，并明确对特定顾客所承诺的可得性目标。严格的存货可得性方案并非闭门造车，或设法搞"平均主义"。可得性应以三个物流服务标准进行衡量：缺货频率、供应比率和订货完成率。这三个衡量指标可以确定一个厂商满足特定顾客对存货需求的能力。

（1）缺货频率。缺货频率是指缺货将会发生的概率。换句话说，该衡量标准用于表示一种产品可否按需要装运交付给顾客。当需求超过产品可得性时就会发生缺货。缺货频率就是用于衡量一种特定的产品需求超过其可得性的次数。将全部产品所有发生缺货的次数汇总起来，就可以反映一个厂商实现其基本服务承诺的状况。尽管缺货频率指标并未涉及有些产品在可得性方面也许比其他产品更重要这一实际情况，缺货频率仍是衡量存货可得性的起点。

（2）供应比率。供应比率衡量缺货的程度或影响大小。这是因为一种产品缺货并不必然意味着其顾客的需求将得不到满足。在判断缺货是否影响服务绩效以前，首先要弄清楚顾客的真实需求，因此，对厂商来说，相当重要的是要确定该产品是否确实未能获得及其顾客究竟想要多少单位。供应比率绩效通常是按顾客服务目标予以区分的，于是，对缺货程度的衡量就可以构成厂商在满足顾客需求方面的跟踪记录。例如，一位顾客订货50个单位，只有47个单位可得，那么订货供应比率为94%（47/50）。要能够有效地衡量供应比率，一般在评估程序中还要包括在一段特定的时间内对多个顾客订货的完成进行衡量。因此，供应比率绩效可以用于计算某个特定的顾客或任何顾客组合或所需业务部门的组合。

供应比率可用来区别按特定产品提供的服务标准。在上述例子中，如果所有50个单位都是至关重要的，那么94%的供应比率就有可能导致递送作业中的缺货，并使顾客产生严重不满。然而，如果这50个产品是转移速度相对比较缓慢的货物，那么，94%的供应比率有可能使顾客感到满意。顾客也许会接受延交订货，甚至愿意对短缺的产品重新订货。显然，厂商应该对至关重要的产品加以识别，并应在顾客需求的基础上提高供应比率。因此，厂商可以开发供应比率战略来满足顾客期望。

缺货频率和供应比率都取决于顾客订货实践。比如，厂商如果为小批量的存货频繁地安排补充订货的话，那么，由于装运的变化性，缺货频率有可能会提高。换句话说，每一次补充订货都有相等的递送延迟机会。因此，随着影响安全储备的订货次数的增多，将会发生缺货的频率就更高。如果厂商较少地安排补充订货，那么潜在的缺货频率将会降低，期望的供应比率将会提高。显然，缺货频率和供应比率与订货数量之间呈反向关系。

（3）订货完成率。订货完成率是衡量厂商拥有一个顾客所预订的全部存货时间的指标，这是一种最严格的衡量，因为它把存货的充分可得性看作是一种可接受的完成标准，假定其他各方面的完成为零缺陷，则订货完成率就为顾客享受完美订货的服务提供了潜在时间。

将上述三种衡量可得性的方法结合在一起，就可以识别一个厂商的存货战略满足顾客期待的程度。此外，它们还可以成为评估适当的可得性水平的基础，并被结合进厂商营造的服务平台中去。

2. 物流服务的作业完成

物流服务的作业完成衡量可以通过速度、一致性、灵活性、故障与恢复等方面来具体说明所期望的作业完成周期。显然，作业完成涉及物流服务对所期望的完成时间和可接受的变化所承担的义务。

（1）速度。完成周期的速度是指从一开始订货时起至货物装运实际抵达时止的这段时间。但必须以顾客的身份来考虑厂商在这方面所承担的义务，因为根据物流服务的设计，完成周期所需的时间会有很大的不同，即使在今天高水平的通信和运输技术条件下，订货周期也可以短至几个小时或长达几个星期。

当然，供应商对存货可得性和作业速度这两方面的最高承诺是顾客存货委托。在委托安排中，产品是按照顾客预期的业务需要进行存货的。虽然从顾客的角度来看委托存货是一种理想的方式，但对供应商来说却是一种花费昂贵的经营方式。因此，供应商的存货委托安排一般仅限于一些至关重要的产品，即如果在他们确实需要时得不到将会导致失效或低效，诸如，机器零件和急救医疗供应品等。顾客存货委托情况一般都出现在企业与企业之间的营销和健康卫生行业中。与为顾客维持安全储备相比，它的不同之处是一个供应商之所以愿意接受顾客的存货委托，往往是出于他在该业务关系中的力量对比。对供应商的递送委托更具代表性的业务安排，是建立在顾客各种期望基础上的完成周期的速度。在紧急情况下，供应商会通过当地仓库进行特别递送，或者通过通宵运行的高度可靠的运输企业，在几小时内完成所要求的递送服务。这种业务关系通常是按照顾客的具体要求，围绕能促进物流服务效率所期望的完成周期形成的。换句话说，并不是所有的顾客都需要或希望最大限度地加速，如果这种加速会导致提高价格或实际的物流成本的话。如何确定完成周期的时间往往与存货需求有着直接关系。一般来说，计划的完成速度越快，顾客所需的存货投资水平就越低。完成周期时间与顾客存货投资之间的这种关系，居于以时间为基础的物流服务安排之首。

（2）一致性。虽然服务速度至关重要，但大多数企业更强调一致性。一致性系指厂商在众多的完成周期中按时递送的能力。不要把一致性直接解释为顾客额外需要的安全储备，以防有可能发生的递送延迟。一般来说，可得性与一旦需要就可以进行产品装运的存货能力有关；完成周期的速度则与持续地按时递送特定订货所必需的作业能力有关；而所谓一致性，却是指必须随时按照递送承诺加以履行的处理能力。由此看来，一致性的问题是物流服务最基本的问题。

（3）灵活性。服务灵活性系指处理异常的顾客服务需求的能力。厂商的物流能力直接关系到在始料不及的环境下如何妥善处理的问题。需要厂商灵活服务的典型事件有：修改基本服务安排，例如一次性改变装运交付的地点；支付独特的销售和营销方案；新产品引入；产品逐步停产；供给中断；产品回收；特殊市场的定制或顾客的服务层次；在物流系统中履行产品的修订或定制，诸如定价、组合或包装等。

在许多情况下，物流优势的精华就存在于灵活能力之中。一般来说，厂商的整体物流能力取决于在适当满足关键顾客的需求时所拥有的"随机应变"的能力。

（4）故障与恢复。不管厂商的物流服务有多么完美，故障总是会发生的，而在已发生故障的服务条件下继续实现服务需求往往是十分困难的，因此，厂商应制定一些有关预防或调整特殊情况的方案，以防止故障发生。厂商应通过合理的论证来承担这种应付异常情况的义务；而其制订的基本服务方案应保证高水平的服务，实现无故障和无障碍计划，为此，厂商要有能力预测服务过程中可能发生的故障或服务中断，并用适当的应急计划来完成恢复任务。当实际的服务故障发生时，顾客服务方案中的应急计划还应包括对顾客期望恢复的确认以及衡量服务一致性的方法。

3. 物流服务的可靠性

物流质量与物流服务的可靠性密切相关。物流服务中最基本的质量问题就是如何实现已计划的存货可得性及作业完成能力，除了服务标准外，质量上的一致性涉及能否并且乐意迅速提供有关物流作业和顾客订货状况的精确信息。厂商有无提供精确信息的能力是衡量其顾客服务能力最重要的一个方面。顾客们通常讨厌意外事件，如果他们能够事前收到信息的话，就能够对缺货或延迟递送等意外情况作出调整。因此，有越来越多的顾客表示，有关订货内容和时间的事前信息与完美订货的履行相比更加重要。

除了服务可靠性外，服务质量的一个重要组成部分是持续改善。类似厂商内部的其他经理人员一样，物流经理人员也关心如何尽可能少地发生故障以完成作业目标，而完成作业目标的一个重要方法就是从故障中吸取教训，改善作业系统，以防再次发生故障。

实现物流质量的关键是如何对物流活动进行衡量。在顾客眼里，存货的可得性和作业绩效等是至关重要的，然而，高水准的作业绩效只能通过严格地对物流活动的成败进行精确地衡量才能维持。对服务质量的衡量主要体现在三个方面：衡量变量、衡量单位和衡量基础。

（1）衡量变量。在物流的基本服务方案中，特定的履行活动就是据此评估的衡量项目。表8-1列举了一系列典型的用于衡量物流服务的变量，该表还注明了这些变量是用特定的时点进行衡量的还是用特定的时段进行衡量的。按时点进行衡量的变量通常是静态变量，静态变量对于评估物流服务当前的准备状况是很有用的。例如，观察所发生的延迟订货的状况、缺货的次数、运输中的存货水平就能较早地为未来潜在的顾客服务问题提出状态预警。按时段进行衡量的变量，称作流动变量，是跨越某个时间，如一周、一月或一季等，来跟踪物流系统的表现，不管用哪一种特定变量来测定为顾客服务的表现，有关的指标都必须予以适当的稽查。例如，在一个特定的时点去衡量已取消的订货并没有多大的意义。

表8-1 服务衡量变量

变　量	衡量期
销售量	时段
订货数	时段
回收数	时段
延迟订货数	时段/地点
缺货量	时段/地点
已取消的订货数	时段
已取消的产品种类	时段
恢复延迟订货数	时段
延迟订货年限	时段/地点
装运短缺数	时段
货损索赔数	时段
畅通无阻的次数	时段

（2）衡量单位。可靠性衡量的第二个方面是衡量单位的选择。表8-2列举了一些通常用于进行物流跟踪的衡量单位。例如，既可以使用单位数，也可以使用销售金额或存货金额数来跟踪和报告缺货情况。尽管这两种衡量都产生于同一种活动，但它们并不提供相同的管理信息。当缺货按单位数进行衡量时，是在同等的基础上按产品的价值从高到低对物流服务进行衡量的。按销售金额所做的缺货报告则把重点放在更高

价值的库存缺货上。一般来说，高级管理部门通常都是当库存与高额毛利、快速移动或至关重要的产品有关联时才更加重视。由此可见，衡量单位的选择会对可靠性的衡量产生重大影响。

表 8 – 2	衡量单位表
箱	货币单位美元
单位	打
品种	破损箱
重量	加仑

（3）衡量基础。在可靠性衡量方面要考虑的最后一个因素是所选择的衡量基础。衡量基础用于规定如何汇总物流完成报告。表 8 – 3 汇总了一些可供选择的各层次的衡量基础，该表所列举的衡量基础包括从系统总体到特定的产品完成，它把整个物流系统归类成某种衡量基础，以期在大系统的规模上来概括对顾客服务的表现。这种综合表现相对较易衡量，因为它只需要建立一个有限的物流绩效数据库。然而，由于这种综合衡量方法采用的是平均绩效数据，因而有可能会隐瞒潜在的一些问题。当按特定的产品或顾客层次来衡量物流绩效时，难以概括总体状态，并且难以发现潜在的系统方面的问题。尽管在收集和维持有关顾客层次或产品明细层次所需的数据方面存在着种种困难，但是根据这些数据所做的完成报告确实能精确地找到物流存在的具体问题。

表 8 – 3	服务衡量基础
总系统层次	订货层次
销售领域层次	顾客层次
产品组层次	破损箱
厂商层次	加仑

管理部门在选择最恰当的衡量单位和衡量基础的组合来评估物流活动的可靠性时，必须对各种交易的代价进行评价。显然，对物流服务进行详细的衡量有助于及时地识别具体的问题，但是收集、维护和分析物流信息所需的各种数据来源却是十分可观的，而这种特定的衡量对于支持物流部门的服务战略来说又是必不可少的。因为没有什么顾客是可以用平均数来描述的。幸运的是，由于用于数据收集、维护和分析的信息技术的重大进步，连同其成本大幅度降低，使企业对顾客服务完成进行专门的评估已越来越成为日常的现实。

第二节　配送服务

物流配送是物流服务运输的一种特殊形式，即短距离、小批量的运输，一般是作为一种营销手段而展开的。

物流配送服务是指一种交通混乱的状态中，将少量的物品送交给众多的客户，是一种事务繁杂的服务作业。

物流配送服务实质上是一种送货到户的服务性供应，既是一种"门到门"的服务，又是一种现代化送货方式，是大生产、专业化分工在流通领域的反映。配送完善了运输及整个物流系统，它将支线运输和小搬运活动统一起来，使运输过程得以优化，提高了终端物流的经济效益；配送使分散库存得以集中，而通过集中库存的规模经济优势，使企业单位存货成本下降，释放出大量储备资金，在加强调控能力的同时，实现企业的低库存或零库存；配送提高了企业生产的供应保证程度，这种保证不只是数量方面的保证，也是规格、品种等质的方面的保证，最大限度地满足了企业的生产需要。因此，配送不仅只是一种服务性供应的工作方式，更是一种重要的流通渠道手段。

一、规划物流配送服务作业

物流配送服务作业的规划包括制订配送需求计划、规划配送服务职能和规划配送服务作业流程。

（一）制订配送需求计划

配送需求计划（简称 DRP）是指应用 DRP 的原则，在配送的环境下统一物料的配送需求的一种动态方法。在供应链上，DRP 的应用范围相当广泛，对企业而言，DRP 既可用于规划原材料的进货补货安排，也可用于企业产成品的配送计划。

在逻辑上的 DRP 是物料需求计划 MRP 的扩展。但两者之间存在一个根本的差异：MRP 通常是在一种相关需求的情况下运作的，由企业制订和控制的生产计划所确定；而 DRP 是在一种独立的环境下运作，由不确定的顾客需求直接确定存货需求。

企业可以运用 DRP 所产生的信息来计划未来的物料（尤其是存货）需求，如：

（1）协调同一供应商提供的多项物料的补货需求和安排；

（2）选择更有效的运输方式，以及相应的货车或船运的容量规模等；

（3）预先做好运输和接货、卸货的人员、设备安排工作；

（4）从最终的客户需求出发，利用配送需求条件驱动产生企业的主生产计划，控制 BOM 表，并最终影响物料需求计划的编制。

1. 综合的 DRP 与 MRP 系统

实际运用中，通常将 DRP 与 MRP 结合起来，形成 DRP 与 MRP 联合系统，从而综合了原材料、在制成品和产成品的计划安排总体协调存货水平，计划存货运输。综合的 DRP 与 MRP 系统功能模型如图 8 - 2 所示。

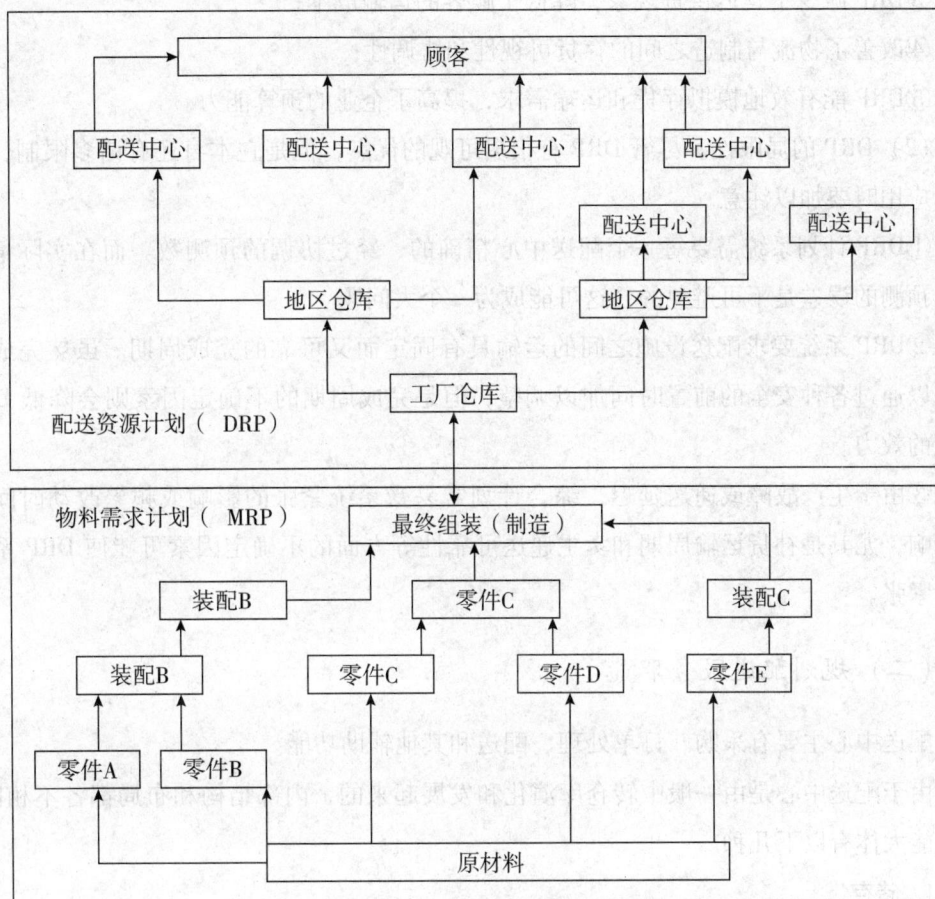

图 8 - 2　综合的 DRP 与 MRP 系统功能模型

2. DRP 的优点与局限性

（1）DRP 的特点。类似 DRP 这样的综合存货计划系统为管理部门提供了一系列的好处，主要表现在营销物流方面。

在营销方面，DRP 的优点表现在：

①DRP 的实施改善了服务水准，保证了准时递送并减少了顾客的抱怨；

②更有效的改善促销计划和新产品引入计划；

③提高了预计短缺的能力，使营销努力不花费在低储备的产品上；

④改善了与其他企业的协调功能，因为 DRP 有助于共用一套计划数字；

⑤提高了向顾客提供存货管理服务的能力。

在物流方面的优点则体现在：

①由于实行了协调装运，降低了配送中心的运输费用；

②DRP 能准确确定何时需何种产品，降低了存货水平和仓库空间需求；

③DRP 减少了延迟供货现象，降低了顾客的运输成本；

④改善了物流与制造之间的存货可视性和协调性；

⑤DRP 能有效地模拟存货和运输需求，提高了企业的预算能力。

（2）DRP 的局限性。尽管 DRP 有很多可观的优点，但是它本身还有诸多限制，在实际应用时要加以注意。

①DRP 计划系统需要每一个配送中心精确的、经过协调的预测数。而在实际情况中，预测的误差是不可避免的，这可能成为一个大问题。

②DRP 系统要求配送设施之间的运输具有固定而又可靠的完成周期。虽然完成周期可以通过各种安全的前置时间加以调整，但是完成周期的不确定因素则会降低 DRP 系统的效力。

③由于生产故障或递送延迟，综合计划常易受系统紧张的影响或频繁改动时间表的影响，尤其是补货运输周期和卖主递送可靠性等方面的不确定因素可能使 DRP 系统极度紧张。

（二）规划配送服务职能

配送中心主要有采购、订单处理、配送和其他辅助功能。

由于配送中心是由一般中转仓库演化和发展起来的，内部结构和布局都各不相同，其职能大体有以下几种。

1. 储存

配送中心作为货物的集散中心，服务对象众多，服务范围也很大，储存是必不可少的基本职能。

2. 分拣理货

为了满足客户对商品不同种类、不同规格、不同数量的需求，配送中心必须有效分拣货物，并按计划理货。这是配送中心的核心职能，分拣理货技术也是配送中心的核心技术。

3. 配货

用户对商品的需求有各种不同的组合，配送中心必须对货物进行有效组合才能合理利用运输工具，方便配送工作，满足用户需求。

4. 倒装、分装

倒装、分装职能使不同规模的货物在配送中心能高效分解和组合，按用户要求形成新的组合或新的装运形态。

5. 装卸搬运

装卸搬运是配送中心必不可少的辅助作业。

6. 加工

多数配送中心都具备这种职能。对商品进行不同程度的加工，能够提高配送中心水平，提供增值服务。

7. 送货

送货是配送中心实现的最后职能。送货工作在配送中心之外完成，但是送货工作的计划、指挥和管理均由配送中心完成，所以它是最后一个环节。

8. 信息处理

配送中心要具备与客户沟通的信息职能，同时也要具备配送中心各环节之间沟通的信息职能。

配送中心的类型不同，担负的流通职责不同，其流程可规划为一般流程、不带储存仓库的配送服务流程、加工配送型配送服务流程、批量转换型配送服务流程等。

在规划配送中心的作业流程时，除应考虑其完成的基本职能外，另需考虑配送中心的位置规模、接受对象及作业内容、商品的特性等条件。

配送中心的作业流程规划决定了配送中心作业的详细、具体要求，如确定装卸搬运容器尺寸形状、装卸搬运的汲取和设备规格、特殊车辆的规格、配送中心内部作业场所的详细配置等，所以它是规划配送作业的重要步骤。

（三）规划配送服务作业流程

配送服务的作用在于"化零为整"和"化整为零"，使产品通过它迅速流转。

1. 配送服务的一般流程

这种配送服务以中、小件杂货配送为主，由于货物较多，为保证配送需要有一定储存量，属于有储存功能的配送服务。理货、分类、配货功能要求较强，很少有流通加工的功能。流程如图 8-3 所示。

这种流程也可以说是配送服务的典型流程，其主要特点是有较大的储存、分货拣选、配送场所，作业装备也较大。

2. 不带储存库的配送服务流程

专以配送为职能，只有为一时配送备货的暂存，而无大量储存。暂存区设在配货场地中，配送作业场所中不单设储存区。流程如图 8-4 所示。

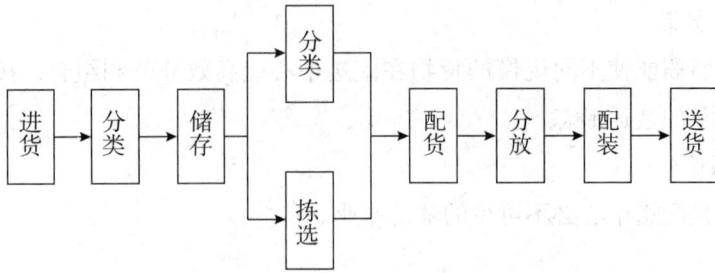

图 8-3　配送服务的一般流程

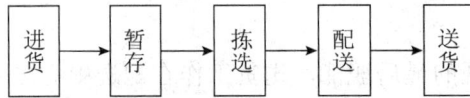

图 8-4　流通型配送中心流程

这种配送服务的主要场所都用于理货、配货。

3. 加工配送型配送服务流程

加工配送型配送服务有多个模式，随加工方式不同，程序有区别。典型的加工配送型的配送服务流程如图 8-5 所示。

图 8-5　加工配送型配送服务流程

4. 批量转换型配送服务流程

在这种配送服务中，产品以单一品种、大批量方式进货为主，在配送服务下转换成小批量。流程如图 8-6 所示。

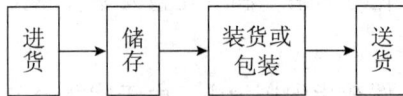

图 8-6　批量转换型配送服务流程

这种配送服务流程十分简单，基本上不存在分类、拣选、分货、配货、配装等工序。但是，由于是大量进货，储存能力较强，所以储存及装货作业最重要。

二、物流配送服务的效益来源

配送服务的效益来源有其节约的一面，也有其创造增加的一面。

（一）节约减少费用来源

对于效益的分析，人们往往习惯从经济和社会这两个角度来进行。配送中心的效益，也可以采用这种习惯，按其创造的经济效益和社会效益来进行评价。

如果换一个角度，从微观（企业）和宏观（国家经济和社会生活）来分析，配送中心的效益中，宏观的部分将远远大于微观部分。这也许就是部分传统物流企业对于发展配送中心积极性总是没有发展多种经营的积极性高的一个重要原因。

总的来说，配送中心的宏观效益最重要的一方面，就是大大减少了流通领域供需双方的接触次数——交易次数。

（二）增加效益来源

综合评价配送中心在减少流通中的交易次数的同时，也创造着诸多的宏观效益和微观效益。

1. 可产生规模效益

配送中心对多家厂商和客户起到中介作用，减少了供求之间的交易次数，相应地增加了交易批量。这样，在批量进货时，配送中心可获得优惠进价，并与客户分享这部分价格，使双方获利。

2. 发挥专业化分工优势

建立配送中心后可以充分发挥物流业、销售业的专业化优势，可有效防止客户缺货和库存过多。同时配送中心对商品的维护和保养效果好于分散管理商品的企业。

3. 有效控制商品质量

配送中心与多家厂商建立了业务联系，对于商品的质量控制和质量信息反馈都相对有效和迅速。

4. 减少客户的库存

由于配送中心的服务，各客户（工厂或零售商等）都可以减少库存，甚至实现零库存，可为客户节约大量的库存资金占用，配送中心可与客户共享利润。

5. 有效降低物流成本

配送中心的出现以及进一步发展的共同配送，对于物流成本的降低可以起到显著作用。

配送中心通过对批量货物的专业管理，有效地降低了物流成本，从运输的角度来看，可以取得如下效果：

（1）配送中心使商流和物流分离，物流线路缩短；

（2）降低运输次数；

（3）提高车辆装卸、利用效率；

（4）保证客户最佳订货量；

（5）共同配送有利于降低运输费用；

（6）配送中心可选择最佳运输手段和工具。

从保管的角度来看，可以取得如下效果：

（1）减少货物储存的在库点个数，降低人力、物力、财力的投放；

（2）统一在库管理，提高在库管理质量。

6. 充分利用库存空间，提高保管的效益

从包装的角度来看，可以取得如下效果：

（1）降低包装材料费用，提高材料利用率；

（2）包装工艺简洁化、流水化，提高作业效率；

（3）包装作业机械化，降低人力成本。

从装卸的角度来看，可以取得如下效果：

（1）配送中心使交易次数和装卸次数减少，降低人力成本，减少货物损失；

（2）可采用集装单元化，提高作业效率、货物周转效率及保护效果。

除此以外，很多大型配送中心在开展业务时，将其与国际物流接轨也看作是降低物流成本的措施。所以，与国际物流接轨也是某些配送中心的效益源泉。

本章小结

本章从物流服务的含义入手，介绍了物流服务的作用和地位，然后介绍了配送服务的基本特征、种类、选择、合理化等内容，最后介绍了规划物流配送服务作业和物流配送服务的效益来源。通过本章学习，使学生掌握物流服务的含义和内容，并理解物流服务的重要组成部分——配送服务。

练习题

一、单项选择题

1. 类似 DRP 这样的综合存货计划为管理部门提供的好处主要表现在（   ）。

A. 生产方面 B. 物流方面 C. 供应方面 D. 营销方面

2. 在物流服务中，属于交易前要素的是（   ）。

A. 商品断货标准 B. 订货周期 C. 产品包装 D. 组织构造

3. 货主企业的物流需求不是凭空由自己创造出来的，而是以商流的发生为基准，伴随着商流的发生而发生的，这反映了物流服务的（   ）。

A. 及时性　　　B. 移动性和分散性　　　C. 较强的需求波动性　　　D. 从属性

4. 物流服务最基本的问题是（　　　）。

A. 速度问题　　　B. 一致性问题　　　C. 灵活性问题　　　D. 故障与恢复问题

5. 所谓物流服务是对顾客商品利用可能性的一种保证，它不包含的要素是（　　　）。

A. 备货保证　　　B. 技术保证　　　C. 输送保证　　　D. 品质保证

6. 下列物流服务的内容中，_____是物流服务体系中所有动态内容的核心。（　　　）

A. 保管　　　B. 包装　　　C. 运输与配送　　　D. 装卸搬运

7. 物流服务的可得性实现的最普通方式是（　　　）。

A. 安全库存标准　　　B. 预期顾客订货进行存货准备

C. 电子订单　　　D. 第三方物流

8. 物流服务体系中所有动态内容的核心是（　　　）。

A. 运输与配送　　　B. 保管　　　C. 信息传输　　　D. 包装

9. 配送中心宏观效益的最重要一方面是（　　　）。

A. 减少交易次数　　　B. 产生规模效益　　　C. 控制商品质量　　　D. 减低物流成本

10. 物流顾客服务中，属于交易中要素的是（　　　）。

A. 顾客保证声明　　　B. 组织构造　　　C. 货物周转　　　D. 维修零部件

11. 物流服务属于非物质形态的劳动，它生产的不是有形的产品，而是一种伴随销售和消费同时发生的服务，这就决定了它的（　　　）。

A. 从属性　　　B. 即时性　　　C. 较强的需求波动性　　　D. 移动性和分散性

二、多项选择题

1. 物流服务的特性包括（　　　）。

A. 从属性　　　　　　B. 即时性　　　　　　C. 移动性和分散性

D. 较强的需求波动性　　　E. 可替代性

2. 物流服务主要围绕哪些要素展开？（　　　）

A. 顾客所期望的商品　　　B. 顾客所期望的价格　　　C. 顾客所期望的传递时间

D. 顾客所期望的渠道　　　E. 顾客所期望的质量

3. 在供应链上，DRP 可用于（　　　）。

A. 规划原材料的进货补货安排　　　　　　B. 企业产成品的配送计划

C. 物料需求计划　　　D. 制造资源计划　　　E. 经济订货批量

4. 类似 DRP 的综合存货计划为管理部门提供的好处主要表现在（　　　）。

A. 生产方面　　　B. 物流方面　　　C. 供应方面　　　D. 营销方面　　　E. 财务方面

5. 在物流服务中，属于交易中要素的是（　　　）。

A. 商品断货标准　　　B. 订货周期　　　C. 产品包装　　　D. 组织构造　　　E. 产品追踪

三、判断题

1. 在供应链上，DRP 既可用于规划原材料的进货补货安排，也可用于企业产成品的配送计划。（　　）

2. 共同配送有利于降低运输费用。（　　）

3. 物流服务的内容是满足货主需求，保障供给，且无论是在服务量上还是质上都要使顾客满意。（　　）

4. 物流服务的基本特性包括它的不可替代性。（　　）

5. 物流服务的可得性实现的最普遍做法是尽可能大量进行存货储备。（　　）

6. DRP 的中文意思是配送需求计划。（　　）

四、名词解释

1. 物流服务

2. 配送需求计划

五、简答题

1. 简述物流配送服务创造的宏观与微观效益。

2. 什么是物流服务的可得性？它由哪些衡量指标组成？

3. 简述配送中心的信息处理主要表现在哪些方面。

4. 为什么说物流服务在企业经营中占有重要地位？

5. 配送服务主要围绕哪些方面展开？

六、案例分析题

1. 神州物流公司是建立在神州工业园区的规模较大的物流公司，一期投资 6000 万元人民币，建造了轻钢结构的库房 10000m²，库房高 11m，装有货架，地坪也经过了防尘处理。同时还有 15000m² 的集装箱堆场，堆场有良好的混凝土地坪，可以承载 3～4 个重箱或 5 个轻箱。还建有 3400m² 的办公大楼，海关、商检、卫检等都进驻该大楼。神州物流公司具有比较好的物流信息系统，已经为 2～3 个跨国公司的当地分公司提供了较好的仓储与运输服务，并且信息系统也能基本上与对方良好衔接。

公司建成后，普遍被认为是该地区硬件设施和信息系统最好的仓储、物流公司。但是，也有些客户认为该公司提供的仓储等服务价格过高。因为神州地区有大批的乡镇企业经营很不景气，原来有的仓储公司、运输公司，由于乡镇企业不景气而大幅度削价竞争，其仓储价格低到 0.2 元/平方米/天，而一些濒临倒闭的乡镇企业更是把其运输车辆、仓库以至厂房都投入了低价竞争的仓储、运输服务，其仓储价格最低的只有 0.09 元/平方米/天，只要能养活员工就行。但是，神州物流公司由于投资大、设备先进、人员的素质与工资相对较高，再加上其他因素，其仓储的最低成本达到 0.60 元/平方米/天。这样在低价竞争中是无法与传统的仓储公司和乡镇企业竞争的。

神州工业园区是国内比较著名的工业园区，吸引了大批外资企业，特别是欧美日的跨国公司进驻较多，这些公司在理念上接受第三方物流，而且园区里的土地与厂房价格都很贵，员工的工资也较高，但是这些企业对物流服务的要求比较高，一般要求全套的信息服务，而且要求提供全过程的物流服务，也就是进口原料从上海机场或上海港下来以后的所有业务过程（包括报关、运输、仓储），企业产成品的储存和长江三角洲产品的配送都要求一家供应商全部完成。

神州物流公司面临着两种选择，一种意见认为应该向高水平的第三方物流发展，因为神州工业园区有这样的市场需求，我们的人员素质、管理和技术水平，包括信息系统还得做些改进，那也是必须做的事情，6000万元都投了，为了长远发展再花500万～1000万元也是必要的。这样二期发展才有可能进行。另一种意见认为，公司负担已经很重，再要投入资金，就要去说服股东或者银行，而且风险不小，还不如努力降低成本，先养活自己再说。

问题：

（1）你的意见是什么？

（2）无论采纳哪一个意见，下一步到底应该怎么办，为什么？

2. 2003年11月，国内首家集整车储运、零部件供应和销售服务培训中心于一体的汽车商务中心——广州本田上海商务中心正式启用。从此，广州本田供应上海、浙江、江苏、安徽等省市的整车、零部件将由上海商务中心统一配送，正式开始了24万辆物流体系的动作。

在位于上海嘉定区黄渡镇的广州本田上海商务中心，一条铁路线将46个整车集装箱直接运抵现场。据了解，这个商务中心总占地面积约90亩，项目总投资约6500万元。设有销售服务培训中心、整车储运场地、零部件仓库等，具备整车仓储和中转、零部件供应、各类储运、特约店管理、信息反馈等功能。

随着广州本田汽车产销量的逐步扩大，到2003年年底，广州本田在全国的特约销售服务店达到200家，上海、浙江、江苏、安徽四省市的特约店总数超过50家。广州本田2003年1—10月在上海、浙江、江苏、安徽四省市的销售量占其总销售量的20%，达到1.8万多辆。上海商务中心成立后，广州本田通过国内汽车企业的第一个厂内专用铁路发运中心，将整车集装箱从铁路线运到上海商务中心，再及时发送到各特约店。此外，零部件也将由上海商务中心统一配送。这样就大大缩短了对华东地区特约店的整车配送时间，据悉，几个小时便可把零部件送到杭州的特约店。实现华东地区特约店零部件每周配送，降低了特约店流动资金占用。

为开启广州本田到华东以及全国各地整车铁路运输，广州本田铁路发运中心已于2003年11月1日正式投入使用，广州本田铁路发运中心的最高发运能力为每天600

辆。铁路运输安全快捷，可以有效地减少产品在路途上的意外损坏，并降低动力成本，从而提高广州本田的整车运输能力及市场竞争能力。

从 2003 年 11 月中旬开始，广州本田上海商务中心分批组织华东地区特约店人员的培训，项目有销售业务、零部件业务、售后服务业务、维修技术等，同时，还将加强对华东地区特约店的巡回管理指导和信息收集反馈。

问题：

（1）该中心选址时考虑的因素有哪些？

（2）该中心的设立从配送角度分析有哪些优点？

（3）该配送中心在客户服务上有哪些特点？

（4）该中心还有哪些可改进之处？

第九章　配送成本管理

🔍 **学习目标**

通过本章学习，使学生掌握配送成本的概念和计算方法，并掌握配送成本控制的基本原则和方法。

引导案例

沃尔玛的配送成市管理

沃尔玛的配送中心设立在 100 多家零售店的中央位置，也就是配送中心设立在销售主市场。这使得一个配送中心可以满足 100 多个附近周边城市的销售网点的需求。另外，运输的半径基本上比较短，比较均匀。

以 320km 为一个商圈建立一个配送中心。配送中心就是一个大型的仓库，但是概念上与仓库有所区别。配送中心的一端是装货的月台，另外一端是卸货的月台，两项作业分开。看似与装卸一起的方式没有什么区别，但是运作效率由此提高很多。

交叉配送（Cross Docking, CD）的作业方式非常独特，而且效率极高，进货时直接装车出货，没有入库储存与分拣作业，降低了成本，加速了流通。800 名员工 24 小时倒班装卸搬运配送。沃尔玛的工人的工资并不高，因为这些工人基本上是初中生和高中生，只是经过了沃尔玛的特别培训。

商品在配送中心停留不超过 48 小时。沃尔玛要卖的产品有几万个品种，吃、穿、住、用、行各方面都有。尤其像食品、快速消费品这些商品的停留时间直接影响使用。

每家店每天送 1 次货（竞争对手每 5 天 1 次）。至少一天送货一次意味着可以减少商店或者零售店里的库存。这就使得零售场地和人力管理成本都大大降低。要达到这样的目标就要通过不断完善组织结构，使得建立一种运作模式能够满足这样的需求。配送成本占销售额 2%，是竞争对手的 50%（而对手只有 50% 的货物是集中配送的）。沃尔玛的配送成本占销售额的 2%，而一般来说物流成本占整个销售额一般都要达到 10% 左右，有些食品行业甚至达到 20% 或者 30%。沃尔玛始终如一的思想就是要把最好的东西用最低的价格卖给消费者，这也是它成功的所在。另外，竞争对手一般只有50%的货物进行集中配送，而沃尔玛90%以上是进行集中配送的，只有少数可以从加工厂直接送到店里去，这样成本与对手就相差很多了。

思考

1. 简要说明沃尔玛的配送中心是如何控制配送成本的？
2. 你从本案中受到哪些启发？

第一节　配送成本概述

为了提高对顾客的服务水平，越来越多的企业建立配送中心，进行配送作业，但这种作业往往带来成本的居高不下，甚至失控。对配送成本的控制变得越来越重要，这种控制应从其源头开始，比如从配送中心的选址规划、配送设施的配备、作业的规划等处着手。当然对于一个已成型的配送中心只能通过一些经营方向上的调整，用数量方法对路线进行规划，用管理会计方法进行核算，以求配送成本的最小化。

一、配送成本的概念

根据国家标准《物流术语》（GB/T 18354—2006）中的定义，配送是指"在经济合理区域范围内，根据用户要求，对物品进行拣选、加工、包装、分割、组配等作业，并按时送达指定地点的物流活动。"配送是指将货物按照客户的要求，经过各个物流环节，送达收货人的过程。配送的方式可以分为以下几种。

（1）定时配送，指按照配送方与客户协议规定的时间和时间间隔所进行的配送。例如，零售业的供货商定期向零食店配送货品。

（2）定量配送，指按照双方协议规定的数量进行配送。例如某企业采购一批货品。

（3）定时定量配送，指按照规定的配送时间、配送数量进行配送，由于它加强了定时、定量两种配送方式的特点，因而较为精密。

（4）定时定路线配送，指在规定的配送车辆运行路线上，制定配送车辆到达的时间，按照运行时间表进行配送，也是大型的配送中心所具备的应急能力。

（5）即时、应急配送，指完全按照客户突然提出的配送要求随即进行的配送方式。

（6）共同配送，通过共同配送可以提高配送整车率，降低配送成本，改善交通环境。例如，家电大卖场一般都是整车配送至当日购物的所有客户家中。

（7）加工配送，指配送和流通加工的结合，通过流通加工后再进行配送。

配送在物流过程中的作用举足轻重。配送起着配置资源、沟通顾客的作用，在现代企业服务中，配送是否及时是增加顾客满意度的重要组成部分。配送有赖于将"配"和"送"有机结合，即将顾客所需的产品组合配装后，经过运输、装卸等环节送达客户。配送要以"最大限度地满足客户的要求"为宗旨，坚持"服务第一"。配送要考虑成本效益，要以最优化的配送组合满足客户需求并同时控制成本。

如前所述，根据"成本—收益"观念，完成配送活动是需要付出相应成本的，配送环节投入的全部经济资源的总和就是配送成本。由此可以给配送成本这样定义：配送成本泛指在配送过程中所发生的全部费用的总和，它主要由分拣成本、流通加工成本、配装成本以及配送运输成本等构成。

二、配送成本的特点

1. 配送成本具有隐蔽性

日本早稻田大学的物流成本计算的权威——西泽修先生提出了"物流成本冰山"说，透彻地阐述了物流成本的难以识别性。同样，要想直接从企业的财务中，完整地提取出企业发生的配送成本也是难以办到的，因为企业没有单独设置"配送费用"会计科目来专门核算企业对外对内发生的配送费用。所以，通常的财务会计不能完全核算配送成本。

2. 配送成本对于提高企业效益的潜力巨大

随着企业间竞争的日益激烈，传统的竞争方式如提高销售、降低成本、提高产品的科技含量等对提高企业的经济效益作用已经不明显。物流作为企业的"第三个利润源"，降低物流成本尤其是作为物流终端的配送成本，对提高企业效益起着不可估量的作用。

3. 配送成本与其他物流系统成本存在"效益背反"关系

"效益背反"是指同一资源的两方面处于相互矛盾的关系之中，要达到一方面的目的必然要损失另一方的利益，要追求一方必然要以牺牲另一方为代价。例如，如果企业为了降低保管费用，减少仓库数量和每个仓库的储存量，将引起库存补充频繁、运输次数增加，仓库减少也会导致配送距离变长，运输费用进一步增加。

第二节　配送成本的核算

一、配送成本的构成

（一）分拣成本

分拣成本是指分拣工人和分拣设备在完成商品货物的分拣这一过程中所发生的各

种费用总和，包括两项费用。

（1）分拣人工费用。它是从事分拣工作的工作人员及相关人员的工资、奖金、补贴等费用的总和。

（2）分拣设备费用。它是指分拣设备的折旧费和修理费用。

（二）流通加工成本

部分商品货物在进入配送中心后还需按客户的要求进行加工，由此而发生的成本就是流通加工成本，包括四项费用。

（1）流通加工设备费用。它是指购置流通加工所用设备的支出。它通过流通加工费的形式转移到所加工的商品货物上。

（2）流通加工劳务费用。它是指直接从事加工活动的人员及相关管理人员的工资、奖金等费用的总和。

（3）流通加工材料费用。为了完成对商品货物的加工，往往需要使用一定的材料，这些材料的成本就构成了流通加工材料费用。

（4）其他费用。如流通加工过程中的照明费、燃料费等，均应构成流通加工成本。

（三）配装成本

配装成本是指在完成配装商品货物的过程中所发生的各种费用，包括三项费用。

（1）配装人工费用。它是指从事配装工作的人员及相关人员的工资、奖金、补贴等费用。

（2）配装材料费用。配装材料主要有木材、纸、自然和合成纤维、塑料等，这些配装材料因为功能不同，成本相差较大。

（3）配装辅助费用。如包装标记、包装标志的印刷等方面的支出。

（四）配送运输成本

配送运输成本主要由两方面构成。

（1）运输车辆费用。主要是指从事配送运输而发生的各项费用，包括驾驶员及其他人员的工资福利费、过路费、燃料费、修理费、轮胎费、折旧费、养路费、车船使用费、运输管理费等。

（2）营运间接费用。主要是营运过程中发生但不能直接计入各成本计算对象的站、队费用，包括站、队人员的工资、福利费、办公费、水电费、折旧费等，但管理费用不包括在内。

二、配送成本的核算方法

配送包含一系列流程，每个流程都发生相应的成本及费用，因此配送成本的核算也是多环节多流程的过程。配送成本计算公式如下：

配送成本 = 配送运输成本 + 分拣成本 + 配装成本 + 流通加工成本

值得注意的是，虽然各个流程的成本计算都有其自身的特点，但在实际操作中应注意避免各流程成本费用计算的重复和交叉，如实地反映配送成本，为配送成本的管理和控制提供真实的数据材料。

（一）分拣成本的计算

与配送运输成本相似，分拣成本也可分为分拣直接费用和分拣间接费用。

（1）工资和职工福利费。按照"工资分配汇总表"和"职工福利费计算表"中所分配的金额计入分拣成本。

（2）修理费。与配送运输成本的计算方法相似，对分拣机械进行保养和维修往往是辅助生产部门的工作，应按照"辅助生产费用分配表"中分配的金额计入分拣成本。

（3）折旧费。按照"固定资产折旧计算表"中分拣机械所提取的折旧额计入分拣成本。

（4）其他费用。按照"低值易耗品发出凭证汇总表"中分拣环节所领用的金额计入成本。

（5）分拣间接费用。这类成本主要是负责管理分拣工作部门的支出，按照"配送管理费用分配表"所列示的金额计入分拣成本。

配送企业应在月末编制分拣成本计算表，以及时反映分拣成本，进行成本控制。分拣成本计算表如表 9 – 1 所示。

表 9 – 1　　　　　　　　　　　　分拣成本计算表

编制单位：　　　　　　　　　　　年　月　　　　　　　　　　　　单位：元

项目	计算依据	合计	分拣物品			
			物品 A	物品 B	物品 C	物品 D
一、分拣直接费用						
工资						
福利费						
修理费						
折旧费						

项目	计算依据	合计	分拣物品			
			物品 A	物品 B	物品 C	物品 D
其他费用						
二、分拣间接费用						
分拣总成本						

（二）流通加工成本的计算

1. 直接材料费用

流通加工过程中直接材料费用是指对流通加工物品进行加工所直接消耗的材料、辅助材料、包装物、燃料及其他动力费用，与工业企业不同，流通加工过程中的直接材料费用占流通加工成本的比例较小。

在计算直接材料费用时，材料和燃料费用是通过全部领料凭证汇总编制的"耗用材料汇总表"来确定的，而外购的动力费用则可以通过有关的付款凭证直接确定。值得注意的是，在归集计算直接材料费用时，凡是能够分清某一成本计算对象的费用，应该单独列出，这样就可以把该费用直接汇总到流通加工对象的产品成本中去；凡是直接材料费用是由几个流通加工对象共同耗用的，则要依据一定的分配方法，计算出各个流通加工对象所应负担的直接材料费用。

2. 直接人工费用

这里的直接人工费用是指直接从事加工生产的人员的工资总额和按照工资总额计提的职工福利费。计入产品成本中的直接人工费用，是按照本期的"工资结算汇总表"和"职工福利费计算表"确定的。而"工资结算汇总表"则是通过"工资结算卡"按照人员类别（即工资的用途）来编制的，它是企业进行工资结算和分配的原始依据。"职工福利费计算表"是通过"工资结算汇总表"所确定的各类人员工资总额，并按照法定的计提比例计算后汇总编制的。

3. 制造费用

制造费用是配送中心自身的生产加工车间为组织和管理生产加工所发生的各项间接费用，如生产加工车间管理人员的工资和计提的福利费、生产加工车间所用建筑物和加工设备的折旧费、修理费等。制造费用是通过设置制造费用明细账，依据费用发生的地点来归集的。制造费用明细账依据生产加工单位设置，并按照费用明细账项目设立专栏，据此进行核算。因为在总成本中，流通加工环节的折旧费用、固定资产修理费用等所占的比重很大，所以企业都非常重视对它们的归集和核算。

流通加工成本计算表如表9-2所示。

表9-2   流通加工成本计算表

编制单位：   年 月   单位：元

项目	计算依据	合计	流通加工物品			
			物品A	物品B	物品C	物品D
直接材料费用						
直接人工费用						
制造费用						
流通加工总成本						

（三）配装成本的计算

配装成本由直接配装费用和间接配装费用组成。

（1）工资和福利费。按照"工资分配汇总表"和"职工福利费计算表"中所分配的金额计入装配成本，而计入产品成本中的直接人工费用则是按照"工资结算汇总表"和"职工福利费计算表"来计算确定的。

（2）材料费用。按照"材料发出凭证汇总表""领料单"和"领料登记表"等原始凭证上面所分配的金额计入装配成本。直接材料费用中，材料费用是按照全部领料凭证汇总编制"耗用材料汇总表"来确定的。需要指出的是，在归集计算直接材料费用时，凡是能够分清某一成本计算对象的费用，应该单独列出，这样就可以把该费用直接汇总到装配对象的产品成本中去；凡是直接材料费用是由几个配装对象共同耗用的，则要依据一定的分配方法，计算出各个装配对象所应负担的直接材料费用。

（3）辅助材料费。按照"材料发出凭证表"和"领料单"上面的金额计入装配成本。

（4）折旧费。按照"固定资产折旧计算表"中装配机械所提取的折旧额计入装配成本。

（5）其他费用。按照"材料发出凭证汇总表"和"低值易耗品发出凭证"中所分配的金额计入配装成本。

（6）配装间接费用。按照"配装间接费用分配表"上面的金额计入配装成本。

配装成本计算表如表9-3所示。

表 9 – 3　　　　　　　　　　　　　**配装成本计算表**

编制单位：　　　　　　　　　　　　　年　月　　　　　　　　　　　单位：元

项目	计算依据	合计	配装物品			
			物品 A	物品 B	物品 C	物品 D
一、配装直接费用						
工资						
福利费						
材料费用						
辅助材料费用						
折旧费						
其他费用						
二、配装间接费用						
配装总成本						

（四）配送运输成本的计算方法

从总体而言，配送运输成本由车辆费用和配送的间接费用构成，但在具体的计算时，成本的项目也有容易混淆的地方，如驾驶员的工资和配送运输管理部门人员的工资，两者虽然会计科目一样，但是数据的来源却不同，因此在计算时要分别列示，这样做有利于对成本进行有效的监控和管理。配送运输成本计算的各个主要的成本项目数据来源如下。

1. 工资和职工福利费

这里的工资和职工福利费是指驾驶员及其他人员直接从事配送运输人员的工资和福利费，按照"工资分配汇总表"和"职工福利费计算表"中各种车型所分配的金额计入成本。

2. 轮胎

这里需要注意的是，轮胎的外胎和内胎的数据来源是不同的，具体而言：轮胎外胎按照"轮胎发出凭证汇总表"中各种车型领用的金额计入成本，采用一次摊销法；有些企业采用的是按照车辆行驶的公里数来分配轮胎消耗成本，则要按照"轮胎摊提费计算表"中各种车型应该负担的摊提额来计入成本；轮胎的内胎、垫带则要按照"材料发出凭证汇总表"中各种车型的成本领用额来计入成本。

3. 燃料

按照"燃料发出凭证汇总表"中各种车型消耗的燃料金额计入成本，如果配送车辆不是在本企业的油库加油，其领发的数量不应作为企业购入和发出处理，而应该在发生时按照配送车辆领用数量和金额计入成本。

4. 修理费

对配送车辆进行保养和维修往往是辅助生产部门的工作，因此其费用按照"辅助营运费用分配表"中各种车型应分配的金额计入成本。

5. 折旧费

按照"固定资产折旧计算表"中各种车型应提取的折旧额计入各分类成本。

6. 车船使用税、行车事故损失及其他费用支出

一般情况下，这些成本费用都是通过银行转账、应付票据或者现金支付的，可以按照付款凭证上面的金额直接计入相关的车辆成本。如果是通过实物的形式支付，如领用本企业仓库内的材料物资，则要按照"材料发出凭证汇总表"或者"低值易耗品发出凭证汇总表"中各种车型领用的金额计入成本。

7. 营运间接费用

营运间接费用是指配送运输管理部门为了对配送运输过程进行组织和管理所发生的各项管理费用及业务费用，按照"营运间接费用分配表"计入有关配送车辆的成本。

配送企业应在月末编制配送运输成本计算表，据以反映配送运输总成本及单位成本。这里的总成本是指各个成本项目的金额之和，单位成本是指各成本计算对象完成单位周转量所用的成本，这里的周转量是一个复合单位，如千吨公里或者万吨公里。在编制配送运输成本计算表时，企业往往要计算出本月的成本降低额及成本降低率，以考察成本控制的成效，指定下一步的成本控制计划。成本降低额是用该配送成本的上一年度实际单位成本乘以本计算期实际周转量所得的总成本，再减去本计算期的实际总成本所得的差额。它是一个绝对指标，反映了由于单位成本降低而产生的总成本减少额。而成本降低率是指成本降低额和上一年度实际单位成本乘以本计算期实际周转量所得乘积进行比较的百分比，它是一个相对指标。

成本降低额和成本降低率的计算公式分别为：

成本降低额 = 上一年度实际单位成本 × 本计算期实际周转量 − 本计算期实际总成本

成本降低率 = 成本降低额 / （上一年度实际单位成本 × 本计算期实际周转量） × 100%

一般的配送运输成本的计算表如表 9 - 4 所示。

表 9 - 4　　　　　　　　　　　配送运输成本计算表

编制单位：　　　　　　　　年　月　　　　　　　　　　　　单位：元

项目	计算依据	配送车辆合计	配送营运车辆		
			车型 1	车型 2	其他车型
一、车辆费用					

项目	计算依据	配送车辆合计	配送营运车辆		
			车型 1	车型 2	其他车型
工资					
职工福利费					
轮胎					
燃料					
修理费					
折旧费					
养路费					
运输管理费					
车船使用税					
行车事故损失					
其他费用支出					
二、营运间接费用					
三、配送运输总成本					
四、周转量/千吨公里					
五、单位成本/（元/千吨公里）					
六、成本降低额					
七、成本降低率（%）					

第三节　配送服务与成本的关系

一、配送成本与服务的关系

（一）配送服务成本概念

配送服务成本的概念有广义和狭义之分。狭义配送服务成本，是指在配送过程中，企业为了提供有关的配送服务，要占用和耗费一定的活劳动和物化劳动，这些活劳动和物化劳动的货币表现即为配送服务成本，也称配送服务费用。在商品经济中，配送服务是创造时间价值、空间价值的过程，要保证配送服务有秩序、高效率、低消耗地进行，需要耗费一定的人力、物力，投入一定的劳动，配送服务和其他服务一样，也创造价值。狭义配送服务成本在一定程度上，即在社会需要的限度内会增加商品价值，扩大生产耗费数量，成为生产一定种类及数量产品的社会必要劳动时间的一项内容，其产额必定在产品销售收入中得到补偿。另外，配送服务并不增加产品使用价值总量；相反，产品总量在配送过程中会由于种种原因而损坏、丢失。广义的配送服务成本，包括狭义的配送服务成本与客户服务成本。配送服务是企业追求客户满意、提高客户服务水平的关键因素和重要保障。客户服务是连接和统一所有配送活动的重要方面。配送系统的每一组成环节都会影响客户是否在适当的时间、适当的地点、以适当的条件收到适当的产品。现实配送服务过程中，常有企业因为配送服务水平低、客户满意程度不高，从而造成现有与潜在客户的丢失。此类情况造成的成本，笔者将其归纳为客户服务成本。

（二）配送服务成本的特点及影响因素

1. 配送服务成本的特点

（1）在一般的企业财务报表中，配送服务的成本核算主要包括人工费用、设备折旧费、车辆运营费、理赔费用等，然而从现代配送服务成本的管理角度看，企业难以准确把握真正的配送服务成本，相关企业实践经验表明，实际产生的配送服务成本往往是常规配送服务成本的 3 倍以上。

（2）对配送服务成本的计算与控制，各企业通常是依据自身的理解来把握的，企业间无法就配送服务成本进行比较分析，也无法得出行业平均值。

（3）从销售关联的角度看，配送服务成本中由于服务不可靠所造成的惩罚成本与正常配 送服务所产生的成本是混同在一起的，因此很多企业在分析配送服务成本时难以准确把握 由于不可靠所产生的成本以及其对配送服务成本产生的影响，只是模糊地认识到不可靠会增加服务成本。

综合以上配送服务成本的特征可以看出，对企业而言，要实施现代化的配送服务，首先要全面、正确地把握企业内外发生的所有配送服务成本，也就是要消减配送服务成本必须以企业整体配送服务成本为对象。另外，配送服务成本管理不能因为降低配送成本而影响对用户的配送服务质量。特别是现代化配送中多批次、少批量、定时定量配送服务要求地越来越广泛，需要配送企业能够应对这种趋势。

2. 配送服务成本的影响因素

（1）同行业的竞争因素。随着经济全球化的进行，企业所处的市场环境充满了竞争，企业之间的竞争表现在产品或服务的价格、质量以及客户满意度等方面，优质的客户服务质量是企业赖以生存的基础，而提高配送服务的可靠性是稳定和发展客户的有效手段，而可靠性又直接表现在配送服务成本上，因此配送服务成本在很大程度上是由于日益激烈的竞争而不断发生变化的，企业必须对来自同行业的竞争做出快速有效的反应。现代的竞争市场由原先单纯的竞争转变为竞争与合作并存，企业可以将自己不擅长的且不是很重要的业务外包给同行业其他企业，将资金和精力投放在本企业的核心竞争力领域，这样不仅不会导致企业客户的流失，而且还会吸引新的客户并塑造自己的品牌。

（2）产品因素。

①产品价值。产品价值的高低会直接影响配送服务成本的大小。随着产品价值的增加，每一项配送活动的成本都会增加，运费在一定程度上反映货物移动的风险。一般情况下，产品的价值越大，对其所使用的运输工具要求越高，运输和包装成本也随着产品价值的增加而增加。

②产品密度。产品的密度越大，相同运输单位所装的货物越多，运输成本也就越低；因此不同产品的单位配送成本也会不同。

③产品废品率。影响配送服务成本的另外一个重要方面还在于产品配送的质量，也即产品发生货损货差概率的高低。精细化的配送方式可以减少因货损货差等因素而增加的服务成本。

④特殊搬运。有些物品对配送提出了特殊的要求。如对长大物品的搬运，需要特殊的装载工具；有些物品在搬运过程中需要加热或制冷等，这些都会增加配送服务成本。

（3）环境因素。环境因素包括空间因素、地理位置及交通状况等。空间因素主要指配送服务系统中配送中心相对于目的地的位置关系等，若企业离目的地较远，所需经过的路网状态较差，则必然会增加运输成本以及因不可靠而导致的惩罚成本，因此环境因素是影响配送服务成本的一个重要方面。

（4）管理因素。管理成本属于配送服务成本中的隐性成本，影响制约着配送服务成本的高低。节约办公费、水电费等管理成本可以相应地降低配送服务成本的总体水平，另外，企业投入到配送服务中的人力物力还存在着机会成本，人力物力利用率的高低，影响着配送服务成本的机会成本的高低。

（5）配送货流的不均衡性。货流的不均衡性直接影响着配送成本。当发生空车返回时，劳动、燃料和维修保养等费用将等同于原先的全程费用，由于不同地区的货物配送数量和时间需求的不均衡性，会导致配送成本随之发生变化。

（三）配送成本与服务的关系

配送服务与配送成本之间一直是企业需要去平衡的重要问题，而且二者之间的效益是背反的。所谓效益背反是指配送服务的高水平必然提升客户对企业的满意度，使企业的业务量增加、营业收入增加，经济效益提高，但同时也带来了企业配送成本的增加。也就是说，高水平的配送服务是以较高的快递配送成本为支撑的，较高的配送成本又会使得企业的效益下降。而且配送服务水平与配送成本之间并非成比例变动。当配送成本和服务水平都处在较低水平时，相加一定数量的配送成本就可以使配送服务水平有一个较明显的提升。但是当配送服务水平提升到一定程度时，再通过增加配送成本来提升快递配送服务水平的效果就不再明显，也就是说用来提升配送服务水平的配送成本的边际效益是递减的。

企业应根据配送成本效益递减的原理，以及企业自身的目标市场定位和企业的市场战略，科学地、有针对性地确定配送的服务水平。企业所追求的目标应是要在尽可能低的总成本条件下实现既定的顾客服务水平，而不是追求最高的配送服务水平，因为它需要企业为之付出很高的配送成本，当然也不是用最低的快递配送成本来换得顾客的不满意。公司配送服务水平的高低直接取决于企业的战略定位，所有的企业都必须通过快速配送来达到其业务目标。从战略上看，快速配送的重要程度常取决于是否积极利用快速配送的能力去获得竞争优势，所有的企业都必须努力为顾客创造价值，这种价值是获得并维系忠诚顾客的关键。创造顾客价值的方法就是为顾客提供满意的配送。

二、提高配送服务质量的途径

国内外提高配送服务质量有一些可供借鉴的途径，具体如下。

（1）推行一定综合程度的专业化配送。通过采用专业设备、设施及操作程序，取得较好的配送效果，并降低配送过分综合化的复杂程度及难度，从而提高配送服务质量。

（2）推行加工配送。将加工和配送结合，充分利用本来应有的这次中转，而不增加新的中转使得配送服务质量提高。同时，加工借助配送，加工目的更明确，用户联系更紧密，更避免了盲目性。这两者有机结合，投入不增加太多却可追求两个优势、两个效益，是提高配送服务质量的重要经验。

（3）推行共同配送。通过共同配送可以共用资源，从而发挥资源的最大能力，以最小的资源消耗、最低的配送成本完成配送，从而使得配送服务质量提高。

（4）实行送取结合。配送企业与用户建立稳定、密切的协作关系，配送企业不仅成了用户的供应代理人，而且承担用户储存据点，甚至成为产品代销人。在配送时，将用户所需的物资送到，再将该用户生产的产品用同一车运回，这种产品也成了配送中心的配送产品之一，或者作为代存代储，免去了生产企业库存包袱。这种送取结合，使运力充分利用，也使配送企业功能有更大的发挥，从而使得配送服务质量得到提高。

（5）推行准时配送。准时配送是提高配送服务质量的关键。配送做到了准时，用户才有资源把握，可以放心地实施低库存或零库存，可以有效地安排接货的人力、物力，以追求最高效率的工作。另外，保证供应能力也取决于准时供应。从国外的经验看，准时供应配送系统是现在许多配送企业提高配送服务质量的重要基础。

（6）推行即时配送。即时配送是一种应急的手段，可以解决用户企业担心断供之忧，是大幅度提高供应保证能力的重要手段。即时配送是配送企业快速反应能力的具体化，是配送企业能力的体现。

即时配送成本较高，如果计划配送能够达到目的，就无须依赖即时配送，但它是提高整个配送服务质量的关键因素。此外，即时配送也是实现用户零库存生产的保证手段。

第四节　配送成本的控制策略

一、配送成本控制的基本原则

（一）整体经济性原则

整体经济性是指利用有限的可支配的资源获得最大的经济效果。首先，推行成本控制所发生的成本，不应超过因缺少控制而丧失的效益；其次，应选择关键因素加以控制，而不是对所有成本都进行同样周密的控制；最后，成本控制应具有灵活性。配送成本控制既要对配送整个过程中的人力、物力、财力进行控制，也要保证配送这一环节的"经济"不会造成整个物流过程带来经济损失，因而整体经济性原则是配送成本控制的基本原则。

（二）全面性原则

成本控制的基本原则之一是全面成本管理原则，即成本控制应采用全部、全员、全过程的控制。

"全部"是强调对配送过程中所发生的全部费用要加以控制，不仅对各项费用发生的数额进行控制，而且还要对费用发生的时间和用途加以控制，讲究开支的经济性、合理性和合法性。

"全员"是指在配送成本控制过程中，不仅要有专职成本管理机构和人员的参与，而且还要发挥广大职工群众在配送成本控制中的重要作用，使得配送成本控制更加深入和有效。

"全过程"是指配送成本控制不应局限于某一个环节的成本控制，应从分拣成本、配装成本、流通加工成本和配送运输成本等整个业务过程进行控制，并由专职人员参与审查，及时发现成本控制的不足。

（三）目标控制原则

目标控制原则是指企业管理当局以既定的目标作为管理人力、财力、物力和完成各项重要经济指标的基础，对企业经济活动进行约束和指导，力求以最小的成本，获得最大的经济效果。

（四）重点控制原则

重点控制原则旨在对超出常规的关键性差异进行控制，保证管理人员将精力集中于偏离标准的一些重要事项上。企业日常出现的物流成本差异成千上万、头绪繁杂，管理人员对异常差异重点实行控制，有利于提高物流成本控制的工作效率。重点控制是企业进行日常控制所采用的一种专门方法，盛行于西方国家，特别是在对配送成本指标的日常控制方面应用得更广泛一些。

二、配送成本控制策略

配送成本的控制是一个系统和连续的工程，从配送中心的建设规模和选址布局到具体业务的操作，都会对配送成本产生影响。因此，进行配送成本的管理控制要从源头抓起，贯彻到日常的业务流程中去。

（一）确定配送中心的合理规模和选址布局

1. 确定配送中心的合理规模

配送中心是整个配送活动乃至物流活动的核心机构，它除了进行配送活动的业务流程之外，还具有根据市场需求制定和调整企业战略目标的功能。一般来说，配送中心的规模越大，其配送能力就越强，服务水平就越高，但同时投资成本也会相应增加。配送中心要合理地在成本和收益之间做出权衡，确定最佳的规模。

一般用"配送规模"来表示配送中心的建设规模，用"单位配送成本"来表示每单位配送产品所承担的配送中心投资成本，用"服务能力"来表示配送中心的服务水平。那么，企业就要在这三者间作出权衡，确定最佳结合点。"配送规模"和"单位配送成本"之间存在着这样的关系：在一定的配送规模范围内，单位配送成本会随着配送规模的不断扩大而减少；但当配送规模达到一定程度后，单位配送成本会随着配送规模的扩大而增加，这个阶段就是规模不经济阶段。两者的关系可以用图 9 - 1 表示。

"配送规模"和"服务能力"之间的关系则是：随着配送规模的不断扩大，配送

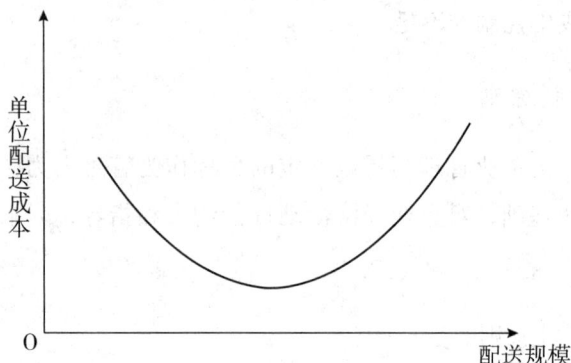

图 9 - 1　配送规模和单位配送成本之间的关系

中心的服务能力会不断增强；但当配送规模扩大到一定程度时，配送规模的扩大对服务能力提高的影响会逐步减弱。两者的关系可以用图 9 - 2 来表示。

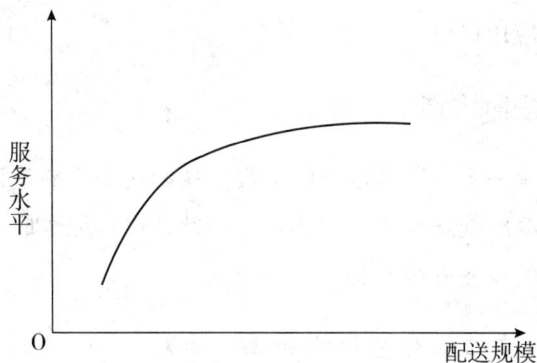

图 9 - 2　配送规模和服务水平之间的关系

从理论上来分析，最佳配送规模应该是由"单位配送成本曲线"和"服务水平曲线"共同决定的，即要获得较高的配送服务水平和较低的单位配送成本。

2. 确定配送中心的选址布局

配送中心的选址布局，将会直接影响配送中心各个业务流程的成本，而且这个影响是深远的。因此，配送中心选址布局的确定必须经过充分的调研和科学论证，结合企业自身的特点和外部经营环境，做出科学的判断。确定配送中心选址布局的方法主要有解析法、线性规划法、静态仿真法等。

（二）优化配送路线

配送路线的合理与否，对配送速度的快慢、配送成本的高低和配送服务质量的好坏等都有直接的影响。此外，近几年城市交通系统超负荷运作所导致的交通混乱堵塞也大大地降低了配送的速度。由此可见，确定合理科学的配送路线对降低配送成本、提高配送速度和配送服务质量都是至关重要的。在这方面比较常用的一种方法是车辆安排程序法，是 IBM 公司最早创立的电子计算机软件，它被众多企业用来安排配送计划。

1. 使用车辆安排程序法的前提和假设

前提：

①配送的是同种物品；

②各客户的坐标和需求量均为已知量；

③配送中心有充足的运输能力；

假设：

①配送能够满足所有收获点客户的需求；

②各配送路线都不能使配送车辆超载；

③不能超过收获点的收货时间；

④不能超过配送车辆的运行时间和运行里程限制。

2. 车辆安排程序法的基本思路

如图 9-3 所示，设 P 为配送中心，A 和 B 是收获点，P 到 A、P 到 B 和 A 到 B 的距离分别为 a、b、c。

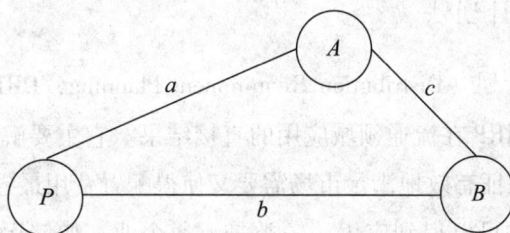

图 9-3　单线运行配送路线

最简单的配送路线是如图 9-4 所示的双线运行，该路线的行驶里程是 $2a+2b$。

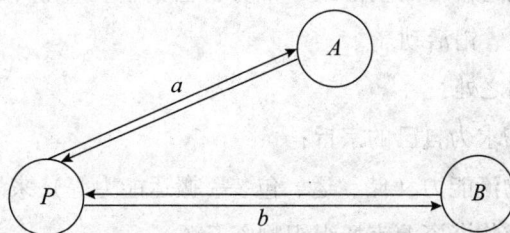

图 9-4　双线运行配送路线

另一种路线是如图 9-5 所示的单车单线配送，该路线的行驶里程是 $a+b+c$。

比较一下两条路线的行驶里程可得：

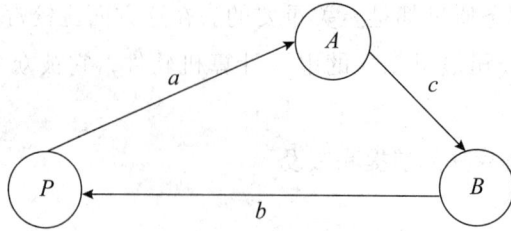

图 9-5 单车单线配送

$$(2a + 2b) - (a + b + c) = a + b - c$$

如图 9-5 所示，把 P、A 和 B 点看作三角形的三个顶点，则 a、b 和 c 就是三角形 PAB 三边的长度。根据三角形边长的性质，任意两边长度之和大于第三边长度，即 $a + b + c > 0$，也就是说图 9-5 所示的路线比图 9-4 所示的路线的行驶里程要缩短了，前者优于后者。这就是这个方法的基本思路。

在实际的配送业务中，配送中心所面向的客户往往很多，这样问题就复杂了很多。如果一个配送中心 P 同时向 A、B、C……Z 客户配送货物，在各配送车辆不超载的情况下，每辆车的配送路线上经过的客户越多，则该路线的总行驶里程和成本就越少，该路线就越合理。

(三) 配送需求计划法

DRP 是配送需求计划（Distribution Requirement Planning，DRP）。它是流通领域中的一种物流技术，是 MRP 在流通领域应用的直接结果。它主要解决分销物资的供应计划和高度问题，达到保证有效地满足市场需要又使得配置费用最省的目的。

DRP 在两类企业中可以得到应用。一类是流通企业，如储运公司、配送中心、物流中心、流通中心等。这些企业的基本特征是不一定搞销售，但一定有储存和运输的业务，它们的目标是在满足用户需要的原则下，追求有效利用资源（如车辆等），达到总费用既搞生产又搞流通，产品全部或一部分自己销售。企业中由流通部门承担分销业务，具体组织储、运、销活动。

这两类企业的共同之处：

（1）以满足社会需求为自己的宗旨；

（2）依靠一定的物流能力（储、运、包装、搬运能力等）来满足社会的需求；

（3）从制造企业或物资资源市场组织物资资源。

DRP 的原理如图 9-6 所示，实施 DRP 法需要输入三个文件，最后通过系统输出两个计划。

输入文件是：

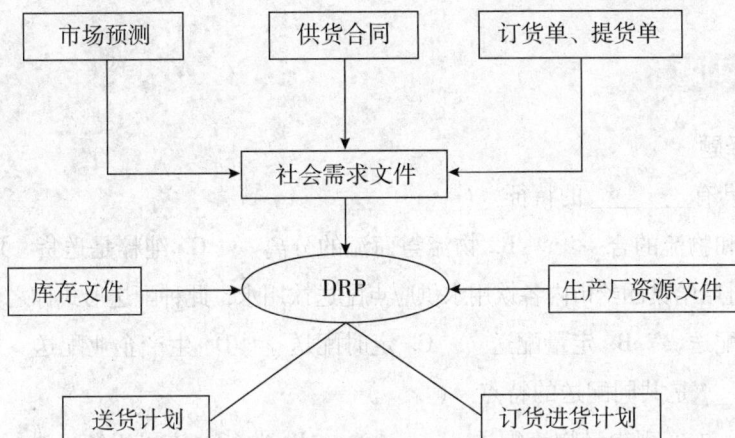

图 9 - 6　DRP 法原理

（1）社会需求文件，包括所有用户的订货单、提货单和供货合同，以及下属子公司、企业的订货单。此外还要进行市场预测，确定一部分需求量。所有需求按品种和需求时间进行统计，整理成社会需求文件；

（2）库存文件，对自有库存物资进行统计，以便针对社会需求量确定必要的进货量；

（3）生产厂资源文件，包括可供应的物资品种和生产厂的地理位置等，地理位置和订货提前期有关。

输出文件：

（1）送货计划，对用户的送货计划，为了保证按时送达，要考虑作业时间和路程远近，提前一定时间开始作业，对于大批量需求可实行直送，而对于数量众多的小批量需求可以进行配送；

（2）订货进货计划，是指从生产厂订货的计划，对于需求物资，如果仓库内无货或者库存不足，则需要向生产厂订货。当然，也要考虑一定的订货提前期。

以上两个文件是 DRP 的输出结果，是组织物流的指导文件。

本章小结

本章主要介绍了配送成本的概念及核算方法，介绍了配送服务与成本的关系及提高配送服务质量的途径，最后提出了配送成本控制的基本原则和控制方法。通过本章学习，使学生对如何控制配送成本有了一定的了解，具备了应用配送成本优化的策略和方法、解决企业实际配送成本管理问题的能力。

练习题

一、选择题

1. 配送具有_____的特征。（　　）

A. 商流和物流的合一　　　B. 物流与商流的分离　　　C. 纯粹是送货　D. 纯粹储存

2. 杭州娃哈哈集团给市内各饮用水供应点配送饮用水，此种配送形式称之为（　　）。

A. 共同配送　　B. 定量配送　　C. 定时配送　　D. 生产企业配送

3. _____是共同配送的特点。（　　）

A. 送货一方实现少量物流配送　　　　　　B. 收货一方可以统一进行总验货

C. 适合中小型企业　　　　　　　　　　　D. 一车多户，经济送货路线

4. 配送中心 A 距配送点 D 和 E 距离分别为12km、20km，DE 的距离为25km，则 A 一次向 D 和 E 配送比 A 分别向 D 和 E 配送可以节约_____km里程。（　　）

A. 7　　　B. 12　　　C. 20　　　D. 25

5. _____指产品的空间移动或时间占有中所耗费的各种活劳动和物化劳动的货币表现。（　　）

A. 设备费用　　B. 包装成本　　C. 物流成本　　D. 生产成本

6. 以_____为基础的成本分析法是被人为确定和控制物流费用最有前途的方法。（　　）

A. 活动　　　B. 成本　　　C. 功能　　　D. 费用

7. 配送成本的特性有（　　）。

A. 隐蔽性　　　B. 效益背反　　　C. 不可控性　　　D. 随机性

8. 配送货物的影响因素有（　　）。

A. 配送货物的价值　　B. 配送货物的密度　　C. 易碎性　　D. 特殊要求的货物

二、判断题

1. 按支店或营业所核算物流成本，就是要算出各营业单位物流成本与销售金额或毛收入的对比，用来了解各营业单位物流成本中存在的问题，以加强管理。（　　）

2. 狭义的配送服务成本，包括狭义的配送服务成本与客户服务成本。（　　）

3. 物流配送中心的成本一般细分为以下方面：管理费用、劳动力成本、补贴、租金（建筑物折旧）、电、热、动力、电话、税、设备租金或折旧及其他。（　　）

4. 配送中心既要提高服务水平，又要降低配送运营总成本，是一个难度很大的课题，配送企业应在整个物流企业的总成本目标和服务水平总体要求的指导下进行合理控制。（　　）

5. 基本定价法是指根据配送经营的成本确定价格。价格由成本、利润、税收三部分组成。（　　　）

6. DRP 在逻辑上是制造需求计划（Manufacturing Requirements Planning，MRP）的扩展，这两种技术之间不存在根本性的差异。（　　　）

7. DRP 的存货计划要求配送设施之间的运输完成周期没有明确要求。（　　　）

三、简答题

1. 配送成本核算中存在哪些方面的问题？

2. 配送成本控制的方法有哪些？

3. 试简要分析影响配送服务成本的因素。

四、案例分析题

易初莲花物流配送现状分析

自世界上第一家连锁店诞生以来，连锁经营就以独特的魅力风靡世界，目前已成为国内外零售企业发展的主流趋势。位列财富 500 强的正大集团是易初莲花的总公司。1997 年 6 月 23 日，中国第一家易初莲花在上海浦东开业。易初莲花的成立把最先进的大型零售购物中心概念带入了中国，为人们提供种类丰富的高品质商品，包括生鲜、食品、酒类、服装、家电、进口产品等，并成功地成为了人们生活的一部分。易初莲花立志成为中国消费者的首选购物场所，为所有顾客提供便利优越的购物环境和亲切友好的服务。通过双赢的供应商合作模式，易初莲花把最有价值的商品，最新鲜、最流行、最合意的商品，提供给我们的顾客。易初莲花坚持顾客第一的承诺，通过更好、更新鲜的运营服务，持续不断地为改进人们生活质量、生活标准而奋斗，努力成为顾客美好生活的一部分。

作为一家跨国零售企业，易初莲花在中国发展迅速。据统计，截至 2007 年易初莲花已经在中国开设了 75 家卖场，销售额以每年 20% 以上的速度增长。易初莲花的业务之所以能迅速增长，很大的原因是节省成本以及在物流配送、配送系统方面有所成就。主要表现在以下几个方面。

1. 搭建供应商与卖场的中转平台

与其他竞争者相比，易初莲花能够给客户提供更好的价值，这是因为易初莲花把注意力放在物流运输和配送系统方面。卖场配送中心是在供应商和卖场之间搭建的一个中转平台，目的是减少整个供应链的运作成本及保证商品能快速、及时地运送到卖场进行销售。在整个供应链环节中，配送中心是一个很重要的组成部分。易初莲花先后在上海、广州、北京建立了三个大型干货配送中心及一家生鲜配送中心负责对全国的卖场进行商品配送，目前易初莲花卖场的绝大部分商品是通过这四家配送中心进行配送的。易初莲花的配送中心为划区域配送，即每个配送中心只负责配送本区域内的易初莲花卖场，但四个配送中心之间也会有商品的配送，是区域间的商品调拨。

2. 低成本与高效率

在有着比较完善的系统支持下，易初莲花的物流以配送为主、仓储为辅，呈现出商品周转快的特征。配送的职能就是将商品集中起来，配送给门店，同时可以储存部分促销商品。就配送中心而言，易初莲花是通过采购和门店订货，有专门的订单管理部门向供应商发出订单，供应商接到订单后，按照订单的要求备货，并将商品直接送到配送中心，不用配送到每个门店，这样既节省了供应商的配送费用，又加强了对商品的掌控力度，可以保证商品及时到店，减少商品的缺货概率，这一点是没有配送中心的零售企业无可比拟的。

3. 无缝的补货系统

易初莲花物流配送的成功，是因为它有一个补货系统，每一个卖场都有这样的系统。这使得易初莲花在任何一个时间点都可以知道，现在某个商店当中有多少货品，有多少货品正在运输过程当中，有多少是在配送中心等。与此同时，易初莲花也可以了解某种货品上周卖了多少，去年卖了多少，而且可以预测易初莲花将来可以卖多少这种货品。这个自动补货系统可以自动向商场经理来订货，这样就可以非常及时地对商场进行帮助。经理们在商场当中走一走，然后看一看这些商品，选到其中一种商品，对它扫描一下，就知道现在商场当中有多少这种货品，有多少订货，而且知道有多少这种产品正在运输到商店的过程当中，会在什么时间到，所有关于这种商品的信息都可以通过扫描这种产品代码得到，不需要其他的人再进行任何复杂的汇报。另外，作为易初莲花的供货商，他们也可以进入易初莲花的零售链接当中，可以了解他们的商品卖得如何。通过零售链接，供货商们就可以了解售卖的情况来决定生产的状况。根据易初莲花每天售卖的情况，他们可以对未来销量进行预测，以决定他们的生产情况，这样他们产品的成本也可以降低，从而使整个过程是一个无缝的过程。

4. "精准"是硬道理

在易初莲花的物流当中，有一点非常重要，易初莲花必须要确保卖场所得到的产品是与发货单上完全一致的产品，因此易初莲花的整个物流配送过程都要确保是精确的，没有任何错误的。精准的良好传统让易初莲花赢得消费者的心，也为他们赢得了大量的时间和收益。这些货品直接可以摆上货架，并让消费者满意。当消费者买了某产品的时候，系统会精准地设定需要补货的情况，所以整个物流配送是个循环的过程，每个环节都是精准的。

问题：易初莲花物流配送中心是如何实现企业物流配送合理化的？有哪些具体措施？

第十章　配送中心绩效评价

通过本章学习，使学生理解绩效评价的意义，掌握绩效评价的主要要素，理解配送系统相应的绩效评价指标体系。

🌐 引导案例

压缩时间：宝洁供应链优化

在宝洁的发展历程中，通过缩短距离，更加深入地研究消费者，是宝洁的第三核心竞争力。下面以宝洁公司的香波产品供应链优化为例，详细剖析宝洁供应链的优化方法。

宝洁供应链优化总体思路就是通过压缩供应链时间，提高供应链反应速度，来降低运作成本，最终提高企业竞争能力。从宝洁供应链上下游之间的紧密配合方式进行分析，寻找可以压缩时间的改进点，从细节入手，以时间的压缩换取市场更大的空间。

1. 供应商管理时间压缩

供应链合作伙伴关系不应该仅仅考虑企业之间的交易价格本身，有很多方面值得关注。比如完善的服务、技术创新、产品的优化设计等。宝洁和供应商一起探讨供应链中非价值增值点以及改进的机会，压缩材料采购提前期，开发供应商伙伴关系，建立相互信任关系。

2. 材料不同，制订的时间不同

香波生产原材料供应最长时间105天，最短7天，平均68天。根据原材料的特点，宝洁公司将其分为 ABC 三类分别进行管理：A 类品种占总数 5% ~ 20%，资金占 60% ~ 70%；C 类品种占总数 60% ~ 70%，资金占比小于 15%；B 类品种介于二者之间，对不同的材料管理策略分为全面合作、压缩时间和库存管理三类。

对材料供应部分的供应链进行优化，将时间减少和库存管理结合起来。比如，原材料 A 供应提前期 105 天，但是订货价值只占总价值 0.07%，不值得花费很多精力讨论缩短提前期。而原材料 B 虽然提前期只有 50 天，但是年用量却高达总价值的 24%，因此对这样的材料应该重点考虑。

3. 原材料的库存由供应商管理

宝洁的材料库存管理策略是供应商管理库存（VMI）。对于价值低、用量大、占用存储空间不大的材料，在供应链中时间减少的机会很少，这类材料占香波材料的 80%，它们适合采用供应商管理库存的方式来下达采购订单和管理库存。库存状态的透明性是实施 VMI 的关键。首先，双方一起确定供应商订单业务处理过程所需要的信息和库存控制参数；其次，改变订单处理方式，建立基于标准的托付订单处理模式；最后，把订货交货和票据处理各个业务处理功能集成在供应商一边。

思考

1. 宝洁公司供应链优化有何特点？
2. 你从本案中得到哪些启示？

第一节　绩效评价概述

一、绩效评价的意义

开展绩效评价能正确判断配送中心的实际经营水平，提高经营能力和管理水平，从而增加企业的整体效益。配送中心的绩效评价分析是运用数量统计和运筹学方法，采用特定的指标体系，对照统一的评价标准，按照一定的程序，通过定量、定性分析，对配送中心在一定经营期间的经营效益和经营者的业绩，做出客观、公正和准确的综合判断。

（一）配送中心内部各项物流活动的分析

以某配送中心为例，配送中心的基本作业流程如图 10-1 所示。由进出货、储存、盘点、订单处理、拣货、配送、采购作业以及总体策划八个部分组成。

（二）配送中心绩效评价指标的作用

为了能评价配送中心的运营给客户提供服务的质量和给自身带来的效益，方法之一就是对配送中心的运行状况进行必要的度量，并根据度量结果对配送中心的运行绩效进行评价。因此，配送中心绩效评价主要有以下四个方面的作用。

1. 用于对整个中心的运行效果做出评价

主要考虑配送中心之间的竞争，为配送中心在市场中存在（生存）、组建、运行和

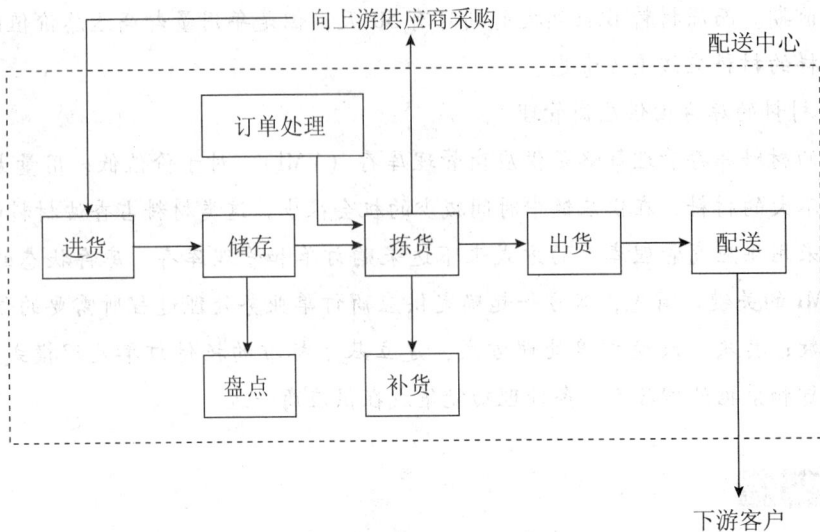

图 10 - 1　配送中心基本作业流程

撤销的决策提供必要的客观依据。目的是通过绩效分析评价获得对整个中心的运行状况的了解，找出配送中心运作方面的不足，及时采取措施予以纠正。

2. 用于对配送中心内各个部门做出评价

主要考虑配送中心对其各部门的激励，调动各个部门的积极性。

3. 用于对配送中心内部门与部门之间的合作关系做出评价

主要考察配送中心为客户提供的产品和服务的质量，从用户满意度的角度来评价质量。

4. 用于对配送中心人员的激励

除了对配送中心运作绩效的评价外，这些指标还可起到对配送中心的各个部门和人员的激励作用。

二、配送中心绩效评价体系的设计要求

1. 现行的绩效评价指标的特点

现行企业绩效评价指标侧重单个企业，评价的对象是某个具体配送中心的内部职能部门或者员工个人，其评价指标在设计上有如下特点。

（1）现行企业绩效评价指标的数据来源于财务结果，在时间上略为滞后，不能反映配送中心的动态运营情况。

（2）现行企业绩效评价主要评价配送中心职能部门工作的完成情况，不能对配送中心的业务流程进行评价，更不能科学、客观地评价整个中心的运营情况。

（3）现行企业绩效评价指标不能对配送中心的业务流程进行实时评价和分析，而

是侧重事后分析。因此，当发现偏差时，偏差已成为事实，其危害和损失已经造成，并且往往很难补偿。

因此，为衡量配送中心的整体运作绩效，以便决策者能够及时了解配送中心的整体状况，应该设计出更适合度量配送中心绩效的指标和评价方法。

2. 配送中心绩效评价应遵循的原则

为了科学、客观地反映配送中心的运营情况，应该考虑建立与之相适应的配送中心绩效评价方法，并确定相应的绩效评价体系。反映配送中心绩效的评价指标有其自身的特点，其内容比现行的企业评价指标更为广泛，它不仅仅代替会计数据，同时还提出一些方法来测定配送中心是否有能力及时满足市场的需求。在实际操作上，为了建立能有效评价配送中心的指标体系，应遵循如下原则。

（1）应突出重点，要对关键绩效指标进行重点分析。

（2）应采用能反映配送中心业务流程的绩效指标体系。

（3）评价指标要能反映整个中心的运营情况。

（4）应尽可能采用实时分析与评价的方法，把绩效度量范围扩大到能反映配送中心实时运营的信息上去，因为这要比仅做事后分析有价值得多。

（5）在衡量配送中心绩效时，要采用能反映配送中心与客户之间关系的绩效评价指标，把评价的对象进一步扩大。

（6）把最终用户对配送中心的产品或服务的满意度指标作为配送中心绩效评价的最终标准。

三、配送中心绩效评价的要素

为了客观、全面地评价配送中心的运营情况，一般可以通过一个相应的指标体系来进行配送中心绩效的评价，指标体系要注重客观性和实际可操作性。这个指标体系主要由工作成果指标、工作消耗指标、工作效率指标、工作质量指标和配送中心的经营管理综合指标五项构成。

（一）工作成果指标

1. 作业规划管理能力

衡量目前管理层所作的决策规划是否合适。

规划是一种方法，用来拟定根据决策目标应采取的行动。规划的目的是为整个企业的活动过程选择合理的作业方式、正确的行动方向。

要使配送中心得到最佳的产出效果，规划管理人员必须先决定作业过程中最有效的资源组合，才能配合环境，设计出最好的资源方式，来执行物流运作过程中的每一环节的工作。其实，及时修正是很重要的一环。

2. 产销率指标

产销率是指在一定时间内已销售出去的产品（服务）与已生产的产品（服务）数量的比值。配送中心产销率指标反映企业在一定时间内的产销经营状况，其时间单位可以是年、月、日。随着配送中心管理水平的提高，时间单位可以越来越小，甚至可以做到以天为单位。该指标也反映了配送中心资源（包括人、财、物、信息等）的有效利用程度，产销率越接近1，说明资源利用程度越高。同时，该指标也反映了企业的库存水平和产品质量；其值越接近1，说明配送中心的库存量越小，产品质量越高。

3. 产需率指标

产需率是指在一定时间内，配送中心所提供的产品和服务的数量与客户对该产品或服务的需求量的比值。

配送中心产需率指标反映了企业和客户之间的供需关系。产需率越接近1，说明配送中心和客户之间的供需关系协调，准时交货率高；反之，则说明准时交货率低或者管理水平较低。

该指标还反映了配送中心的整体生产能力和快速响应市场能力。若该指标数值大于或等于1，说明配送中心整体的生产能力较强，能快速响应市场需求，具有较强的市场竞争能力；若该指标数值小于1，则说明配送中心的生产能力不足，不能快速响应市场需求。

配送中心各部门的主要工作成果指标如表10-1所示。

表 10-1   工作成果指标

指标种类	指标细分
货物流转额	货物购进额、货物销售额
原材料供应指标	原材料供应量、供应计划完成率、供应增长率
货物购进指标	货物购进量
货物销售指标	销售额、纯销售额、计划完成率、增长率

（二）工作消耗指标

1. 周转费

周转费包括进货费、仓储费、管理费和利息支出等，即工作消耗总额。

2. 费用率

费用率指一定时期物流费用总额与货物销售总额的比值，即工作消耗水平。

3. 费用水平降低率

费用水平降低率是考核配送中心各部门费用节约的一项指标。

4. 成本率

用成本率来衡量各项作业的成本费用是否合理。

配送中心的运作成本，是指直接或间接用于收货、储存保管、拣货配货、流通加工、信息处理和配送作业的费用的总和。

5. 配送中心总运营成本指标

配送中心的总运营成本包括通信成本、库存费用及外部运输总费用。该指标是企业管理水平的综合体现。

6. 成本利润率

成本利润率是指单位产品净利润占单位产品总成本的百分比。在市场经济条件下，产品价格是由市场决定的，因此，在市场供需关系基本平衡的情况下，配送中心提供的产品价格可以看成是一个不变的量。按成本加成定价的基本思想，产品价格等于成本加利润，因此产品的成本利润率越高，说明配送中心的盈利能力越强，企业的综合管理水平越高。在这种情况下，由于配送中心在市场价格水平下能获得较大利润，就必然会对企业的有关设施和设备进行投资和改造，以提高生产效率。

（三）工作效率指标

工作效率是衡量配送中心绩效的另一个指标。通常用比率或指数表示。

1. 设施空间利用率

设施空间利用率用来衡量配送中心的车辆、库房等空间设施是否已充分利用。

所谓设施，指除人员、设备以外的一切硬件，包括办公室、休息室、仓储区、拣货区、收货区和出货区等区域空间的安排及一些消防设施等周边硬件。

所谓设施空间利用率就是针对空间利用度、有效度来考虑。换句话说，就是提高单位土地面积的使用效率。要考虑货架、仓储区的储存量，每天理货场地的配货周转次数等。

2. 人员利用率

人员利用率用来衡量每一个人员是否尽到自己最大的能力。

对于人员作业效率的考核分析，是每一个配送中心经营评估的重要指标。人员利用率评估主要从三个方面着手。

（1）人员编制：要求人员的分配达到最合理化的程度，避免忙闲不均，这里包括上班作息时间的安排。通常要研究工作需要性、工作量、劳逸合理性、人员流动性、加班合理性等方面的问题。

（2）员工待遇。

（3）人员效率：人员效率管理的目的是为了提高人员的工作效率，使每一个作业人员作业期间能发挥最大的生产效率。也就是说，掌握操作人员的作业速度，使配送中心的整体作业水平相对提高。

3. 设备利用率

设备利用率是衡量资产设备能否发挥最大产能的指标。

配送中心的设备主要用于保管、搬运、存取、装卸、配送、运输等物流作业活动。由于各种作业有一定的时间性，设备工时不容易计算，通常从增加设备作业时间和提高设备每单位时间内的处理量来实现提高设备利用率的目的。

4. 商品、订单效率

商品、订单效率用来衡量商品销售贡献是否达到预定目标。

配送中心应抓好以下几项工作：

（1）通过对配送中心的出货情况分析，提示采购人员调整采购物品的结构；

（2）要根据客户的需求，快速拆零订单；

（3）严格控制配送中心的库存，留有适当的存货以减少缺货率，同时保证避免过多的存货造成配送中心的资金积压、商品质量出问题等损失。

5. 时间效益率

时间效益率用来衡量每一作业有无掌握最佳时间。

缩短资源时间，一方面可使工作效率提高，另一方面可使交货期限提前。

时间是衡量效率最直接的因素，最容易看出整体作业能力是否降低。例如，某段时间搬运了多少商品，平均一小时配了多少箱商品，平均每天配送了多少家门店的要货等，从而很容易了解配送中心整体经营运作的优劣，促使管理人员去寻找问题的症结。

评估时间效益，主要是掌握单位时间内收入产出量、作业单元数及各作业时间比率等情况。

几种典型行业的物流部门的主要工作效率指标如表 10 - 2 所示。

表 10 - 2 工作效率指标

工作效率指标	各行业使用某项指标的百分比（%）		
	制造商	批发商	零售商
每位员工发送的单位			
每位员工的订货盘			
与以往的标准对比			
目标计划			
生产率指数			

（四）工作质量指标

1. 质量水平

质量水平用来衡量配送中心的服务质量是否达到客户满意的水准。

所谓质量，不仅包括商品的质量优劣，还包括各项物流作业的特殊的质量指标，如耗损、缺货、呆滞品、维修、退货、延迟交货、事故、误差率等。

对于配送中心作业质量的管理，一方面要建立起合理的质量标准，另一方面需多加重视存货管理及作业过程的监督，尽可能避免不必要的损耗、缺货、不良率等，以降低成本，提高客户的服务质量。

维持和提高质量标准，其对策不外乎从人员、商品、机械设备和作业方法四个方面着手。

在配送中心的作业活动中经常会出现质量事故。例如在业务过程中出现商品丢失、损坏、变质、延误等，这不仅使商品的数量受到损失，而且使商品质量受损，其结果是使商品本身和配送中心的经营活动两方面都产生不利影响，另外，配送中心的业务质量直接与客户相关，与市场占有率有关。

2. 配送中心的产品和服务质量指标

该指标反映了配送中心提供的产品和服务的质量。主要包括合格率、废品率、退货率、破损率、破损物价值等。

3. 准时交货率

准时交货率是指配送中心的在一定时间内准时交货的次数占其总交货次数的百分比。配送中心的准时交货率低，说明其协作配套的生产能力达不到要求，或者是对生产过程的组织管理跟不上配送中心运行的要求，配送中心的准时交货率高，说明其生产能力强，生产管理水平高。

4. 产品质量合格率

产品质量合格率是指质量合格的产品数量占产品总数量的百分比，它反映了配送中心提供的产品或服务的质量水平。质量不合格的产品数量越多，则产品质量合格率就越低，说明配送中心提供产品的质量不稳定或质量差，配送中心必须承担对不合格的产品进行返修或报废的损失，这样就增加了配送企业的总成本，降低了其成本利润率。因此，产品质量合格率指标与产品成本利润率指标密切相关。同样，产品质量合格率指标也与准时交货率密切相关，因为产品质量合格率越低，就会使产品的返修工作量加大，必然会延长产品的交货期，使准时交货率降低。

工作质量指标体系中的每个指标又可以用一个或多个具体指标来表示。下面以目标质量指标和储存工作质量指标为例，说明可以采用的具体指标。目标质量指标如表10-3所示。

表10-3   目标质量指标

指标名称	计算公式
服务水平指标	满足要求次数/客户要求次数×100%
交货水平指标	按交货期交货次数/总交货次数×100%
缺货率	缺货次数/客户要求次数×100%
满足程度指标	满足要求数量/客户要求数量×100%
交货期质量指标	规定交货期－实际交货期（天）
商品完好率指标	交货完好商品量/物流商品总量×100%
缺损率	缺损商品量/物流商品总量×100%
货损货差赔偿费率	货损货差赔偿总额/同期业务收入总额×100%
物流吨费用指标	物流费用/物流总量（元/吨）

储存工作质量指标如表10-4所示。

表10-4   储存工作质量指标

指标名称	计算公式
仓库吞吐能力实现率	期内实际吞吐量/仓库设计吞吐量×100%
仓容利用率	储存商品实际数量或容积/设计库存数量或容积×100%
仓库面积利用率	库房、货场等占地面积总和/仓库总面积×100%
储存商品面积利用率	库房内储存商品面积/库房使用面积×100%
商品完好率	（某批商品库存量－出现短缺商品量）/同批商品库存量×100%
库存商品缺损率	某批商品缺损量/该批商品总量×100%
商品收发正确率	（某批吞吐量－出现差错总量）/同批吞吐量×100%
储存吨成本	储存费用/库存量（元/吨）

美国几个典型行业的企业所采用的物流工作质量指标如表10-5所示。

表10-5   美国物流工作质量指标

质量指标	按行业分类各指标使用频率（%）		
	制造商	批发商	零售商
损坏频率			
损坏总金额			

质量指标	按行业分类各指标使用频率（%）		
	制造商	批发商	零售商
货方追讨次数			
客户退货数			
退货费用			

（五）配送中心的经营管理综合指标

1. 配送中心坪效

配送中心坪效用来衡量配送中心单位面积（每平方米）的营业收入（产值）。

$$配送中心坪效 = 营业额（产值）/建筑物总建筑面积$$

2. 人员作业能力

人员作业能力用来衡量配送中心人员的单产水平。

$$人员作业量 = 出货量/配送中心的总人数$$

$$人员作业能力 = 营业额/配送中心的总人数$$

改善对策：①有效地利用节省人员的物流机械设备；②减少配送中心的从业人员，首先考虑削减间接人员，尤其是当直间工比率不高时。

3. 直间工比率

直间工比率用来衡量配送中心作业人员及管理人员的比率是否合理。

$$直间工比率 = 一线作业人员/（配送中心的总人数 - 一线作业人数）$$

4. 固定资产周转率

固定资产周转率用来衡量配送中心的固定资产的运行绩效，评估所投资的资产是否充分发挥效用。

$$固定资产周转率 = 产值/固定资产总额$$

5. 产出与投入平衡率

产出与投入平衡率用来判断是否维持低库存量，与零库存的差距多大。

$$产出与投入平衡率 = 出货量/进货量$$

改善对策：产出与投入平衡率是指进出货件数比率。而如果想以低库存作为最终目标，且不会发生缺货现象，则产出与投入平衡率最好控制在1左右，而实现整改目标的关键是要切实做好销售预测。

四、配送中心绩效评价的实施步骤

（一）配送中心的绩效评价的内容

配送中心的绩效评价的内容一般从三个方面考虑：一是内部绩效度量；二是外部绩效度量；三是综合绩效度量。

1. 内部绩效度量

内部绩效度量主要是对配送中心的内部绩效进行评价，常见的指标有：成本、客户服务、生产率、良好的管理、质量等。

2. 外部绩效度量

外部绩效度量主要是对与配送中心有关的企业的运行状况的评价。外部绩效度量的主要指标有：用户满意度、最佳实施基准等。

3. 综合绩效度量

21世纪的竞争是非常激烈的，这就引起人们对配送中心的总体绩效和效率的日益重视，要求提供能从总体上观察透视配送中心的运作绩效的度量方法。这种透视方法必须是可以比较的。如果缺乏整体的绩效衡量，就可能出现配送中心对用户服务的看法和决策与用户的想法完全背道而驰的现象。综合绩效的度量主要从用户满意度、时间、成本、资产等几个方面展开。

除一般性统计指标外，配送中心的绩效还辅以一些综合性的指标，如用配送中心的生产效率来度量，也可由某些定性指标组成的评价体系来反映，例如：用户满意度、企业核心竞争力、核心能力等。

（二）配送中心绩效评价的实施

配送中心的绩效评价可采用以下方法：分析配送中心的目标和流程的现状，对作业绩效量化，把其与目标数据相比。将组织最高层次的四个基本商业流程（计划、获取资源、制造、交付）逐层分解下去，一直到包含了成百个作业的第五层次为止。一旦某个配送中心的计量被计算出来，它们将与行业中的最好水平和平均水平相比较，这可以帮助配送中心确定其优势以及寻找改善的契机。这种绩效评估方法可以从上到下，一层一层地与 ABC 法配合使用。表 10－6 列出了用于评估配送中心绩效的一些衡量项目。

表 10 – 6　　　　　　　　　　　配送中心绩效评估的衡量项目

类别	衡量项目	衡量单位
配送企业的可靠性	按时交货	订单完成提前期
	订单完成提前期	天数
	完成率	百分比
	完好的订单履行	百分比
柔性和反应力	企业的反应时间长度	天数
	企业的柔性	天数
费用	企业的管理成本	百分比
	保证成本占收益的百分比	百分比
	每个员工增加的价值	现金
资产利用	库存总天数	天数
	现金周转时间	天数
	净资产周转次数	次数

总之，绩效度量只是一种手段，目的是通过对配送中心绩效的衡量，可以发现问题、解决问题，并据此激励配送中心的各部门。

第二节　运输系统的绩效评价

产品的运输把空间上相隔离的生产者和需求者联系起来，在配送过程中可选择不同的运输方式，其运输成本、速度、效率是截然不同的。配送是从配送中心将商品送达客户处的活动，涉及配送中心的运输系统。要研究如何有效地配送，即用适当的配送人员、适合的配送车辆以及每趟车最佳运行路径来配合，以实现配送量大、装载率高。因此，人员、车辆及配送时间、规划方式，都是配送中心的管理人员应该考虑的重点问题。

因配送造成的成本费用支出及因配送路途耽搁引起的交货延迟，即配送效率化的问题，也是必须注意的因素。

运输活动绩效评价量化指标主要有以下几方面。

1. 人均作业量

人均作业量用来评估配送人员工作能力及作业绩效。

$$人均配送量 = 出货量/配送人员数$$

2. 车辆平均作业量

车辆平均作业量是衡量车辆的空间利用率的指标。

平均每辆车的配送量 = 配送总件数/(自车数量 + 外车数量)

3. 空驶率

空驶率是衡量车辆行驶距离利用率的指标。

空驶率 = 空车行驶距离/配送总距离

改善对策：要减少空驶率，关键是做好"回程顺载"工作，可从"回收物流"着手，例如"容器的回收"（啤酒瓶、牛奶瓶）、"托盘、笼车、拣货周转箱的回收""原材料的再生利用"（如废纸板箱）以及退货处理等。

4. 车辆运行状况

配送车作业率 = 配送总车次/[（自车数量 + 外车数量）×工作天数]

平均每车次配送吨公里数 = 配送总距离×配送总质量/配送总车次

5. 外车比例

外车比例用来评估外车的使用数量是否合理。

外车比例 = 外车数量/(自车数量 + 外车数量)

改善对策：一般使用外雇车辆的原因是为了应付季节性商品和节假日商品与平日形成的旺淡季供货状况的需求。若季节性商品比例较高，表示运输配送企业淡旺季的出货量的差别很大，应尽量考虑多雇用外车、减少自车的数量。若季节性商品的比例很低，表示运输配送中心的淡旺季出货量的差别不大，应选择使用自车来提高配送效率。

6. 配送成本

配送成本比率 = （自车配送成本 + 外车配送成本）/配送总费用

每单元货品配送成本 = （自车配送成本 + 外车配送成本）/货品出货总量

每车次配送成本 = （自车配送成本 + 外车配送成本）/配送总车数

改善对策：若采用单独运行的配送成本偏高时，应考虑采用"共同配送"策略，以降低较远距离、较少出货量而造成的过高配送成本。

7. 配送延误率

配送延误率是考核配送准点率的指标。

配送延误率 = 配送延误车次/配送总车次

造成配送延误的原因是：车辆、设备故障，路况不佳，供应商供货延迟、缺货以及拣货作业延迟等。

第三节　配送中心的绩效评价

配送中心绩效评价的量化指标主要有以下几方面。

一、进出货作业

1. 进货

进货作业包括接收商品、装卸搬运、码托盘、核对该商品的数量及质量（主要是外表质量）和签单。

2. 出货

出货是将拣选分拣完的商品做好复核检查，并根据各辆卡车或配送路径将商品搬运到理货区，而后装车待配送。

3. 配送中心的管理人员需研究的问题

（1）进出货作业人员的工作量安排是否合理。

（2）进出货装卸设备利用率如何。

（3）站台停车泊位利用率如何。

（4）供应商进货时间带的控制如何。

（5）客户、门店要求的时间集中度控制如何。

4. 进出货作业效率的评估指标

（1）空间利用率：考核站台的使用情况，是否因数量不足或规划不佳造成拥挤或低效。

$$站台使用率 = 进出货车次装卸货停留总时间/（站台泊位数 \times 工作天数 \times 每天工作时数）$$

若采用进出货站台分开的配送中心时：

$$进货站台使用率 = 进货车次装卸货停留总时间/（进货站台泊位数 \times 工作天数 \times 每天工作时数）$$

$$出货站台使用率 = 出货车次装卸货停留总时间/（出货站台泊位数 \times 工作天数 \times 每天工作时数）$$

（2）站台高峰率。

$$站台高峰率 = 高峰车数/站台泊位数$$

改善对策：若站台使用率偏高，表示站台停车泊位数量不足，而造成交通拥挤。可采取下列措施：

①增加停车泊位数；

②为提高效率，要做好时段管理，让进出配送中心的车辆能有序地行驶、停靠、装卸货作业；

③增加进出货人员，加快作业速度，减少每辆车停留装卸时间。

若站台使用率低，站台高峰率高，表示虽然车辆停靠站台时间平均不高，站台停车泊位数量仍有余量，但在高峰时间进出货仍存在拥挤现象，此种情况主要是由没有控制好进出货时间带引起的。关键是要将进出货车辆的到达作业时间岔开。可采取以下措施：

①应要求供应商依照计划准时送货，规划对客户交货的出车时间，尽量降低高峰时间的作业量；

②若无法与供应商或客户达成共识分散尖峰期流量，则应特别安排人力在高峰时间以保持商品快速装卸搬运。

（3）人员负担和时间耗用：考核进出货人员工作分配及作业速度，以及目前的进出货时间是否合理。

每人每小时处理进货量＝进货量／（进货人员数×每日进货时间×工作天数）

每人每小时处理出货量＝出货量／（出货人员数×每日出货时间×工作天数）

进货时间率＝每日进货时间／每日工作时数

出货时间率＝每日出货时间／每日工作时数

若进出货人员共用，则以上指标应将进出货量、时间合并加总。

每人每小时进出货量＝（进货量＋出货量）／（进出货人员数×

每日进出货时间×工作天数）

进出货时间率＝（每日进货时间＋每日出货时间）／每日工作时数

改善对策：若每人每小时处理进出货量高，且进出货时间率也高，表示进出货人员平均每天的负担较重，原因在于配送中心目前的业务量过大。可考虑增加进出货人员，以减轻每人的工作负担。

若每人每小时处理进出货量低，但进出货时间率高，表示虽然配送中心一日内的进出货时间长，但每位人员进出货负担却很轻。原因是：进出货作业人员过多、商品进出货处理比较繁杂、进出货人员作业效率较低。可采取以下措施：

①考虑缩减进出货人员；

②对于工效差的问题，应随时督促、培训，同时应尽量想办法减少劳力及装卸次数（如托盘化）。

若每人每小时进出货量高，但进出货时间率低，表示上游进货和下游出货的时间可能集中于某一时段，以致作业人员必须在此段时间承受较高的作业量。可考虑平衡人员的劳动强度和避免造成车辆太多站台泊位拥挤，采取分散进出货作业时间的措施。

二、盘点作业

进行盘点作业的目的是通过经常定期或不定期的盘点库存，及早发现问题，以免日后出货造成更大的损失。

在盘点作业中，以盘点过程中所发现的存货数量不符的情况作为重点评估方向。

盘点作业的评估要素如下。

1. 盘点质量

$$盘点数量误差率 = 盘点误差量/盘点总量$$

$$盘点品项误差率 = 盘点误差品项数/盘点实际品项数$$

2. 平均盘差品金额

$$批量每件盘差商品的金额 = 盘点误差金额/盘点误差量$$

三、订单处理作业

从接到客户订货开始到准备着手拣货之间的作业阶段，称之为订单处理。它包括接单、客户的资料确认、存货查询、单据处理等。

订单处理的评估指标如下。

1. 订单分析

通过对日均受理订单数、每订单平均订货数量和平均订货单价的分析，观察每天订单变化的情况，以拟定客户管理策略及业务发展计划。

$$日均受理订单数 = 订单数量/工作天数$$

$$每订单平均订货数量 = 出货量/订单数量$$

$$日均商品单价 = 营业额/订单数量$$

2. 订单延迟率

订单延迟率用来衡量交货的延迟状况。

$$订单延迟率 = 延迟交货订单数/订单数量$$

改善对策：

①找出作业瓶颈，加以解决；

②研究物流系统前后作业能否相互支持或同时进行，谋求作业的均衡性；

③掌握库存情况，防止缺货；

④合理安排配送时间。

3. 订单货件延迟率

评价配送中心是否应实施客户重点管理，使自己有限的人力、物力做到最有效的利用。

$$订单货件延迟率 = 延迟交货量/出货量$$

改善对策：应考虑实施顾客 ABC 分析，以确定客户重要性程度而采取重点管理。例如，根据订单资料，按客户的购买量占配送中心营业额的百分比做客户 ABC 分析。尽可能减少重要客户延迟交货的次数，以提高服务水平。

4. 紧急订单响应率

紧急订单响应率用来分析配送中心快速订单处理能力及紧急插单业务的需求情况。

$$紧急订单响应率 = 未超过 12 小时出货订单/订单数量$$

改善对策：

①制定快速作业处理流程及操作规程；

②制定快速送货计费标准。

5. 缺货率

缺货率用来衡量存货控制决策是否合理，是否应该调整订购点及订购量的基准。

$$缺货率 = 接单缺货数/出货量$$

改善对策：

①加强库存管理；

②登录并分析存货异动情况；

③掌握采购、补货时机；

④督促送货商送货的准时性。

6. 短缺率

$$短缺率 = 出货短缺数/出货量$$

改善对策：

①注重每位员工、每次作业的质量；

②做好每一作业环节的复核工作。

四、拣货作业

1. 拣货作业的概念

每张客户订单都至少包含一项以上的商品，而将这些不同种类数量的商品从配送中心取出集中在一起，即称为拣货作业。

由于拣货作业多数依靠人工配合简单机械化设备，是劳动密集型的作业。因此，必须重视拣货人员的负担及效率的评估。

拣货的时程及拣货的运用策略往往是接单出货时间长短最主要的取决因素，而拣货的精确度更是影响出货质量的重要环节。

拣货是配送中心最复杂的作业，其耗费成本比例较多，因此，拣货成本也是管理人员关心的重点。

2. 拣货作业效率的评估要素

（1）人均作业能力：衡量拣货的作业效率，以便找出在作业方法及管理方式上存在的问题。

人均每小时拣货品项数＝订单总笔数/（拣货人员数×每天拣货时数×工作天数）

提升拣货效率的方法有以下几种：

①拣货路径的合理规划；

②储位的合理配置；

③确定高效的拣货方式；

④拣货人员数量及工况的安排；

⑤拣货的机械化、电子化。

（2）批量拣货时间：衡量每批平均拣货所需时间，可供日后分批策略参考。

批量拣货时间＝每日拣货时数×工作天数/拣货分批次数

批量拣货时间短，表示拣货的反应时间很快，即订单进入拣货作业系统乃至完成拣取所花费的时间很短。它特别有利于处理紧急订货。

（3）每订单投入拣货成本。

每订单投入拣货成本＝拣货投入成本/订单数量

每件商品投入拣货成本＝拣货投入成本/拣货单位累计件数

（4）拣误率：衡量拣货作业质量的指标。

拣误率＝拣取错误笔数/订单总笔数

降低拣误率的主要措施有以下几种：

①选择最合理的拣货方式；

②加强拣货人员的培训；

③引进条码技术、拣货标签或电脑辅助拣货系统等自动化技术，以提升拣货精确度；

④改善现场照明度；

⑤检查拣货的速度。

五、存货控制系统的绩效评价

（一）存货控制的作用

储存作业的主要责任在于把将来要使用或者要出货的产品做妥善保管，这不仅要善于利用空间，有效地利用配送中心的每一平方米的储存面积，而且要加强对库内存货的管理，做到既保证降低商品的缺货率，又不因过多库存而造成呆废料产生。

（二）存货控制绩效评价量化指标

存货控制绩效的评价量化指标有以下几种。

1. 设施空间利用率

$$单位面积保管量 = 平均库存量/可保管面积$$

$$平均每品项所占储位数 = 货架储位数/总品项数$$

平均每品项所占储位数若能规划为 0.5 ~ 2.0，即使无明确的储位编号，也能迅速存取商品，不至于造成储存、拣货作业人员找寻困难，也不会产生同一品项库存过多的问题。

2. 库存周转率

库存周转率是考核配送中心货品库存量是否适当和经营绩效的重要指标。

$$库存周转率 = 出货量/平均库存量 = 营业额/平均库存金额$$

周转率越高，库存周转期越短，表示用较少的库存完成同样的工作，使积压、占用在库存上的资金减少。也就是说，资金的使用率高，企业利润也随货品周转率的提高而增加。

通常可采用下列措施来提高库存周转率。

（1）缩减库存量，通过配送中心自行决定采购、补货的时机及存货量。

（2）建立预测系统。

（3）增加出货量。

3. 存货管理费率

存货管理费率是衡量配送中心每单位存货的库存管理费用的一个指标。

$$存货管理费率 = 库存管理费用/平均库存量$$

改善存货管理费率的对策是应对库存管理费用的内容逐一检查分析，寻找问题予以改进。一般库存管理费用包括：

（1）仓库租金；

（2）仓库管理费用：入出库验收、盘点等人事费、警卫费、仓库照明费、空调费、温调温控费、建筑物、设备及器具的维修费；

（3）保险费；

（4）损耗费：变质、破损、盘亏等费用；

（5）货品淘汰费：流行商品过时、季节性商品换季等造成的费用损失。

可采取尽可能少量、频繁的订货，以减少库存管理费用。

4. 呆废货品率

呆废货品率可用来测定配送中心货品损耗和影响资金积压的状况。

$$呆废货品率 = 呆废货品件数/平均库存量 = 呆废货品金额/平均库存金额$$

减少呆废货品率的措施：

（1）验收时力求严格把关，防止不合格货品混入；

（2）检查储存方法、设备与养护条件，防止货品变质。特别是对货品的有效期管理更应重视；

（3）随时掌握库存水平，特别是滞销品的处置，减少呆废货品积压资金和占用库存。

5. 平均产销绝对偏差指标

平均产销绝对偏差指标反映在一定时间内配送中心总体库存水平，其值越大，说明配送中心成品库存量越大，库存费用越高。反之，说明配送中心成品库存量越小，库存费用越低。

（三）采购作业

由于出货使库存量逐次减少，当库存量降到某一定点（即订货点）时，即应马上采购补充商品。

合理选择订购方式：在采购时应考虑供应商的信用及其商品质量，以防进货发生延迟、短缺，造成整个后续作业的困难。

采购作业效率的评估指标有以下几项。

1. 出货品成本占营业额比率

出货品成本占营业额比率用来衡量采购成本的合理性指标。

$$出货品成本占营业额比率 = 出货品采购成本/营业额$$

改善对策：采用"集中采购"的方式，可以因一次采购量大而获得"数量折扣"，还可以减少采购的手续费。

2. 货品采购及管理总费用

货品采购及管理总费用用来衡量采购与库存政策的合理性。

$$货品采购及管理总费用 = 采购作业费用 + 库存管理费用$$

改善对策：对于单价比较高的货品，其采购次数较多时费用较省；单价较低的货品，一次采购大量些较为便宜。

3. 进货数量误差率、次品率和延迟率

进货数量误差率、次品率和延迟率用来衡量进货准确度和有效率，以配合调整安全库存。

$$进货数量误差率 = 进货误差量/进货量$$

$$进货次品率 = 进货不合格数量/进货量$$

$$进货延迟率 = 延迟进货数量/进货量$$

第四节　绩效考核标准

某配送中心绩效考核标准如下。

一、目的

提高员工积极性，共同提高企业与员工的效益。

二、内容

（1）岗位工资评定。

（2）绩效工资评定。

（3）提成工资评定（包括年终奖）。

（4）雷区考核。

（5）行为规范。

（6）排名、晋升与淘汰。

（7）职工持股分配。

三、适用范围

所有公司员工以及子、分公司员工。

四、权责

（1）总经理：批准绩效考核办法并落实资源，督促各部门执行。

（2）投资管理部：负责本办法的制定。

（3）各部门、各分公司：执行本办法。

五、一般原则

（1）上级对下级：对任何一个岗位的考核评定权均属于直接上级。

（2）客观性：对下属的评定应做到客观公正，不得偏袒。

（3）执行检查：要求下属执行本办法，并要检查执行效果，是否执行彻底，是否客观公正。

（4）公正公开：考核结果必须公正，并向所有员工公布，以确保公正。

（5）申请仲裁：对直接上司考核结果不满的可对上级申述，由上一级仲裁。

（6）反馈改善：投资管理部经常收集反馈信息，了解考核办法是否有效促进员工绩效的改善，以便作相应修改。

六、目标制定及实施

（1）由公司营销部制定全年目标，将全年目标分解为月目标，分配各部门、各分公司执行。

（2）目标制定本着"尽力跳，够得着"的原则制定，不得偏离现实条件。

（3）各部门、各分公司应制定目标推移图，每月由营销部协同财务、投资管理等部门进行统计、公布、通告、表扬。

（4）考核结束后，总经理或授权相关部门组织有关部门进行检讨，如目标是否达成，达成后则修改新的目标，不达成则分析原因，提出对策和改善措施。

七、指标

（1）销售部门客观指标应占80%以上，其他部门可适当降低。

（2）雷区考核指标以零为最高目标。

八、考核标准

1. 岗位工资评定

（1）每个岗位设岗位工资三级制（工资标准）。

（2）主管对下属的业绩评定分为三个等级："能胜任""一般胜任""不太胜任"。标准如表10-7所示。

表10-7　　　　　　　　　　　岗位工资评定标准

等级		标准	奖励
能胜任		连续6个月均能达到良或优，连续4个月全优	升一级岗位工资
一般胜任	中上	6个月均没有一项差，且至少有4个月均达到良或优，连续4个月达到良	保持、鼓励
	中下	6个月至少有4个月达到中或良，连续3个月均达到中或良	保持、批评
不太胜任		6个月中有3月或以上差，连续2个月差	降一级工资

（3）评定流程：各部门、各分公司评定；营销部复核；总经理审批。

（4）审定时间及奖励：公司每6个月评定一次，对能胜任的加一级岗位工资，不太胜任的降一级岗位工资，对一般胜任（偏上或偏下的）分别表扬或批评。

（5）入职评定：新职员入职一律按所任岗位最低一级工资待遇，特殊情况由总经理批准。

2. 绩效工资评定

（1）由主管对下属进行评定，上一级主管备查。

（2）绩效分值系数如表 10 - 8 所示。

表 10 - 8 　　　　　　　　　　绩效分值系数 　　　　　　　　　　单位：分

等级	优秀	良	中	差
绩效分值	90 ~ 100	80 ~ 90	60 ~ 80	60 以下
绩效系数	3	1.5	1	0

（3）绩效工资（月、年）。

$$月绩效工资 = 月绩效系数 × 月奖金基准数$$

$$年绩效工资 = 全年绩效平均值所对应的绩效系数 × 年奖金基准数$$

注：年终奖基准由企业根据年终经营情况定。

（4）部门、分公司各岗位绩效评定办法（详见附件）。

①办公室：主任、行政、人事、文管、总务、司机、办事员等；

②采购部：经理、采购员、质监员等；

③企划部：经理、企划师、展销主管、信息受理员、投诉受理员等；

④财务部：经理、会计、统计、出纳、审计、分公司财务等；

⑤分公司：经理、服务主管、区域代表、仓库主管、开单员、门市主管等。

3. 提成

（1）业务代表提成额。

$$提成 = （实际销量 - 目标销量）×2\%$$

每季度考核一次，发放 50%，余额年终发放。

（2）分公司经理提成额。

$$提成 = （全年实际目标数 - 目标销量）×2\%$$

每半年考核一次，发放 50%，余额年终发放。

（3）其他岗位。

$$年终提成 = （公司全年销量 - 全年目标）×岗位提成系数$$

岗位提成系数如表 10 - 9 所示。

表 10 - 9 　　　　　　　　　　岗位提成系数

岗位	岗位提成系数（‰）	备注
企划部经理	5	公司销售

续　表

岗位	岗位提成系数（‰）	备注
办公室主任	2	公司销售
采购部经理	2	公司销售
财务部经理	2	公司销售
运输部经理	2	公司销售
仓库主管	0.5	公司销售
门市经理	0.5	公司销售
一般员工	0.2	公司销售

（4）年销量低于实际目标时，扣除绩效工资奖，并对全年相关的岗位降低加以处罚。

4. 雷区考核

（1）范围：包括奖罚规定、违反纪律制度、客户投诉、差错、不完成任务、不服从指挥等。

（2）扣分：按规定扣分累计。

5. 行为规范

（1）对照公司《公司服务标准》及有关行为规范，每月进行一次自查和主管评审，并开展讨论，自我检查。

（2）对严重偏离行为规范的员工公开批评，连续批评三次的员工视其业绩情况相应做出处分。

（3）对遵守公司行为规范的榜样员工要公开表扬，并组织其他员工看齐学习。

6. 排名、晋升、淘汰

公司每半年或一年进行一次业绩排名，对业绩优秀的给予晋升，业绩中上的加以发扬鼓动，对业绩偏下的加以批评教育和辅导，业绩较差的给予降级或淘汰。

7. 职工持股分配

每年公司进行一次绩效考核，对优秀员工进行股权、收益权分配。

九、相关制度

（1）《公司职工持股办法》。

（2）《公司服务标准》。

（3）公司相关纪律制度。

十、使用表单

（1）绩效考核标准表。

（2）工资表。

十一、附件

1. 公司薪资福利标准（见表10-10）

工资结构：工资=岗位工资+提成+津贴+雷区考核

表 10-10 　　　　　　　　　　　**公司薪资福利标准** 　　　　　　　　　　　单位：元

职务	岗位工资	月奖金基准	提成	津贴	雷区考核
公司经理	2000 1500 1000	1000			
经理助理 部门经理	1800 1300 800	800			
企划师及 特殊人才	1500 1200 800	800			
办事处主任 分部经理	1200 1000 800	800			
区域主管	1000 800 600	600			
业务员 普通员工	800 700 600	400			

2. 公司各岗位绩效考核标准（见表 10 – 11、表 10 – 12）

表 10 – 11　　　　　　　　　　公司服务部绩效考核标准

部门：公司　　　　　　　　岗位：运输部经理

	考核指标	权重	优	良	中	差	计算方法	备注
绩效指标	内部满意度	0.3					满意部门/相关部门（个）	每月调查一次
	外部满意度	0.5					满意经销商/一级经销商（个）	每月调查一次
	提供信息量	0.2					有书面传递、相关部门验收	要求准确、及时、有价值
雷区指标	客户投诉	0	每次扣 5～10 分				客户对服务不满投诉	不合理投诉除外
	工作差错	0	一次扣 5～10 分				造成公司直接或间接损失的	严重另按规定处罚
	不完成任务	0	一次扣 5～10 分				不完成上级分配任务	严重另按规定处罚
参考指标	电话回访量		提供名单供抽查				每户按时间回访	
	收集客户意见	0	有书面报告				主管相关部门签收	
	行为规范	0	按工作标准自查				主管复核	

表 10 – 12　　　　　　　　　　公司仓库主管绩效考核标准

部门：公司　　　　　　　　岗位：仓库主管

	考核指标	权重	优	良	中	差	计算方法	备注
绩效指标	利用率	0.4					堆放量/最高可堆放量	
	仓损率	0.3					仓损量/进仓量	
	客户满意度	0.3					满意客户/经销商数	
雷区指标	客户投诉	0	每次扣 5～10 分				主管确认	
	工作差错	0	每次扣 5～10 分				主管确认	
	安全	0	有不安全因素存在每次扣 5～10 分				主管确认	
参考指标	规章制度	0	检查每次不合要求扣 5～10 分				主管确认	
	整洁卫生	0	有书面报告				主管确认	
	行为规范	0	按服务标准自查				主管复检	

本章小结

本章从配送中心绩效评价体系入手，介绍了配送中心绩效评价体系的设计、要素、意义、实施步骤等相关内容，然后对运输系统的绩效评价和量化指标及配送中心的绩效评价和量化指标作了介绍。通过本章学习，使学生理解绩效评价的意义，掌握绩效评价的主要要素，理解运输和配送系统相应的绩效评价指标体系。

练习题

一、单项选择题

1. 配送中心绩效评价的指标体系由工作成果指标、工作效率指标、工作质量指标、工作消耗指标四项构成。下列_____是工作效率指标的内容。（　　　）

   A. 产销率指标　　　　　　　　B. 设施空间利用率指标

   C. 费用水平降低率　　　　　　D. 成本利润率

2. 配送中心绩效评估的衡量项目中，_____不是配送企业的可靠性的衡量项目。（　　　）

   A. 按时交货　　　B. 订单完成提前期　　　C. 库存总天数　　　D. 完好的订单履行

3. 下列_____不是库存控制系统的绩效评价量化指标。（　　　）

   A. 设施空间利用率　　B. 库存周转率　　　C. 存货管理费率　　　D. 缺货率

4. 下列属于外部绩效评价的是（　　　）。

   A. 用户满意度　　B. 成本　　C. 客户服务　　D. 质量

5. 配送中心绩效评价的指标体系由工作成果指标、工作效率指标、工作质量指标、工作消耗指标四项构成。下列_____是工作成果指标的内容。（　　　）

   A. 产销率指标　　　B. 周转率　　　C. 费用率　　　D. 成本率

6. 一般拣货作业是（　　　）。

   A. 资金密集型作业　　　　　　B. 技术密集型作业

   C. 劳动密集型作业　　　　　　D. 信息密集型作业

7. 配送中心绩效评价的指标体系由工作成果指标、工作效率指标、工作质量指标、工作消耗指标四项构成。下列_____是工作消耗指标的内容。（　　　）

   A. 产销率指标　　B. 产需率指标　　　C. 费用水平降低率　　D. 人员利用率

8. 配送中心的产需率指标小于1，说明（　　　）。

A. 资源利用率程度高　　　　　　B. 资源利用率低

C. 企业生产能力强　　　　　　　D. 企业生产能力弱

9. 衡量目前管理层所作的决策规划是否合适的工作成果指标是（　　　）。

A. 作业规划管理能力　　B. 产销率　　C. 产需率　　D. 周转率

10. 不属于采购作业效率评估指标的是（　　　）。

A. 出货品占营业额的比率　　　　　　　B. 货品采购及管理总费用

C. 进货数量误差率　　　　　　　　　　D. 平均产销绝对偏差

二、多项选择题

1. 下列哪些指标是评价配送中心的经营管理综合指标？（　　　）

A. 配送中心坪效　　B. 人员作业能力　　C. 直间工比率

D. 平均利润率　　　E. 产出与投入平衡率

2. 配送中心绩效评价的指标体系由以下_____构成。（　　　）

A. 工作成果指标　　B. 工作性质指标　　C. 工作效率指标

D. 工作质量指标　　E. 工作消耗指标

3. 配送中心的内部绩效度量的常见指标有（　　　）。

A. 用户满意度　　B. 最佳实施基准　　C. 成本

D. 客户服务　　　E. 良好的管理

4. 活动绩效评价指标主要有（　　　）。

A. 人均作业量　　B. 车辆平均作业量　　C. 空驶率

D. 外车比例　　　E. 配送成本

三、判断题

1. 配送中心绩效评价的量化指标中，缺货率与短缺率所表示的意思一样。（　　　）

2. 成本利润率是指单位产品毛利润占单位产品总成本的百分比。（　　　）

3. 配送中心绩效评价的量化指标中，订单延迟率与订单货件延迟率都是用来衡量交货的延迟状况指标的。（　　　）

4. 拣货是配送中心中最复杂的作业。（　　　）

5. 配送中心平均产销绝对偏差越大，说明配送中心成品库存量越小，库存费用越低。（　　　）

6. 要减少空驶率，关键是要做好"回城顺载"工作，可从"回收物流"着手，例如"容器的回收"（啤酒瓶、牛奶瓶）、"托盘、笼车、拣货周转箱的回收""原材料的再生利用"（如废纸板箱）以及退货处理。（　　　）

7. 产销率指标越接近1，说明运输配送企业的库存量越小，产品质量越高。（　　　）

8. 运输活动绩效评价量化指标中，车辆运行状况指标可以用空驶率来衡量。（　　　）

四、名词解释

1. 成本利润率

2. 绩效评价分析

3. 产销率

4. 产需率

五、简答题

1. 简述配送中心绩效评价的内容与实施步骤。

2. 配送中心绩效评价指标有何作用?

3. 为什么运输系统绩效评价具有重要的意义?

4. 运输活动绩效评价量化指标有哪些?

六、计算题

1. 一位客户一年内共向某配送中心订货 10 次,每次订 1000 个单位,该配送中心有 3 次不按照客户要求供货;在客户可得的商品中,没有发现缺失现象,但先后有 7 件商品受到损坏。求该配送中心针对这位客户的缺货率和缺损率。

2. 某配送中心有自有车辆 7 辆,外雇车 5 辆,6 月共出货 6 万箱,自有车出车 420 车次,外雇车出车 150 车次,平均每次出货自有车辆成本为 400 元,外雇车辆为 500 元,该配送中心其他成本合计为 20 万元。求配送成本比率,每单元货品配送成本,每车次配送成本。

第十一章　配送企业经营战略

学习目标

通过本章学习，使学生掌握企业经营战略的概念和主要组成部分，理解配送企业的环境分析、战略选择及实施。

引导案例

首钢进口矿原料供应及海运物流战略

首钢发展现状：首钢始建于 1919 年，至今已有近百年历史，现已发展成为以钢铁业为主，兼营矿业、机械、电子、建筑、房地产、服务业、航运、金融、海外贸易等跨行业、跨地区、跨国经营的大型企业集团。

"以成本为中心"是首钢确定的管理理念，近年来随着中国经济的迅猛发展以及世界经济的转暖为世界航运市场注入了强劲的动力，当今的航运经济一日千里，海运费所占到岸成本的份额不断攀升，已经引起广泛关注，海运已经成为一项巨大的成本控制工程，同时也是一笔巨大的市场资源。

首钢在做好国外铁矿石资源锁定及进口工作的同时，在跟踪国际海运市场、降低铁矿石进口物流成本等方面也进行了积极的探索并取得了很大的成效。

到"十一五"后期，首钢逐渐形成中长期运力控制达到 80% 的战略目标。可控运力采用即期、短、中、长期 COA 以及期租船相结合的有效方式，各种操作方式对应不同的市场主体，只有组合操作模式才能够享受到不同类型船东的优质服务。

未来首钢海运市场主要操作模式将采取以下方式。

1. 中、长期 COA、期租船和新造船项目相结合

中、长期 COA、期租船和新造船项目可为工厂提供稳定、经济的运力，对控制成本起重要作用。其中，长期 COA（10 年以上）采取指定船或新造船的连续航次合约形式，新造船的长期 COA 以成本加合理利润方式定价，构成首钢海运市场的运费价值中枢，可以提供长期稳定的运价，是未来各种操作方式的价格基础和参照，长期 COA 的

比例取决于对货源和港口的控制，曹妃甸钢厂投产后其比例可达到40%以上，以突显首钢优越的港口优势，弥补首钢地处北方导致的海运距离高于其他南方市场的运输成本劣势。

2. 中、短期操作相结合

中、短期操作可调节中长期运力的缺口，操作灵活，便于跟踪市场，更适用于固定航线。

以低于五年期为例，其洽约时机很重要，市场低迷时以中期为宜，航运市场强势时以短期相宜，如巴西、秘鲁航线主要以COA锁定运力，可有效监控成本，同时中、短期COA以长期COA为蓝本，便于对比成本导向，对成本控制起到良好的辅助作用。

同时，首钢为弥补期租船运力短缺，为获得较低成本的运价，也会择机适当与船务公司签订中、短期COA合约，用以保证期租船因航行距离过长、难以调配以及某些时段无法调剂使用的不足。

🎓 思考

1. 首钢海运物流战略有何特点？
2. 本案例对其他企业有何启示？

第一节　企业战略概述

一、企业战略与战略管理

（一）企业战略学的形成与发展

企业经营战略是在企业赖以生存的环境发生根本变化的情况下产生的。众所周知，从第二次世界大战结束到20世纪60年代末，是世界经济飞速发展的黄金时期。此时，企业的经营环境比较稳定，经营条件也比较理想，然而，进入20世纪70年代，整个国际经济环境发生了人们意想不到的变化，这种变化突出地表现在企业的外部环境越来越复杂和恶化，石油危机爆发、资源供应紧张、通货膨胀加剧、生态环境恶化等，这一切使得企业的经营环境变得十分险恶。

与此同时，新的技术革命席卷全球，新科学、新技术为企业提供了新的生存空间，同时也向企业提出了前所未有的挑战。伴随新技术革命的是新的消费需求和消费观念，这一切都使产品和技术的更新速度越来越快，市场竞争越来越激烈。在这种情况下，企业的经营环境变得更加复杂多变，更加难以把握。许多企业由于不适应环境的变化，经营陷于困境，甚至濒临破产。因此，越来越多的企业和有关人士认识到要想在复杂多变，既有机遇又有挑战的环境中生存，单靠过去固有的知识、经验和理论不能满足需要，应该有新的理论来指导和管理企业，经营战略的理论正是适应了企业管理的这种新需要而产生和发展的。

企业战略学是企业竞争的产物。第二次世界大战以后，由于经济恢复所带来的强劲需求，各类产品都处于供不应求的卖方市场。但随着企业投资的大量增加，生产能力的高速扩张，欧美企业在经过五六十年代的顺利发展后，转入了一个竞争激烈的买方市场。竞争迫使企业由以往单纯地侧重怎么生产，而转向"生产什么""怎么生存""怎么发展"的企业战略研究。经营战略的研究起源于20世纪50年代末60年代初的美国。由于日新月异的技术革新、日益加剧的全球竞争，原有的竞争规则以及传统的长期计划方法很难适应环境的变化，这促使管理者们开发系统性的新方法，从而在分析环境、评价组织的优势和劣势的基础上，识别建立竞争优势的机会。在此情况下，企业经营战略的重要性开始被人们广泛认识，由此导致了企业战略研究的兴起与发展，企业战略学的发展大致过程如下。

1962年，美国管理学者钱德勒所著的《战略与结构》一书问世，揭开了企业战略问题研究的序幕。他认为，企业经营战略研究的问题是决定企业的长期目标，并通过经营活动和分配资源来实现它。

继钱德勒之后，越来越多的管理学者对企业经营战略进行了不断深入的探讨。1965年，美国著名管理学教授安索夫的《企业战略》问世，可以说是最具影响的企业战略著作。安索夫认为，企业战略是"现有资源和计划资源的配置以及与外部环境相互作用的基本模式"，企业经营战略的核心是资源配置问题。

1971年，美国GE公司首先编制出"战略规划"。

20世纪70年代，随着市场进一步由卖方市场向买方市场转移导致竞争加剧，企业战略研究形成热潮。

1980年，作为一系列研究的总结，哈佛大学商学院教授迈克尔·波特所著的《竞争优势》和《竞争战略》被经理、咨询顾问及证券分析家们奉为"圣经"，并成为企业战略学的一本经典著作。波特的基本观点是：企业战略的关键是确立竞争优势。

20世纪80年代，全球出现了一次"战略理论研究"的热潮。

进入20世纪90年代，由于国际竞争日趋激烈，自然资源日益匮乏，经营环境更加动荡不安，战略管理变得更加重要和更加困难。这就要求企业进行长期预测并制订战略规划，同时也促进了经营战略理论的发展，战略管理成为企业管理理论的重要分支，一个典型著作就是汤姆森与斯迪克德合著的《战略管理》一书，它从1978年初版到1998年第十版，使战略管理成为企业管理的一个重要领域，可以说没有企业战略就很难讨论其他企业管理领域。

(二) 企业战略的概念和特征

战略一词来源于希腊字 Strategos，这个词的意义是指挥军队的艺术和科学。在企业经营战略理论的发展过程中，许多管理学家和战略学家从不同的角度来认识经营战略，因此，经营战略的概念存在很多种说法，如安索夫认为：经营战略是企业为了适应外部环境，对目前从事和将要从事的经营活动所要进行的决策。其内容包括产品市场范围、成长方向、竞争优势和协同效应四部分。德鲁克认为：经营战略要回答两个问题，即：我们的企业是什么？它应该是什么？钱德勒认为：企业战略是企业的长远性经营决策，其内容包括企业的长远发展、确立基本目的、为达到基本目的的方针目标以及实现目标而进行的资源配置等。综合上述观点并结合现代经营战略理论研究的成果，我们可以对企业经营战略作如下定义：经营战略是企业为了适应未来环境的变化，寻求长期生存和稳定发展而制订的总体性和长远性的谋划和方略。具体地说，经营战略是在符合和保证实现企业使命条件下，在充分利用环境中存在的各种机会和创造新机会的基础上，确定企业同环境的关系，规定企业从事的业务范围、成长方向和竞争对策，合理调整企业结构和分配企业的全部资源。

根据经营战略的概念，我们可以看出经营战略具有以下特征。

1. 全局性

经营战略的全局性是指经营战略以企业的全局为研究对象来确定企业的总目标、规定企业的总行动、追求企业的总效果。即经营战略的重点不是研究企业的某些局部性质的问题，而是将重点放在企业的整体发展上。

2. 长远性

经营战略的长远性是指经营战略的着眼点是企业的未来，是为了谋求企业的未来发展和长远利益，而不是为了求得眼前的利益。有时，为了谋求企业的长远利益甚至需要牺牲眼前的利益。

3. 纲领性

经营战略的纲领性是指经营战略所确定的战略目标和发展方向是一种原则性和概括性的规定，是对企业未来的一种粗线条的设计。经营战略对企业未来成功地进行总体谋划，而不纠缠现实的细枝末节。要将它变成企业的实际行动，需要经过一系列的展开、分析和具体化的过程。

4. 抗争性

经营战略是关于企业在激烈的竞争中如何与竞争对手抗衡的行动方案，同时也是迎接来自各方面的挑战的行动方案。它与那些不考虑竞争、挑战而单纯为了改善企业现状、增加经济效益、提高管理水平等为目标的行动方案不同。企业制定竞争战略的目的，就是要在优胜劣汰的市场竞争中战胜对手，赢得竞争优势、赢得市场和顾客，使自己立于不败之地。

5. 风险性

经营战略是为企业未来所作的总体规划，而未来具有不确定性，因而战略必然带有一定的风险性。经营战略的风险性特征要求战略决策者必须敢于承担风险，同时也要求决策者根据环境的变化及时地调整企业的经营战略，以便提高企业承担风险的能力。

（三）企业战略的目标与实质

企业战略是竞争的产物，也必然随着市场竞争的发展而不断更新、丰富其内涵，因此很难下一个严格、不变的定义。事实上，一般而言，试图对一个复杂的发展中的事物用少量的文字来下一个明确而严格的定义往往是徒劳无益的。显然，对于一个复杂的事物从不同的角度可以得到不同的"投影"，比较恰当的办法是对一个事物描述不同角度的"投影"，从而形成一个比较完整的概念。下面对企业战略列举一些国内外学者所作的"投影"。

（1）德国著名军事学家冯·克劳塞维茨在其名著《战争论》中指出：战略是为了达到战争目的而对战役的运用。战略应为整个军事行动规定一个适应战争目的的目标。

（2）哈佛商学院企业战略教授波特认为："战略是公司为之奋斗的一些目标与公司为达到目标而要求的途径（政策）的结合物"。

（3）BCG公司奠基人布鲁斯·亨德森认为："任何想要长期生存的竞争者必须通过差异化而形成压倒所有其他竞争者的独特优势。努力维持这种差异化，正是企业长期战略的精髓所在。"

（4）日本著名战略学者大前研一认为："通向成功的最有效的捷径看来是较早地把主要资源集中到一个具有战略影响的功能中，迅速跃入第一流的企业，然后利用这种较早的第一流的地位所产生的利润加强其他功能。"并认为这就是企业制定战略的真谛。

（5）中国人民大学徐二明教授认为："战略是为实现企业目标而进行的总体性的深远规划及其实施。"

（6）汤姆森教授在《战略管理》一书中指出："公司战略是公司管理层所制定的策略规划，其目的在于确立公司在其市场领域中的位置，成功地同其对手进行竞争，满足顾客的要求，获得卓越的公司业绩。"

上面六位专家从目标、内涵等方面对企业战略作了描述。但是比较明快的表述也许是著名管理学家杜拉克的观点，他认为企业管理与企业战略有三个核心问题，这三个问题是：

①你的业务（产品或服务）是什么——产品定位；

②谁是你的客户——市场定位；

③客户认知的价值到底是什么——价值定位（功能—成本优势）。

而企业战略专家、哈佛商学院教授波特则从企业战略产生依据的角度指出企业战略的核心问题应是在产品竞争中考虑的，也就是在该产品的需求与供应环境中考虑的。

综合上述意见，不妨认为企业战略就是对本企业所属的产业竞争环境进行审慎研究后，作出的对企业的产品定位、市场定位与价值定位的总体决策与完整的实施计划，从而为公司赢得超常的投资效益。

（四）战略管理

战略管理过程包括战略规划和战略实施两个阶段。

1. 战略规划阶段

战略规划阶段的工作是拟定多种可行的战略方案和选择满意的战略决策方案。具体包括以下几项决策。

（1）明确企业的使命。企业的使命是指公司的目的、责任及其发展方向。它是在对企业所处的战略环境进行全面深入分析的基础上确定的，反映了战略决策者的思想和价值观，是企业确定战略目标的前提，也是选择战略方案的根据和分配资源的基础。它为企业指明了今后较长一段时期内经营发展的方向。企业使命一般包括两个方面的内容，即：经营哲学和企业宗旨。经营哲学是指企业为其经营活动方式所确立的价值观、经营理念和行为准则。企业宗旨是指规定企业去执行或打算执行的活动，以及企业现在的或期望成为的类型的规定。明确企业的宗旨是非常关键的，没有明确的宗旨，要制定出清晰的目标和战略实际上是不可能的。

（2）制定战略方针。战略方针是指企业为贯彻战略思想和实现战略目标、战略重点所确定的企业经营活动中应遵循的基本准则。战略方针有助于确保企业中的各个组成部分按相同的基本准则来行动，也有助于各组成部分之间的协调和信息的沟通。

（3）建立战略目标。战略目标包括长期目标和短期目标，是指在战略方针的指导下，根据对企业的外部环境、自身实力的分析和研究而确定的企业在一定的战略时期内应该达到的总体水平，即将公司的宗旨具体化为公司的长期目标和短期目标。

（4）战略选择。战略选择是指为选择某一特定战略方案所做出的决策，即从多种可行方案中选择用以实现组织目标的战略。可供企业选择的战略方案有很多种，这些方案可以是企业目前战略的延续，也可能完全改变了企业的发展方向。企业要根据自身的情况，对可供选择的战略的数量、类型和特点进行充分地分析，从而选择适合自己的战略。

2. 战略实施阶段

战略实施阶段的工作是将战略决策方案具体化，然后发动全体员工付诸执行，并在执行中加以控制。具体来说，包括以下三个方面的工作。

（1）建立组织结构，即根据战略规划的要求建立组织结构。建立组织结构是制定适当的职权职责关系和组织结构，从而保证企业战略和计划的实施。

（2）通过控制来管理组织活动，即通过有效的管理确保实现战略的必要活动的有效进行。战略控制是战略实施过程中必不可少的条件，没有控制战略就不可能协调、有效地管理组织活动。当然，战略控制也离不开组织的保证。

（3）监控战略在实现企业目标中的作用，即通过监督控制工作确保战略在实现目标中的有效性。在战略实施过程中，通过衡量和控制来确保公司经营战略能使公司达到目标。

二、企业经营战略的层次结构

（一）企业经营战略的四个组成部分

一般来讲，一个完整的企业经营战略是由战略思想、战略目标、战略重点、战略部署这四个部分组成的。

1. 战略思想——灵魂

战略思想是整个战略与管理的指导思想与准则。要形成一个正确的战略思想，首先要有敏感的、超前的意识，或者说是战略性的设想（Idea）。但单有这个意识或设想是不够的，还必须进行周密的分析，以验证战略设想，并使之系统化、科学化。为此要进行下述三个阶段的工作：

（1）态势分析。包括：宏观分析（经济环境分析，技术趋势预测等），微观分析（市场需求状况，竞争对手状况等），自身分析（本企业的优势与劣势分析）。

（2）方针确定。确定总体方针是进攻战略、防御战略、撤退战略，还是有进有退战略。

（3）战略方向确定。战略本质上总是主动的，即便是全线撤退也必然是为了今后某一时间在某一方向的进攻，因此必须确定当前或今后"进攻"的主导方向。

2. 战略目标——核心

单纯有一个正确的战略思想是不足以具体指导整个企业的经营活动的，为此，必须把战略思想演化为具体的可操作的战略目标。在战略目标中必须十分明确地阐述三个问题：

（1）企业定位——做什么；

（2）发展目标——达到什么目标；

（3）时间进程——什么时间完成。

对战略目标我们要求正确，但特别是要求明确。大量的调研表明，企业在战略上的失误，20%在于战略的不正确，但80%的错误是由于战略的不明确，为此在战略制定中有一种提法是KISS——"Keep It Simple，Stupid"。

3. 战略重点——关键

有了战略思想，并有了正确且明确的战略目标，下一步就是要确定关键的、全局性的"进攻策略"与"重点战役"。具体来说要确定以下内容。

（1）正确的产品组合战略——用什么产品去竞争。如运输公司是用空运货代、海运货代、陆上运输、仓储这样单个的服务，还是空海联运、海陆空联运或者集约化物流，作为主要产品进入市场。

（2）市场竞争战略——战线拉多长。

（3）技术创新战略——进攻方式，这里又有四种策略可供选择：

①抢先战略——第一名（国际第一，国内第一）；

②紧随战略——紧跟国际，紧跟国内；

③模仿战略——再慢一步；

④市场服务策略——产品不新但用加强售中、售后服务来取胜。

4. 战略部署——保证

任何战略行动都是要有周密的、切实可行的资源配置和思想动员来保证的，否则都是一纸空文。为此在完成了上述三步后就要进入一个仔细计算、全面筹划与协调平衡的战略部署阶段。简单讲就是必须有硬、软两方面的周密部署，即：

（1）战略资源配置，资金、设备、人力资源的支撑体系与计划；

（2）战略文本编制；

（3）战略动员。

（二）企业经营战略的层次结构

一个企业的经营战略往往都不是单一的战略，而是由多个战略构成的战略体系。经营战略一般由三个层次的经营战略构成，即：总体战略、经营领域战略和职能战略。

1. 总体战略（公司战略）

总体战略是指导企业在今后若干年的总体发展、统率全局的综合性战略。它是在充分考虑资源能力和协同作用的条件下，解决企业应在哪些经营领域里从事生产经营活动的问题。总体战略的制定，实际上是对经营领域结构的优化，即对在战略期中发展或收缩，进入或退出哪些经营领域并进行资源配置的决策和行动的总称，它是企业各个经营领域战略和各职能战略的依据。根据企业在同行业中所处的地位和基础水平不同，一般将总体战略分为发展型战略、稳定型战略和紧缩型战略。

2. 经营领域战略（事业部或分公司战略）

经营领域战略是指企业在某一行业或某一细分行业内确定其市场地位和发展态势的战略。经营领域战略与总体战略的关系是：某一经营领域的战略服从于总体战略，而总体战略的制定又要以经营战略为依据。

3. 职能战略

职能战略是在总体战略和经营领域战略的指导下，针对企业各职能部门、各专业工作的重大问题所制定的谋划和方略。它是总体战略和经营领域战略的具体实施战略，并结合研究开发、生产、财务、营销、人力资源、组织等专业职能的实施，使总体战略确定的战略目标和战略方针得以实现。

第二节 配送企业的环境分析

一、环境分析的意义

经营战略的环境是指在制定经营战略时要着重考虑的与企业经营有关的外部环境和内部条件的总和。经营战略环境分析的任务是通过外部环境分析明确企业将要面临的机会（Opportunity）和威胁（Threat），通过内部条件分析明确自身的优势（Strength）和劣势（Weakness），从而为制定能够发挥优势、克服或弥补劣势的经营战略及其实施提供依据。其中，外部环境主要包括宏观环境，如政治、经济、技术、社会等因素；行业状况，如行业结构、行业生命周期、竞争状况等因素。内部条件分析主要是针对影响配送企业实力的内部可控因素进行分析，如产品或服务、销售情况、人财物等资源。

一个正确的战略思想往往起源于一个正确的、超前的竞争设想（Idea）或者几个竞争设想的结合。这些设想显然不可能凭空产生，而是有水平、有经验的企业家对竞争态势的一种直觉的判断与反应。这种判断尽管是比较粗略的，但却是十分可贵与重要的，可以说这是管理者特别是高、中级管理人员的一个十分重要、十分可贵的素质。高级管理人员的一个很重要的素质就是鼓励市场营销、技术开发和战略经营单位的经理们提出各种新设想与判断，但更重要的是要善于集中大家的智慧形成一个超前的、有创新意识的设想与判断。但是单单有这种设想是不够的，必须对这种设想进行科学的检验，检验其正确与否、确切与否，还必须使之完善、细化，以成为一个科学的、严密的战略思想。

二、配送企业的宏观与中观环境分析

（一）宏观环境分析

宏观环境是指所有配送企业共有的一般环境条件，主要包括国内外的政治、经济、技术、社会和自然条件等环境因素。这些因素一般被称为间接环境，但这并不意味着它们对经营活动的影响较小。恰恰相反，由于宏观环境的变化性和不可控性，往往会给企业的经营活动带来重大的影响。当然，同样的宏观环境因素可能对于某一领域是机会，而对于另一领域来说就可能是威胁。

1. 政治或法律环境

政治或法律环境主要是指一个国家的政治形势、政治体制、法律法规和对外友好关系等，这些都会对企业的经营产生重大影响。

2. 经济环境

经济环境是指一个国家的经济制度、经济结构、产业布局、资源状况、经济发展水平以及未来的经济走势等，涉及国家、社会、市场及自然等多个领域，也是国家进行宏观调控、影响企业经营决策的重要环境。其中国民经济结构、经济发展水平、经济体制和经济政策是应重点分析的问题。

3. 技术环境

技术环境是指与配送企业的产品或服务有关的科学技术的现有水平、发展趋势和发展速度等。在现代化大生产中，科学技术是第一生产力，科学技术的发展变化对企业的经营活动产生巨大影响。当今，整个世界都处于新的技术革命时期，在信息技术、生物技术、新材料技术、新能源技术、空间技术和海洋开发技术等方面都有突破性进展。技术革命一方面给企业带来新的发展机遇，同时也使企业面临新的挑战。

4. 社会文化环境

社会文化环境是指一个国家的社会性质、人口状况、教育程度、社会风俗习惯、宗教信仰等。社会文化因素比较复杂，包含的内容很多，对企业有着多方面的影响，其中有些是直接的，有些是间接的。社会文化环境主要通过两个方面影响企业的经营：

（1）社会的价值观念规范着人们和组织的社会行为，从而影响企业的价值观念和企业文化，规范配送企业的经营行为；

（2）影响人们的消费结构和消费行为，从而影响企业的产品或服务，即市场战略和经营策略的选择。

5. 自然环境

自然环境是指一个国家的自然资源和生态环境。具体包括：自然资源拥有情况、气候、能源、自然灾害、生态平衡、环境保护等方面的状况。这些因素的变化同样会给企业提供新的市场或者生存的威胁。在这些环境因素中，自然资源储藏量以及一定时期的开发利用状况，是制约企业经营活动的重要因素。企业应学会充分利用现有的自然资源去开发新产品和市场。战略的制定必须考虑资源的可得性。

（二）配送企业的中观环境分析

配送企业的中观环境分析也可称为行业环境分析。企业所处的行业环境就是它的直接经营环境。行业环境主要从两个方面影响企业的经营活动：一是行业长期盈利能力及其影响因素决定了行业的吸引力，同时也决定该行业中企业的盈利能力。二是企业在行业中相对竞争地位影响了其战略选择及获利水平。因此，在进行行业环境分析时，可根据表 11 - 1 来进行，主要分析行业结构和竞争状况以及行业生命周期。

表 11 - 1 　　　　　　　　　　　行业环境分析

经济环境：是上升还是下降	经济周期进入上升期，加入 WTO 后将进一步推动景气
产业环境：是夕阳还是朝阳	对运输配送企业而言是朝阳产业，加入 WTO 与中国成为世界上最大的市场之一，将大大推动运输配送企业的发展
技术预测：本行业技术的重大变动	信息技术的广泛使用，制造业、连锁商业、跨国采购的发展将大大推动我国运输配送企业的转型，对物流集约化水平、信息技术水平的要求将迅速提高

1. 产业结构和竞争状况分析

可以用迈克尔·波特的"五方力量图"来分析行业结构和竞争状况。波特教授认为形成竞争战略的实质就是将一个企业与其环境建立联系。尽管相关环境的范围广阔，包含着社会的、也包含着经济的因素，但企业的环境最关键部分就是企业投入竞争的一个或几个产业。产业结构强烈地影响着竞争规则的确立以及潜在的可供企业选择的战略。产业外部力量主要在相对意义上有显著作用，因为外部作用力通常影响着产业内部的所有企业。波特认为，一个行业的吸引力是决定企业盈利能力的首要和根本的因素，而任何企业的盈利能力是由五种竞争作用力决定的，即潜在进入者的威胁、替代品的威胁、卖方的讨价还价能力、供应商的讨价还价能力以及现存竞争对手之间的竞争。为此，他提出了著名的五要素产业结构分析理论。

一个行业内部竞争激烈，既不是偶然的巧合，也不应归咎于"坏运气"。相反，行业内部的竞争根植于其基础经济结构，并且远远超越了现有竞争者的行为范围。一个行业内部的竞争状态取决于五种基本竞争作用力，这五种基本力量决定了行业的竞争结构，如图 11 - 1 所示。这些作用力汇集起来决定着该产业的最终利润潜力。因此，企业在进行战略分析时，应把重点放在产业结构分析上。

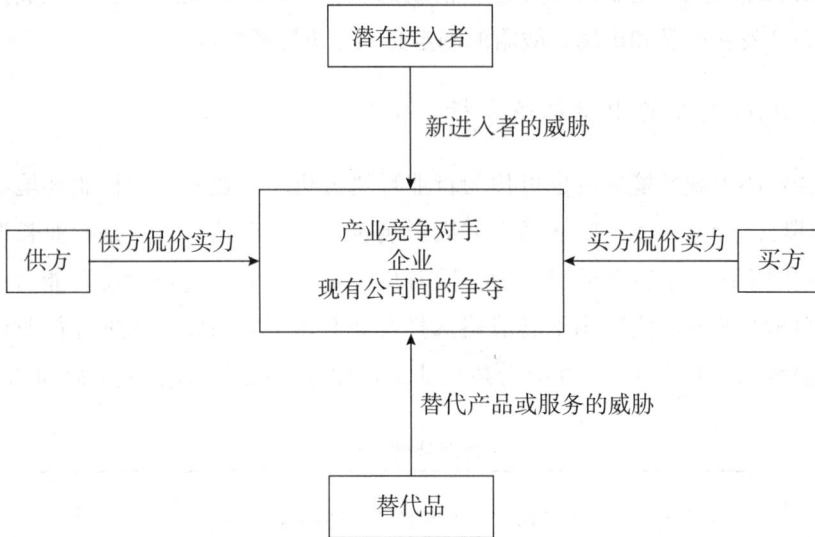

图 11 - 1　驱动产业竞争的力量

这五种基本竞争力量的现状、消长趋势及其综合强度，决定了行业竞争的激烈程度和行业的获利能力。但是，这五种力量的综合作用力随行业的不同而不同，随行业的发展而变化，结果表现为所有行业从其内在盈利能力来看并不一致。

一个企业的竞争战略目标在于使企业在行业内部处于最佳定位，保卫自己，抗击五种竞争作用力，或根据自己的意愿来影响着五种竞争作用力。

五种竞争作用力（Competitive Force）——进入威胁、替代威胁、买方砍价能力、供方砍价能力、现有竞争对手的竞争，反映出的事实是：一个产品的竞争大大超越了现有参与者的范围。顾客、供应商、替代品、潜在进入者均为该行业的"竞争对手"，并且依具体情况会或多或少地显露出其重要性。这种广义的竞争可称为拓展竞争（Extended Rivalry）。下面对五种竞争力作以简要分析。

（1）进入威胁。加入一个行业的新对手将引进新的业务能力，带有获取市场份额的欲望，同时也常常带来可观的资源。结果价格可能被压低或导致守成者的成本上升，利润率下降。对一个行业来讲，进入威胁的大小很大程度上取决于呈现的进入壁垒。一般来说，下述六种壁垒源是主要的，即规模经济、产品歧异、资本需求、转换成本、分销渠道的获得、与规模无关的成本劣势。

（2）现有竞争对手间争夺的激烈程度。现有竞争对手以人们熟悉的方式争夺地位，战术应用通常是价格竞争、广告战、新服务引进、增加顾客服务及质量优势。

　　某些竞争形式如价格竞争是极不稳定的，并且从利润的角度看，很可能导致整个行业受损。一方面，竞争很容易并很快就导致价格的削减，这种情况一旦发生，所有企业的收入都减少。另一方面，广告战却可能很好地扩大需求或提高产品歧异水平从而使行业中所有企业受益。某些行业中的竞争是用这样一些词描绘的："像战争一样""痛苦的""残忍的"，而在另一些行业却用"礼让的""温文尔雅的"等词汇描绘。从总体看，激烈的竞争往往导致利润率的下降。因此，在决定战略特别是进入或退出、扩张或缩减时，对行业的竞争激烈程度要有一个正确的分析和预测。

　　（3）替代产品压力。广义地看，一个行业的所有企业都与生产替代服务或产品的行业竞争。替代品设置了行业中企业可谋取利润的定价上限，从而限制了一个行业的潜在受益。替代品所提供的价格、性能选择机会越有吸引力、行业利润的"上盖"压得就越紧。第三方物流服务的一个很奇特的替代产品就是客户企业由外包而转为自己干。由此，设立了物流服务价格的上限，配送企业要取得高利润，就必须通过集约化提高效率，降低成本，以显示专业化服务企业的优势。

　　（4）买方砍价实力。与上面提到的相同，在物流的服务上买方的砍价实力取决于自营的可能性、该行业竞争的激烈程度及自身面临的竞争压力，如许多物流客户自身面临着降低价格的巨大压力，他们在砍价时往往出乎意料的强硬。

　　（5）供方砍价实力。供方实力的强弱是与买方实力相互消长的。具备下述特点的供方集团将更强有力：供方行业由几个企业支配，且其集中化的程度比买方行业高。供应商在向较为零散的买主销售产品或服务时，往往能够在价格、质量及交货期上施加相当影响。

　　2. 行业的生命周期分析

　　行业的生命周期是指从行业出现直到行业完全退出社会经济活动所经历的时间。行业生命周期由幼稚期、成长期、成熟期、衰退期四个发展阶段构成，如图 11 - 2 所示。

　　行业的生命周期是由社会对该行业的产品需求情况决定的。因为行业随着社会某种需求的产生而产生，又随着社会的这种需求的发展而发展，最后，当这种需求消失时，整个行业就随之消失。由于不同行业阶段所具有的不同特点，对于企业经营战略的选择和实施有重大影响。因此，正确识别运输配送企业所处行业的发展阶段非常重要。在识别一个行业处于哪个阶段时，主要的衡量指标有：市场增长率、需求增长率、产品品种、竞争者数量，以及进入和退出壁垒、技术创新和用户购买行为等。

　　研究行业生命周期的目的是确定行业所处的发展阶段，可以对行业的现状和前景有基本的了解。然后，根据行业在该阶段的特点决定适合企业发展的总体战略。

三、配送企业的微观环境分析

　　微观环境分析也可称为内部条件分析，包括微观分析和自身分析两方面。

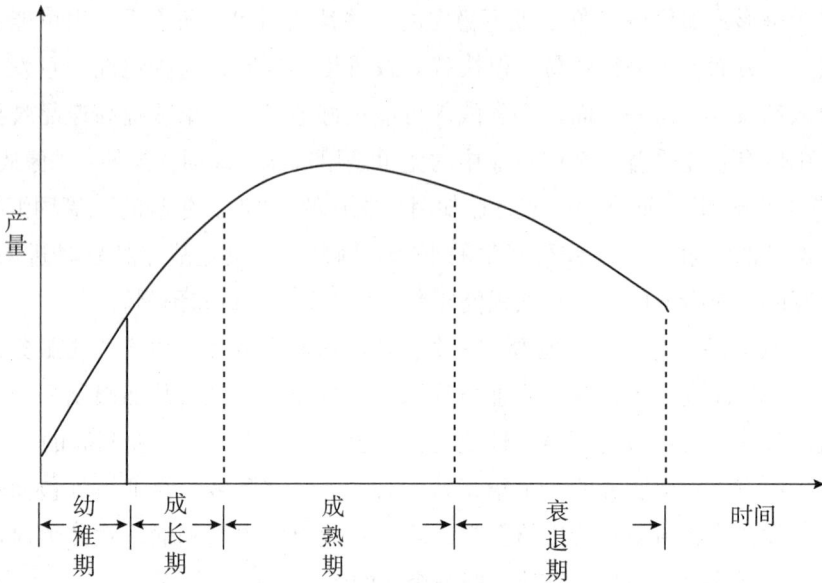

图 11 -2 行业生命周期曲线

（一）微观分析——行业的需求与供给分析

配送企业内部条件分析的目的，是评估企业自身所拥有的资源和能力，分析资源和能力的变化趋势，从而把握自身的优势和劣势，这对企业正确制定经营战略非常关键。企业的内部条件是由若干要素组成的，这些要素都以各自不同的方式影响着企业的实力。我们可根据表 11 -2 进行供给和需求两方面分析，具体要从以下四个重要方面进行分析，即：配送企业的经济效益分析、产品实力分析、竞争优势分析、内部管理分析。

表 11 -2 供给和需求分析

需求：数量上是上升还是下降，上升速度多快	上升而且是快速上升，今后每年增长速度在 10% 以上，集约化物流年增长速度在 25% 以上
在质量上有何新变化	由于大型制造业、连锁商业与跨国采购的高速增长，集约化、一站式的服务将逐步取代粗放的单功能服务
供给——竞争对手情况	①民营配送企业大量出现，少数已完成资本积累，而进入高速扩张期；②国外配送企业进入中国的步伐正在加快；③目前，就国内公司而言，不管是大公司还是小公司，对集约化物流还缺乏经验，但是在配送、仓储、运输等集约化程度较低、服务要求较低的业务上，却形成了"一窝蜂而上"的无序竞争，由此导致利润率的持续下降，且有愈演愈烈之势

1. 配送企业的经济效益分析

经济效益水平是衡量企业实力的重要指标。经济效益分析主要从配送企业的获利能力和资金周转状况两方面来分析。

（1）企业获利能力：评价企业获利能力的财务指标有资产报酬率、所有者权益报酬率、销售利税率、成本费用利润率等。

（2）资金周转状况：资金周转状况反映了资金使用的效率及有效性，因此，可以反映配送企业的经营状况及管理水平。常用的指标有：存货周转率、应收账款周转率、流动资产周转率、固定资产周转率、总资产周转率等。

2. 产品实力分析

产品实力分析可以从以下几个方面进行，即：产品的质量分析、产品的品种分析、产品成本与价格分析、产品的销售与服务分析、产品技术水平分析、产品及企业形象分析、产品获利能力分析等。

3. 竞争优势分析

竞争优势分析的目的是要发现配送企业自身的优势，培养优势，并且充分发挥优势。不同的企业由于处于不同的行业和不同的竞争环境，因此需要建立和突出的竞争优势也不同。企业应根据环境的特点和自身的特点，建立不同类型的竞争优势。常见的竞争优势有：技术优势、成本优势、资源优势和品牌优势等。

4. 内部管理分析

企业内部管理分析主要是分别针对管理的五大职能，即：计划、组织、人员配备、指导与领导、控制。

（二）自身分析——SWOT 分析

1. 优势（Strong Points）

要分析自身在设备、设施、信息技术、市场占有率与营销网络、资金、人力资源、与供方关系等方面的优势，而且必须指出这种分析应该是一个详尽的比较分析，即要与各个主要竞争对手做比较，可能的话，应该是定量比较。

2. 弱点（Weakness）

同样的也要在上述各个方面与竞争对手做详尽比较，要分析弱势点对竞争能力的危害以及可能的补救措施。

3. 机会（Opportunities）

要与上述宏观与微观分析相衔接，着重分析需求与供应之间的缺口（Gap）。因为正是这种现实的或者潜在的缺口才是企业的生存与发展的机会。这种缺口的分析应该分门别类，在量与质上面都进行，从而为配送企业的市场定位打下基础。

4. 威胁（Threaten）

主要是分析现实竞争者、潜在竞争者的竞争能力与主攻方向，从物流行业看，既要看到现有物流企业的竞争，更要看到承运人以至大客户从企业物流而转化出新的独立的物流企业的可能性。当然也还要分析市场总体需求在质上的变化对配送企业所产生的新的要求及不适应可能产生的后果。

第三节　配送企业的战略选择与实施

一、配送企业战略的类型及选择

各个配送企业在行业竞争中，为了生存、发展、获得超常的投资收益，根据企业各自的具体情况与行业环境，采用不同的发展战略，进一步说，对于每个特定的企业，其最佳战略也就必然反映企业所处的独特态势。但从总体上看，可以归纳出三种具有内部一致性的基本战略（既可分别使用也可结合使用），为企业长期发展建立进退有据的地位，从而在行业中胜过竞争对手。这三种基本战略是：总成本领先战略（Overall Cost Leadership）、标新立异战略（Differentiation）、目标集聚战略（Focus）。

1. 总成本领先战略

总成本领先战略的核心是通过采用一系列对本战略的具体政策，以求在行业中赢得总成本领先。成本领先战略要求建立起达到经济规模的生产设施，在经验积累的基础上全力以赴降低成本，抓紧成本与管理费用的控制，以及最大限度地减少研究开发、服务、推销、广告等方面的成本费用。尽管质量、服务以及其他方面也不容忽视，但贯穿于整个战略中的主体是使成本低于竞争对手。

处于低成本地位的企业可以获得高于行业平均水平的收益。其成本优势可以使企业在与竞争对手的争斗中受到保护，因为它的低成本意味着当别的企业在竞争过程中已失去利润时，这个企业仍然可以获得利润。低成本地位也有利于企业在强大的买方威胁中保卫自己，因为买方企业的压力最多只能将价格压到效率居于其次的竞争对手的水平。低成本也构成对强大供方威胁的防卫，因为低成本在对付卖方产品（服务）涨价中具有较高的灵活性。导致低成本地位的诸因素通常也以规模经济或低成本优势的形式建立起进入壁垒，最后，低成本地位通常使企业与替代品竞争时所处的地位比行业中其他竞争者有利。

赢得总成本最低的地位通常要求具备较高的相对市场份额或其他优势，诸如良好的供方或原材料供应等。对配送企业而言，可能要求一个覆盖面较宽、效率较高、弹性较大的公共服务平台，保持一个较宽的相关产品系列以分散成本，以及为建立起批量而对所有主要客户群进行服务。由此，实行低成本战略就可能要有很高的购买先进设备的前期投资、激进的定价和承受初始亏损，以取得高的市场份额。而高市场份额又可进而获得采购的经济性而使成本进一步降低。一旦赢得了成本领先地位，所获得的较高的利润又可对新设备、新设施和现代化信息系统进行再投资以维护成本上的领先地位。这种再投资往往是保持低成本地位的先决条件。实行这种战略的配送企业必须努力处理好这个良性循环，而不能落入被动状态。

2. 标新立异战略（歧异战略）

第二种战略是将企业提供的产品或服务标新立异，形成一些在全行业范围中具有独特性的东西。实施歧异战略可以有许多方式：设计品牌形象（如 Fedex、UPS）、技术特点、外观特点、经销网络及其他方面的独特性。最理想的情况是使企业在几个方面都标新立异。应当强调，这个战略并不意味着企业可以忽略成本，但此时成本不是企业的首要战略目标。如果标新立异战略可以实现，它就成为在行业中赢得超常收益的可行战略。标新立异战略利用客户对品牌的忠诚以及由此产生对价格的敏感性下降使企业得以避开竞争。它也可使利润增加却不必追求低成本。客户的忠诚以及某一竞争对手要战胜这种独特性需付出的努力就构成了进入壁垒。

实施这个战略有时会与争取获得更大的市场份额相矛盾。它往往要求企业对于这一战略的排他性有思想准备，即这一战略与提高市场份额两者往往不可兼顾。较为普遍的情况是，提供标新立异战略的服务往往成本高昂，如广告的研究、产品设计、高质量的材料或周密的顾客服务等，因而实现产品歧异将意味着以成本地位为代价。但是，即便全行业范围内的顾客都了解企业的独特优点，也并不是所有顾客都愿意或有能力支付企业所要求的较高价格。

3. 目标集聚战略

最后一类基本战略是主攻某个特定的顾客群、某产品系列的一个细分区段或某一个地区市场。集聚战略的核心是围绕着很好地为某一特定目标服务这一中心建立的。这一战略的前提是：企业能够以更高的效率、更好的效果为某一狭窄的战略对象服务，从而超过在更广阔范围内的竞争对手。结果是，企业或者通过较好满足特定对象的需要实现了标新立异，或者在为这一对象服务时实现了低成本，或者二者兼得。尽管从整个市场的角度看，集中战略未能取得低成本或歧异优势，但它的确在其狭窄的市场目标中获得了一种或两种优势地位。三种战略之间的区别如表 11 - 3 所示。

表 11－3 三种基本战略

战略优势		顾客察觉的独特性	低成本地位
战略目标	全产业范围	标新立异	总成本领先
	特定细分市场	目标集聚	

4. 三种基本战略的比较

成功地实施上述三种基本战略需要不同的资源和技能。基本战略也意味着在组织安排、控制程序和创新体制上的差异。现将三种基本战略在这些方面的含义列举如下（见表 11－4）。

表 11－4 三种基本战略的比较

基本战略	通常需要的基本技能和资源	基本组织要求
总成本领先战略	持续的基本投资和良好的融资能力； 设备设施的先进性； 对工人严格监督； 所设计的服务易于被用户接受； 低成本的分销系统	结构分明的组织和责任； 以满足严格的定量目标为基础的激励； 严格的成本控制
标新立异战略	强大的生产营销能力； 满足严格的定量目标； 对创造性的鉴别能力； 很强的基础研究能力； 在质量或技术上领先的公司声誉； 在产业中有悠久的传统或具有从其他业务中得到的独特技能组合； 得到销售渠道的高度合作	在研究与开发、产品开发和市场营销部门之间的密切合作； 重视主观评价和激励而不是定量指标； 有轻松愉快的气氛，以吸引高技能工人、科学家和创造性人才
目标集聚战略	针对具体战略目标，由上述各项组合构成	针对具体战略目标，由上述各项组合构成

5. 基本企业战略的其他表述形式

美国学者 Michael Treacy 教授在其企业战略专著中，指出企业战略有以下三种基本形式。

（1）产品领先（Product Leader），并以 Sony 作为其样本。Sony 产品总是在技术与质量上处于世界领先地位，尽管其价格较贵但以其品牌赢得了良好的市场份额与利润，从而有资金投入新的一轮的 R/D 以确保技术领先。

（2）操作优异（Operation Excellence），并以 Fedex 为样本。由于其巨大的规模，网络与较先进的设施，它可以较低的价格提供全球范围的优质服务。

（3）顾客亲和（Customer Intimacy），企业由于受制于技术水平和经济规模，不可能在全行业大范围展开有利竞争，转而对特定领域、特定顾客提供优质服务，以在其特定细分市场上获取优势。Michael Treacy 以 Airborne 为例说明了这个战略。

归纳上述意见，可以说任何企业战略都应该是主动的、积极的、进攻的，总是追求在某一方面的领先以确保主动地位。而这领先无非是三种，即技术领先（标新立异战略、产品领先战略）、经济规模领先（低成本战略、操作优良战略）、对特定客户的服务领先（目标集聚、顾客亲和）。世界上没有追求被动、追求落伍的战略，只有寻求领先的战略，问题是要审时度势从自身资源出发确定合适的、明确的领先战略。

二、配送企业战略的实施

众所周知，无法实施的战略只能是没有实际意义的"纸上谈兵"。但是，即使是一个适当的战略，若未能得到有效的实施，也将会导致战略的失败。因此，从某种意义上说，战略的实施比制定更困难。美国一位学者对 93 位企业总经理和事业部总经理的调查表明，一半以上的被调查者认为其战略实施遇到以下 10 个问题：①战略实施所需要的时间比最初计划的时间要多；②发生一些未预料到的重大问题；③未能有效地协调各种经营活动；④出现的危机分散了对战略实施的注意力；⑤工作人员执行战略的能力不足；⑥无法控制的外部环境因素发生变化；⑦部门经理人员的领导和指挥不适当；⑧对基层人员未进行适当的培训和指导；⑨没有明确主要的实施任务和实施活动；⑩企业信息系统未能适当地进行监控活动。

因此，为提高配送企业战略实施的有效性，以卓越的战略实施来获得战略的成功，就必须建立完善的信息支持系统；建立完善的组织支持系统；建立完善的文化支持系统。

（一）信息支持系统

配送企业战略的实施过程，同时也是一个信息收集、处理的过程。充分的、准确的和及时的信息资源，正是科学地进行战略管理的基础。如果信息资源的提供发生了重大缺陷，正所谓"盲人骑瞎马"，这样的战略管理是注定要失败的。

因此，每一个配送企业，要想成功地进行经营管理，特别是要想成功地进行战略管理，就必须建立健全自身的战略管理信息支持系统。

1. 信息支持系统的功能

在配送企业战略管理中，从战略分析直至战略实施，每一环节都与信息支持系统密切相关，因此，信息支持系统必须具有以下功能。

（1）扫描功能。要制定企业战略，进行战略分析，就要求信息支持系统对配送企业周围的环境（包括宏观和微观环境）进行扫描，取得有关的重要信息，为战略实施提供广泛而可靠的数据和资料。

（2）分析功能。通过扫描取得信息后，哪些信息是可用信息，哪些信息适用于哪个层次的需要，均是信息支持系统要完成的工作，即对所收集的信息进行分析和加工。

（3）综合存储功能。在分析的基础上，对信息进行综合利用，并储存起来，即信息支持系统的综合存储功能。

（4）论证功能。战略实施的方案很多，哪个方案能被选中，在很大程度上取决于人们对信息的占有和评价。若信息支持系统对其中某方案提供的信息越详细，说服力越大，则其论证功能越显著，方案的利弊展开也就越充分。

（5）反馈功能。无论战略实施的情况如何，信息支持系统均会将战略实施状况反馈给运输配送企业的高层管理人员，以便于其对战略及战略实施做出正确的判断和评价，并及时做出各种调整。

2. 信息支持系统的建立原则

要建立具有上述功能的信息支持系统，并使信息收集、存储、加工处理的配合达到最佳效果，就要遵守以下原则。

（1）系统性原则。信息支持系统是配送企业战略管理的子系统，它应根据战略管理的需要而建立。信息的种类、规格，信息的流动方向、流动速度，信息量的大小均应与企业的全部战略管理活动联系起来，综合考虑。

（2）渐变原则。信息支持系统只能在原有基础上逐步调整和改变，如果操之过急，企图一步到位，极易造成战略管理的混乱。为此，应制订和实施分阶段建立健全信息支持系统的计划。

（3）初步信息最低化原则。所需各种信息必须保证及时有效提供，但是，过量信息也会造成不必要的干扰。为减少超过需要的信息干扰，必须压缩下级向上级传送的信息（即初步信息），使之保持在必要的最低限度上。

（4）通用性原则。信息支持系统提供的信息不仅应满足配送企业内部各个不同管理层次的不同需要，有些信息还应满足企业外部有关部门（如国家、社会、上级机关）的需要，保证信息的通用性。

此外，信息支持系统提供的信息可能会被重复使用，其储存、输入和输出能力均应认真考虑。

在遵循上述原则的基础上，兼顾经济能力，就可正式建立配送企业战略管理的信息支持系统了。

3. 信息支持系统的要素

为使信息支持系统的功能得到有效和充分的发挥，每个配送企业可根据自己的情况确定信息支持系统的结构，其要素主要有：

（1）扫描子系统。该子系统负责收集运输配送企业的内、外部信息，并输入处理子系统。

（2）处理子系统。该子系统负责接收和处理扫描子系统及反馈子系统提供的信息，对此进行加工分析，并输送到存储子系统。

（3）存储子系统。该子系统负责将处理子系统发送的信息储存起来，随时提供给其他需要信息的子系统。

（4）论证子系统。该子系统实质上是战略决策支持系统，它将所得到的信息加以论证，选择出可行的，甚至是令人满意的战略实施方案。

（5）反馈子系统。该子系统将配送企业战略实施过程中的信息反馈给处理子系统或直接反馈给其他各子系统，保证战略的实施过程完全处于监控状态。

4. 信息支持系统的运行

配送企业战略管理的信息支持系统的运行如图 11-3 所示。

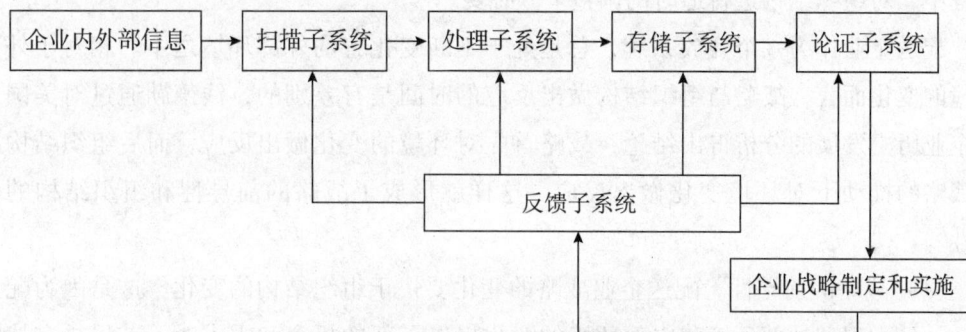

图 11-3 信息支持系统运行图

图 11-3 表明了信息在各子系统之间的流动及与配送企业的战略制定和实施的关系。

值得注意的是，人们在建立和完善信息支持系统时，不能只重视信息的收集、处理、存储等，还必须重视信息支持系统渠道的畅通，杜绝人为地歪曲信息、制造虚假信息和截留信息。

（二）配送企业组织支持系统

一个配送企业要有效地运营必须将战略与组织结构相联系。在战略管理中，有效地实施战略的另一个方面是，建立适宜的组织结构，以使其与战略相匹配。它们之间匹配的程度如何，将最终影响战略实施的效果与效率。

1. 组织结构的战略含义

配送企业的组织结构是实施战略的一项重要工具，一个好的企业战略需要通过与其相适应的组织结构去完成方能起作用。实践证明，一个不适时宜的组织结构必将对企业战略产生巨大的损害作用，它会使良好的战略设计变得无济于事。因此，企业组织结构是随着战略而定的，它必须按战略目标的变化及时调整。在战略运作中，采取何种组织结构，主要取决于企业决策者和执行者对组织战略结构含义的理解，取决于企业自身的条件和战略类型，也取决于对组织适应战略发展标准的认识。

美国学者钱德勒在 1962 年出版的《战略与结构：美国工业企业历史的篇章》一书中指出：战略与结构关系的基本原则是组织的结构要服从组织的战略，即企业战略决定着结构类型的变化。这一原则指出企业不能仅从现有的组织结构去考虑战略，而应从另一视角，即根据外在环境的变化去制定战略，然后再调整企业原有的组织结构。

2. 组织结构随战略调整的必要性

由于战略实施过程中存在战略的前导性与组织结构的滞后性，所以在战略实施的过程中，对组织结构进行适时的调整十分必要。

配送企业作为一个开放系统，总是处于不断变化着的外部环境之中。相对于外部环境的变化而言，战略与组织结构做出反应的时间是有差别的，钱德勒通过对美国工业企业历史发展的分析得出结论：战略首先对环境的变化做出反应，而后组织结构才在战略的推动下对环境变化做出反应。这样就形成了战略的前导性和组织结构的滞后性。

（1）战略的前导性。配送企业战略的变化要快于组织结构的变化。这是因为配送企业一旦意识到外部环境和内部环境的变化提供了新的机会和需求时，首先是在战略上做出反应，以此谋求经济效益的增长。例如，经济的繁荣与萧条、技术革新的发展都会刺激企业发展或减少现有的产品或服务。而当企业自身积累了大量的资源时，企业也会据此提出新的发展战略。当然，一个新的战略需要一个新的组织结构，至少在一定程度上需要调整原有的组织结构。如果组织结构不进行相应的变化，新战略也不会使企业获得更大的效益。

（2）组织结构的滞后性。组织结构的变化常常要慢于战略的改革。造成这种状况的原因有两个：一是新旧结构的交替有一定的时间过程。当新的环境出现后，配送企业首先考虑的是战略。新的战略制定出来后，配送企业才能根据新战略的要求来改组企业的组织结构。二是旧的组织结构都有一定的惯性，主要来自管理人员的抵制，因为他们对原有的组织结构已经熟悉、习惯，且运用自如。一方面，当新的战略制定出来后，他们常常仍沿用旧有的职权和沟通渠道去管理新的经营活动，总认为原来有效的组织结构不需要改变；另一方面，当管理人员感到组织结构的变化会威胁到他们个人的地位、权力和心理的安全感时，往往会以各种方式抵制必要的改革。

从战略的前导性和组织结构的滞后性可以看出，在环境变化、战略转变的过程中，总是有一个利用旧结构推行新战略的阶段，即交替时期。因此，当开始实施新战略时，要正确认识组织结构有一定反应滞后性的特性，在组织结构变革上不能操之过急，但又要尽量努力来缩短组织结构的滞后时间，使组织结构尽快变革。

3. 组织结构调整的原则和内容

（1）组织结构调整的原则。配送企业战略的重要特性之一便是它的适应性。它强调企业组织能运用已有的资源去适应组织外部环境和内在条件的变化。这种适应是一种极为复杂的动态调整过程，它要求配送企业一方面能加强内部管理，另一方面则能不断推出适应性的有效组织结构。因此，适应的特殊性决定了这种适应不是简单的线性运动，而是一个循环上升的过程，企业组织理论界人士将这个过程称之为适应循环。它明确地指明组织结构如何适应企业战略的原则。因此，适应循环原则是配送企业组织结构调整的根本原则。

（2）组织结构调整的内容。与配送企业战略相适应的组织结构工作包括三个内容。

①正确分析配送企业目前组织结构的优势和劣势，设计开发出能适应战略需求的组织结构模式。

②通过配送企业内部管理层次的划分，相应的责权利匹配和适当的管理方法与手段，确保战略的实现。

③为配送企业组织结构中的关键战略岗位选择最合适的人才，保证战略的顺利实施。

（3）组织结构调整的准备工作。为了帮助上述组织结构调整工作的有效开展，需做好以下几方面的前期准备工作。

①确保战略实施的关键活动。我们应从错综复杂的活动中，如制度建设、人员培训、市场开发等方面，去寻找对战略实施起重大作用的活动。

②把战略推行活动划分为若干单元。将配送企业整体战略划分为若干战略实施活动单元，这些单元实际上就组成了组织结构调整的基本框架，这样在客观上保证了配送企业战略居于各项工作的首要地位。

③将各战略实施活动单元的责权利明确化。企业战略管理者应全面权衡集权与分权的利弊，从而做出适当选择，给每个战略实施单元授予适度的决策权力，责成其指定符合配送企业战略的单元战略并负责贯彻执行。

④协调各战略实施活动单元的战略关系。这种协调包括：一是通过整个组织权力等级层次的方式来实现目的；二是在实施配送企业整体战略的过程中吸收各战略活动单元共同参加，让其在实施过程中相互了解，相互沟通，从而充分发挥和协调各方面

的作用。

在配送企业调整组织结构过程中，必然会对组织结构进行选择，而每一种组织结构都有其自身的长处与短处，在企业组织调整中，应综合考虑各种组织结构的特点，而不应局限于某一基本的组织形式。组织结构作为实现企业战略的手段，其本身无所谓好坏，关键在于如何适应战略。因此，配送企业应从实际出发，对自身的组织结构进行有效的调整，让其既能满足战略要求又非常简单可行，而不可盲目追求结构的膨胀和形式上的完美。

（4）组织结构适应战略发展的标准。配送企业战略的内容应充分考虑员工的行为特点，适用于指导和调动整个组织，这是组织结构适应战略的最本质内容。这种组织结构应有以下三个标准：产生共同远景；反映企业组织的前进趋势；具备催人奋进的精神张力。

4. 组织结构类型的选择

组织结构是战略实施的一种手段和措施。为了有效地实施战略，必须根据战略的特点和要求、环境、技术、企业规模等要素的特点来选择相应的组织结构类型。经过几十年的管理实践，人们已经总结设计出了若干个可行的组织结构类型。这些类型包括以职能为基础的、以产品或服务为基础的、以地理区域为基础的以及以其他内容为基础的结构等。

有关各种类型组织结构的特点以及所适应的战略条件如表 11－5 所示。

表 11－5　　　　　　　　　　各种组织形式的比较

比较项目 组织类型	性质	优点	缺点	适应性
职能组织结构	按组织的主要任务（如生产、营销、人事）设立部门	①专业人员参与； ②易于管理； ③职业技术最大限度专业化； ④其他部门有专业技术	各部门之间有较大的争论和摩擦	在稳定环境中的稳定企业
产品组织结构	按产品或服务设立部门	①简化职能间的协调； ②允许有控制地成长； ③允许对经营活动负有会计责任； ④部门目标明确，对部门管理有促进作用； ⑤决策结构较接近现实问题	①各部门重复需要相同的资源； ②降低职业技术的专业化程度； ③助长部门间竞争； ④不利于其发挥作用	有较宽生产线的正在成长的企业

比较项目 组织类型	性质	优点	缺点	适应性
地区组织 结构	按最终用户的地区设立部门	①简化职能间的协调； ②允许有控制地成长； ③允许对经营活动负有会计责任； ④部门目标明确，对部门管理有促进作用； ⑤决策结构较接近现实问题	①各部门重复需要相同的资源； ②降低职业技术的专业化程度； ③助长部门间竞争； ④不利于其发挥作用	有狭窄的生产线的成熟企业
矩阵组织 结构	①两个完整的同时发生、相互交叉的组织因素； ②双重报告责任	①信息流丰富； ②加强了控制； ③资源适应性增强； ④注意组织的平衡	①结构不稳定； ②冲突会产生或加剧	企业面对两个同样重要的因素，如产品多样化和职能知识的要求或产品多样化与地区知识的要求
市场导向 组织结构	按产品需求、购买行为、产品用途相似设立部门	①营销和生产有效性增强； ②有利于计划的制订	难以协调和控制	具有良好信息网络的市场导向型企业
混合组织 结构	按两个或两个以上同时执行的因素设立部门，如产品和地区、职能和产品、职能和地区。每个部门是局部完整的	①最大限度地注意到产品地区或职能的需要； ②在实行矩阵结构之前，是一种有用的过渡型结构； ③产品和地区混合结构有助于处理资本预算问题，允许转移价格； ④职能和产品混合结构，不管生产线如何，而使职能专业化； ⑤地区市场专业化	①难以协调和控制； ②部门间工作重复； ③不利于职能专业化； ④职能和产品混合结构没有考虑地区因素； ⑤职能和地区混合结构不强调产品因素	过渡型企业，或产品增长模型不同的企业

（三）完善的文化支持系统

1. 企业文化的概念

企业文化是企业为解决生存和发展的问题而树立形成的，被组织成员认为有效而共享，并共同遵循的基本信念和认知。企业文化集中体现了一个企业经营管理的核心主张，以及由此产生的组织行为。企业文化，或称组织文化（Corporate Culture，Organizational Culture），是一个组织由其价值观、信念、仪式、符号、处事方式等组成的其特有的文化形象。

2. 企业文化建设的步骤

（1）企业文化准备。真正的企业文化常常意味着企业本质层面的变动，不做好充分的准备无疑是拿企业的明天开玩笑。

（2）企业文化诊断。当今企业文化建设存在的最大问题就是根本不进行诊断或者不重视诊断，这一弊端使得企业文化一开始就缺乏真正的实证基础，后面也就只能是天马行空或人云亦云，这是企业文化被诟病为"空洞无用之物"的根源所在。

（3）企业文化战略性规划。当前企业文化规划的误区在于酷爱"口号"和包装"手册"，然而这些战术性的东西根本无助于改变企业的经营绩效或者竞争能力，企业文化背上"空洞无物"的黑锅正归因于此，只有对企业文化进行战略性规划才有可能真正地起到经营层面的影响。

（4）企业文化实施。企业文化其难度在于实施，实施的难度在于如何将价值观念传输到员工的心中，并不断强化而成行为方式。仅仅导入是不够的，还必须在企业的管理模式上加以调整使之能够对企业文化进行正强化。

企业文化建设的误区：企业文化的内容容易流于空洞，企业文化的提出容易流于随意，企业文化的贯彻容易流于形式。

企业文化建设中的两种倾向：一种是自然主义倾向，认为企业文化、企业理念是在企业长期生产经营活动中自然形成的，企业没有办法、也不应该进行人为的设计；另一种是主观主义倾向，认为企业文化、企业理念就是人为的设计。前者使企业文化建设出现"无为"现象，一切任其自然发展，企业缺乏明确的理念指导；后者则导致企业建设搞"突击"，企业可以一夜之间设计出很响亮的理念、口号，也可以耗巨资印刷出很漂亮的企业文化手册。但这两种方法都有一种共同的结果，员工在心理上，企业在文化理念上都仍是空白。

3. 企业文化的评估

企业文化的核心是企业精神。成功的企业精神或口号，能产生积极的、具体的联想，而正是这种联想，具有强大的激励作用。

显然，文化是否被员工接受和认同，企业文化是否在对员工发挥作用，首先需要有很好的诊断。诊断的方法和原理是，把员工按一定的方式集中起来，按照企业文化的要素逐条分析，请员工说出具有代表性的人物或事件，根据人物或事件是正面的还是反面的，来确定企业在这一要素上的状态。

4. 企业文化的提炼

（1）企业文化首先要从历史中提炼。在企业十几年、甚至几十年的发展中一定会沉淀一些支撑员工思想的理念和精神。这些理念和精神包含在企业创业和发展的过程之中，隐藏在一些关键事件之中。把隐藏在这些事件中的精神和理念提炼出来并进行加工整理就会发现，真正支撑企业发展的深层次精神和理念究竟是什么。

（2）企业文化建设要从未来出发进行设计。对行业进行分析，对竞争对手进行分析，对自己的发展目标进行定位，找到现状与目标的差距。回答要想缩短差距、实现目标，企业必须具备什么精神，应该用什么理念指导自己的这些问题，按照这种要求设计出面向未来的文化理念。把从历史中提炼出来的文化理念和从未来出发设计的理念综合加工整理，就形成了企业的核心理念和体系。

5. 企业文化的强化

（1）对全体员工进行企业文化培训。培训的方式是先培训讲故事者，他可以是企业领导、故事的当事人也可以是宣传者或者专家。按照策划把故事中想表达的理念讲深刻、讲生动，使每一个员工都记住、理解，并主动向新员工讲解这些理念和故事。这些故事可以使企业文化变得具体化、人格化。

（2）树立和培养典型人物。提炼和设计出企业文化并进行宣传培训之后有一部分人能够直接认同并接受下来，而且能运用理念指导自己的具体行动，他们就是企业的骨干。这时，企业把这部分骨干树立为典型，充分利用其示范效应使理念形象化，从而使更多的人理解并认同理念。

（3）以企业文化理念与价值观为导向，制定管理制度。通过制度的强制性使员工发生符合企业理念与价值观的行为，在执行制度的过程中企业理念与价值观就会不断得到内化，最终变成员工自己的理念与价值观。

（四）战略实施模式选择

在配送企业的战略实施中，有五种模式可供选择。

1. 指挥型

在这种模式里，配送企业的管理人员运用严密的逻辑分析方法重点考虑战略制定问题。高层管理人员或者自己制定战略，或者指示战略计划人员去决定运输配送企业所要采取的战略行动。当管理人员采用指挥型模式时，一般采用份额增长矩阵和行业竞争分析作为分析手段，一旦制定出满意的战略，高层管理人员便让下层管理人员去执行战略，而自己并不介入战略实施的问题。

这种模式有个明显的缺陷，即它不利于调动配送企业员工的积极性。员工会因此感到自己在战略制定上没有发言权，处于一种被动执行的状态。不过，在稳定行业里的小型企业会有效地运用这种模式。在原有战略或常规战略变化的条件下，配送企业实施战略时不需要有较大的变化，结果会比较明显。

2. 变革型

变革型与指挥型模式相反，在变革型模式中配送企业的高层管理人员重点研究如何在企业内实施战略。他的角色是为有效地实施战略而设计适当的行政管理系统。为此，高层管理人员本人或在其他方面的帮助下，进行一系列变革，如建立新的组织结构、新的信息系统，合并经营范围，增加战略成功的机会。

变革型模式多是从企业行为角度出发考虑战略实施问题，可以实施较为困难的战略。但是，这种模式也有它的局限性，即只能使用于稳定行业中的小型企业。如果企业环境变化过快，企业来不及改变自己的内部状态，这种模式便发挥不出作用，同时，这种模式也是自上而下地实施战略，同样不利于调动员工的积极性。

3. 合作型

在这种模式里，负责制定战略的高层管理人员启发其他的管理人员运用头脑风暴法去考虑战略实施的问题。管理人员仍可充分发表自己的意见，提出各种不同的方案。这时，高层管理人员的角色是一个协调员，确保其他管理人员所提出的所有好的想法都能够得到充分的讨论和调查研究。例如，多年前，通用汽车公司组成过"经营小组"，小组的成员由不同职能的管理人员构成。这个小组的任务就是对可能出现的战略问题提出自己的看法。

合作型模式可以克服指挥型和变革型两种模式的不足之处。这是因为高层管理人员在做决策时，可以直接听取来自基层的管理人员的意见，并将他们的意见加以综合分析，保证决策时所使用的信息的准确性。在这个基础上，配送企业可以提高战略实施的有效性。

在实践中，对合作型的模式也有不同的看法。首先，在这种模式下决定的战略实施方案会过于四平八稳，缺乏由个人或计划人员提出的方案中所具有的那种创造性。其次，在战略实施方案的讨论过程中，可能会由于某些职能部门善于表述自己的意见，而导致战略实施方案带有一定的倾向性。再次，战略实施方案的讨论时间可能会过长，以致错过了运输配送企业面对的战略机会，不能对正在变化的环境迅速采取战略行动。最后，有的批评意见认为这种模式仍是由较高层的管理人员把持着集中式的控制，不会听到配送企业内所有的意见，因此，很难讲这是真正的集体决策。

4. 文化型

文化型模式扩大了合作型模式合作的范围，将配送企业基层的员工也包括进来。在这种模式里，负责战略制定与实施的高层管理人员首先提出自己对企业使命的看法，然后鼓励员工根据企业使命去设计自己的工作。在这里，高层管理人员的角色就是指引总的方向，而在战略执行上则放手让每个人做出自己的决策。

在这个模式里，战略实施的方法很多。有的配送企业采取类似日本企业的社训，有的利用厂歌，也有的通过规章制度和其他影响员工行为的方式来进行。所有这些方法最终要使管理人员和员工有共同的道德规范和价值观念。

可以看出，文化型模式打破了战略实施中存在的只想不做与只做不想之间的障碍，每一个员工都或多或少地涉及战略的制定与实施。这是前三个模式中所没有的。但是，这种模式也有它的局限性。它要求配送企业的员工有较高的素质，受过较好的教育，否则很难使企业的战略获得成功。同时，企业文化一旦形成自己的特色，又很难接受外界的新生事物。

5. 增长型

在这种模式里，为了使配送企业获得更快的增长，高层管理人员鼓励中下层管理人员制定与实施自己的战略。这种模式与其他模式的区别之处在于它不是自上而下地灌输配送企业的战略，而是自下而上地提出战略。这种战略集中了来自实践第一线的管理人员的经验和智慧，而高层管理人员只是在这些战略中做出自己的判断，并不将自己的意见强加在下级的身上。在大型的多种经营企业里，这种模式比较适用。因为在这些企业里，高层管理人员面对众多的事业部，不可能真正了解每个事业部所面临的战略问题和作业问题，不如放权给事业部，以保证成功地实施战略。

这种模式的优点是给中层管理人员一定的自主权，鼓励他们制定有效的战略并使他们有机会按照自己的计划实施战略。同时，由于中下层管理人员和员工有更直接面对战略的机会，可以及时地把握时机，自行调整并顺利执行战略。因此，这种模式适合变化较大的行业中的大型联合企业。

这五种战略实施模式的发展与管理的实践是分不开的。在企业界认为管理需要拥有绝对权威的情况下，指挥型模式是必要的。在为了有效地实施战略，需要调整配送企业的组织结构时，战略实施中便出现了变革型模式。合作型、文化型和增长型三种模式出现较晚。从这三种模式的思路中可以看出，战略实施与战略最初制定时一样，充满了各种问题。在实施的过程中，企业管理人员要调动各种积极因素，才能使战略获得成功。从原则上讲，每一种模式只适用一种特定的环境和条件。实际上，在战略实施过程中，这些模式往往是交叉或混合使用的。

本章小结

本章从阐述企业战略入手，介绍企业战略管理及企业经营战略的层次结构，同时介绍配送企业的宏观与中观、微观环境分析，最后介绍配送企业战略的类型、选择、实施等相关内容。通过本章学习，使学生掌握企业经营战略的概念和主要组成部分，理解配送企业的环境分析、战略选择及实施。

练习题

一、单项选择题

1. 配送企业的宏观环境不包括（　　　）。

A. 经济环境　　　B. 技术环境　　　C. 行业环境　　　D. 社会文化环境

2. 一个完整的企业经营战略是由战略思想、战略目标、战略重点和_____组成的。（　　　）

A. 战略方向　　　B. 战略部署　　　C. 战略实施　　　D. 战略动员

3. 在配送企业的战略模式选择中，_____是自下而上提出的战略。（　　　）

A. 增长型　　　B. 文化型　　　C. 合作型　　　D. 变革型

4. 在企业战略的规划阶段不包括（　　　）。

A. 明确企业使命　　　B. 建立战略目标　　　C. 建立组织结构　　　D. 制定战略方针

5. 物流配送企业在制定战略时，负责制定战略的高层管理人员启发其他管理人员运用头脑风暴法去考虑战略实施的问题。这种战略实施模式属于下列_____模式。（　　　）

A. 指挥型　　　B. 文化型　　　C. 增长型　　　D. 合作型

6. 被认为是企业经营战略核心的是（　　　）。

A. 战略思想　　　B. 战略目标　　　C. 战略重点　　　D. 战略部署

7. 五要素产业结构分析理论的提出者是（　　　）。

A. 钱德勒　　　B. 拉德纳　　　C. 迈克尔·波特　　　D. 麦克逊

8. 经营战略环境分析的任务是通过外部环境分析明确企业将要面临的_____和_____，通过内部条件分析明确自身的_____和_____，从而为制定经营战略和实施提供依据。（　　　）

A. 机会　威胁　优势　劣势　　　B. 优势　劣势　机会　威胁
C. 机会　优势　威胁　劣势　　　D. 优势　机会　劣势　威胁

9. 从企业内部和外部收集相关信息，确认企业的优势和劣势、外在机会和威胁，一般使用_____方法。（　　　）

A. 因素分析法　　　B. SWOT 分析法　　　C. 统计分析法　　　D. ABC 分析法

10. SWOT 分析不包括（　　　）。

A. 优势　　　B. 成本　　　C. 机会　　　D. 威胁

二、多项选择题

1. 配送企业使用矩阵组织结构时，其优点是（   ）。

A. 信息流丰富　　　　B. 加强了控制　　　　C. 结构稳定

D. 资源适应性增强　　E. 注意组织的平衡

2. 经营战略的特征是（   ）。

A. 全局性　　　B. 长远性　　　C. 纲领性　　　D. 抗争性　　　E. 风险性

3. SWOT 分析包括（   ）。

A. 优势　　　B. 资金　　　C. 弱点　　　D. 机会　　　E. 威胁

4. 在企业战略实施阶段，主要包括哪些工作？（   ）

A. 建立组织结构　　　　B. 建立战略目标　　　　C. 通过控制来管理组织活动

D. 监控战略在实现企业目标中的作用　　　　E. 策划新的战略

三、判断题

1. 可以用彼德·德鲁克的"五方力量图"来分析行业结构和竞争状况。（   ）

2. 被称为企业经营战略关键的是企业的战略思想。（   ）

3. 配送企业使用市场导向组织结构的缺点是难以协调和控制。（   ）

4. 职能战略是指企业在某一行业或某一细分行业内确定其市场地位和发展态势的战略。（   ）

5. 企业实施变革式战略模式有利于调动员工积极性。（   ）

6. 经营战略环境是指制定经营战略时要着重考虑的与企业经营有关的外部环境和内部条件的总和。（   ）

四、名词解释

1. 目标集聚战略

2. 总成本领先战略

3. 标新立异战略

4. 职能战略

5. 企业战略

6. 宏观环境

7. SWOT 分析

五、简答题

1. 配送企业的微观环境分析主要分析哪些方面？

2. 简述配送企业进行环境分析的意义。

3. 配送企业的微观分析（行业的需求与供给分析）具体从哪些方面进行？

4. 配送企业的宏观环境分析的具体内容包括哪些方面？

六、案例分析题

1. 1962 年，山姆·沃尔顿开设了第一家沃尔玛（Watmart）商店。迄今沃尔玛商店已成为世界第一大百货商店。按照美国《福布斯》杂志的估算，1989 年山姆·沃尔顿家族的财产已高达 90 亿美元。沃尔玛在世界零售业中排名第一。《商业周刊》2001 年全球 1000 强排名，沃尔玛位居第六位。作为一家商业零售企业，能与微软、通用电器、辉瑞制药等巨型公司相匹敌，实在让人惊叹。

沃尔玛取得成功的关键在于商品物美价廉，对顾客的服务优质上乘。

沃尔玛始终保持自己的商品售价比其他商店便宜，是在压低进货价格和降低经营成本方面下工夫的结果。沃尔玛直接从生产厂家进货，想尽一切办法把价格压低到极限成交。公司纪律严明，监督有力，禁止供应商送礼或请采购员吃饭，以免采购员损公肥私。沃尔玛也把货物的运费和保管费用降到最低。公司在全美有 16 个配货中心，都设在距离沃尔玛商场不到一天路程的附近地点。商品购进后直接送到配货中心，再从配货中心由公司专有的集装箱车队运往各地的沃尔玛商场。公司建有最先进的配货和存货系统，公司总部的高性能电脑系统与 16 个配货中心和 1000 多家商场的 POS 终端机联网，每家商场通过收款机激光扫描售出货物的条码，将有关信息记载到计算机网络当中。当某一货品库存减少到最低限时，计算机就会向总部发出购进信号，要求总部安排进货。总部寻找到货源，便派离商场最近的配货中心负责运输路线和时间，一切安排有序，有条不紊。商场发出订货信号后 36 小时内，所需货品就会及时出现在货架上。就是这种高效的商品进、销、存管理，使公司迅速掌握商品进销存情况和市场需求趋势，做到既不积压存货，销售又不断货，加速了资金周转，降低了资金成本和仓储成本。

压缩广告费用是沃尔玛保持低成本竞争战略的另一种策略。沃尔玛公司每年只在媒体上做几次广告，大大低于一般的百货公司每年 50～100 次的水平。沃尔玛认为，价廉物美的商品就是最好的广告，我们不希望顾客买 1 美元的东西，就得承担 20～30 美分的宣传、广告费用，那样对顾客极不公平，顾客也不会对华而不实的商品感兴趣。

沃尔玛也重视对职工勤俭风气的培养。沃尔玛认为："你关心你的同事，他们就会关心你。"员工从进公司的第一天起，就受到"爱公司，如爱家"的店训熏陶。从经理到雇员，都要关心公司的经营状况，勤俭节约，杜绝浪费，从细微处做起。这使沃尔玛的商品损耗率只有 1%，而全美零售业平均损耗率为 2%，从而使沃尔玛大量降低了成本。

沃尔玛每周五上午召开经理人员会议，研究商品价格情况。如果有报告说某一商品在其他商场的标价低于沃尔玛，会议可决定降价，保证同种商品在沃尔玛价格最低。沃尔玛成功地运用低成本竞争战略，在激烈的市场竞争中取胜。

问题：

（1）沃尔玛是如何实施低成本竞争战略的？

（2）本案例对我国零售业有哪些启示？

2. 全某新成立的第三方物流企业拥有3t普通卡车50辆，10t普通卡车30辆，高级无梁仓库20000m²，层高14m，地处上海市的莘庄南部，邻近沪闵路和莘松公路。

问题：请比较以下四种市场定位中哪一种最适合该企业，为什么？

（1）上海西部地区的国际货运代理。

（2）企业的第三方物流业务。

（3）车辆外包，仓库出租。

（4）省际运输仓储企业。

第十二章 现代配送发展的新趋势

🔍 **学习目标**

通过本章学习，使学生了解当前国内外物流配送发展的情况。掌握各种配送的特点和运作状况。在本章学习的基础上，学生要结合配送发展的新趋势，研讨物流配送的行业发展前景，不断地扩充物流配送的新领域。

🌐 **引导案例**

中外运空运公司对摩托罗拉的配送服务

摩托罗拉进入中国，由中外运空运公司为其提供配送服务。中外运空运公司是中国外运集团所属的全资子公司。

一、摩托罗拉对物流服务的要求和考核标准

摩托罗拉公司的服务要求包括以下几点。一是要提供 24 小时的全天候准时服务。主要包括：保证摩托罗拉公司中外业务人员、天津机场、北京机场两个办事处及双方有关负责人通信联络 24 小时畅通；保证运输车辆 24 小时运转；保证天津与北京机场办事处 24 小时提货、交货。二是要求服务速度快。摩托罗拉公司对提货、操作、航班、派送都有明确的规定，时间以小时计算。三是要求服务的安全系数高，要求对运输的全过程负全责，要保证航空公司及派送代理处理货物的各个环节都不出问题，一旦某个环节出了问题，将由服务商承担责任，赔偿损失，而且当过失达到一定程度时，将被取消做业务的资格。四是要求信息反馈快。要求公司的计算机与摩托罗拉公司联网，做到对货物随时跟踪、查询，掌握货物运输的全过程。五是要求服务项目多，根据摩托罗拉公司货物流转的需要，通过发挥中外运系统的网络综合服务优势，提供包括出口运输、进口运输、国内空运、国内陆运、国际快递、国际海运和国内提货的派送等全方位的物流服务。

二、摩托罗拉公司选择中国运输代理企业的基本做法

通过多种方式对备选的运输代理企业的资信、网络、业务能力等进行周密的调查，

并给初选的企业少量业务试运行，以实际考察这些企业服务的能力与质量，对不合格者取消代理资格。

摩托罗拉公司对获得运输代理资格的企业进行严格的月度作业考评。主要考核内容包括运输周期、信息反馈、单证资料、财务结算、货物安全、客户投诉。

三、中外运空运公司的主要做法

（一）制定科学规范的操作流程

摩托罗拉公司的货物具有科技含量高、货值高、产品更新换代快、运输风险大、货物周转以及仓储要求零库存的特点。为满足摩托罗拉公司的服务要求，中外运空运公司从1996年开始设计并不断完善业务操作规范，并纳入了公司的程序化管理。对所有业务操作都按照服务标准设定工作和管理程序，先后制定了出口、进口、国内空运、陆运、仓储、运输、信息查询、反馈等工作程序。每位员工、每个工作环节都按照设定的工作程序进行，使整个操作过程井然有序，提高了服务质量，减少了差错。

（二）提供24小时的全天服务

针对客户24小时服务的需求，实行全年365天的全天候工作制度，周六、周日（包括节假日）均视为正常工作日，厂家随时出货，随时有专人、专车提货和操作。在通信方面，相关人员从总经理到业务员实行24小时的通信畅通，保证了对各种突发性情况的迅速处理。

（三）提供门到门的延伸服务

普通货物运输的标准一般是从机场到机场，由货主自己提货，而快件服务的标准是从门到门、桌到桌，而且货物运输的全程在企业的监控之中，因此收费也较高，对摩托罗拉公司的普通货物虽然是按普货标准收费的，但提供的却是门到门、库到库的快件的服务，这样既提高摩托罗拉货物的运输效率，又保证了安全。

（四）提供创新服务

从货主的角度出发，推出新的更周到的服务项目，最大限度地减少货损，维护货主的信誉。为保证摩托罗拉公司的货物在运输中减少被盗，在运输中间增加了打包、加固的环节；为防止货物被雨淋，增加了塑料袋包装；为保证急货按时送到货主手中，增加了手提货的运输方式，解决了客户的急、难等问题，让客户感到在最需要的时候，中外运空运公司都能及时快速地帮助解决。

（五）充分发挥中外运空运公司强大的网络优势

经过50年的建设，中外运空运公司在全国拥有了比较齐全的海、陆、空运与仓储、码头设施，形成了遍布国内外的货运营销网络，这是中外运空运公司发展物流服务的最大优势。通过中外运空运公司的网络，在国内，为摩托罗拉公司提供服务的网点已覆盖98个城市，实现了提货、发运、对方派送全过程的定点定人以及相关信息跟踪反馈，满足了客户的要求。

（六）对客户实行全程负责制

作为摩托罗拉公司的主要货运代理之一，中外运空运公司对运输的每一个环节负全责，即从货物由工厂提货到海、陆、空运输以及国内外的异地配送等各个环节、负全责。对于出现的问题积极主动协助客户解决，并承担责任和赔偿损失，确保了货主的利益。

中外运空运公司多年来为摩托罗拉公司的服务，从开始的几票货发展到面向全国。双方在共同的合作与发展中，建立了相互的信任和紧密的业务联系。随着中美达成关于中国加入 WTO 的双边协定，为中美贸易与合作开辟了更加广阔的前景。在新的形势下，中外运空运公司和摩托罗拉公司正在探讨更加广泛和紧密的物流合作。

案例来源：http://jpkc.jxjtxy.com/dzswywl/al5.htm

第一节　发达国家配送的发展

一、发达国家对配送的认识

发达国家对配送的认识并非完全一致，在表述上也有区别。但是，一个重要的共同认识是："配送就是送货"。美国配送的英语原词是 delivery，是送货的意思，强调的是将货送达。日本对配送的权威解释，应该是日本工业标准 JIS 的解释："将货物从物流节点送交收货人。"送货含义明确无误，配送主体是送货。

一般的送货形态在西方国家已有相当长的历史，可以说是随着市场经济而诞生的一种必然市场行为。尤其是伴随资本主义经济的生产过剩，在买方市场情况下，卖方必然需要采取各种各样的推销手段，送货最初便是作为一种不得已的推销手段出现的。仅将其作为推销手段，而没有将其作为企业发展的战略手段来加以重视的状况，在有些国家持续了很长时间，甚至在出现经济发展高峰期后仍然如此。很多企业直到 20 世纪 70 年代仍然将送货看成是无法回避、令人讨厌、费力低效的活动，甚至有碍企业的发展，这种看法反映了当时不少企业的现实。

当然，现代经济中的送货比历史上的送货有了很大的发展，可以说这种发展是当代市场经济竞争的产物。企业受获取利润和占领市场欲望的驱使，设法使送货行为优化，于是实践中出现了送货时车辆合理调配，路线合理规划选择，送货前进行货物配货、配装等。

在发达国家对配送的解释中，并不强调配，而仅强调送达。原因是西方国家认为，在买方市场的条件下，"配"是完善"送"的经济行为，是进行竞争和提高自身经济效益的必然延伸，是在竞争中的优化形式。

对于配送详尽一些的解释，反映了发达国家对配送范围、性质、作用等的认识。日本 1991 版的《物流手册》这样描述它的范围："与城市之间和物流据点之间的运输相对而言，将面向城市内和区域范围内需要者的运输，称为配送。"很明显，日本人对配送的一个重要认识，是配送局限在一个区域（城市）范围内，而且从性质来看，配送是一种运输形式。关于这一点书中又有进一步描述："生产厂到配送中心之间的物品空间移动叫'运输'，从配送中心到顾客之间的物品空间移动叫'配送'。"

伴随着信息革命的浪潮，发达国家的企业开始逐步重新认识"无法回避、令人讨厌"且费力低效的送货活动，并将之转变为刻意追求、容易接受且省力高效的现代物流配送活动，并提升到企业战略高度加以重视。高速公路交通基础设施的完善，计算机网络、通信等信息技术的飞速发展，商业领域经营业态与组织方式的变革，生产企业生产方式、管理手段的不断革新等，这一切都促进了发达国家对现代物流配送观念的重新认识。

二、发达国家的配送发展状况

1. 美国现代物流配送的发展状况

从 20 世纪 60 年代起，货物配送的合理化在美国普遍得到重视。为了在流通领域产生效益，美国企业采取了以下措施：一是将老式的仓库改为配送中心；二是引进电脑管理网络，对装卸、搬运、保管实行标准化操作，提高作业效率；三是连锁店共同组建配送中心，促进连锁店效益的增长。美国连锁店的配送中心有多种，主要有批发型、零售型和仓储型三种类型。一是批发型，该类型配送中心主要靠计算机管理，业务部通过计算机获取会员店的订货信息，及时向生产厂家和储运部发出订货指示单。二是零售型，以美国沃尔玛公司的配送中心为典型。该类型配送中心一般为某零售商独资兴建，专为本公司的连锁店按时提供商品，确保各店稳定经营。三是仓储型，美国福来明公司的食品配送中心是典型的仓储式配送中心，它的主要任务是接受独立杂货商联盟的委托业务，为该联盟在该地区的若干家加盟店负责货物配送。

2. 日本现代物流配送的发展状况

在日本，零售业是首先建立先进物流系统的行业之一。便利店作为一种新的零售业迅速成长，现已遍及日本，正影响着日本其他零售商业形式。这种新的零售业需要利用新的物流技术，以保证店内各种货物的供应顺畅。因此，日本的物流配送具有以下特点：第一，分销渠道发达。许多日本批发商过去常常把自己定位为某特定制造商的专门代理商，只允许经营一家制造商的产品。为了保证有效地供应商品，日本许多物流公司不得不对旧有的分销渠道进行合理化改造，更好地做到与上游或下游公司的分销一体化。第二，频繁、小批量进货。日本的物流配送企业的很大一部分服务需求来自便利店，便利店依靠的是小批量的频繁进货，只有利用先进的物流系统才有可能发展连锁便利店，因为它使小批量的频繁进货得以实现。第三，物流配送体现出共同化、混载化的趋势。共同化、混载化的货物配送使原来按照不同生产厂、不同商品种类划分开来的分散的商品物流转变为将不同厂家的产品和不同种类的商品混合起来配送的聚合商品物流，从而得以发挥商品物流的批量效益，大大提高了配送车辆的装载率。第四，合作型物流配送。在日本，生产企业、零售企业与综合商社、综合物流公司之间基本上都存在一种长期的物流合作关系。并且这种合作关系还随着日本工业生产的国际化延伸到国外。第五，政府规划在现代物流配送发展过程中具有重要作用。

3. 欧洲现代物流配送的发展状况

在欧洲诸国，尤其是德国，物流配送是指按照用户的订货要求，在物流据点进行分货、配货以后，将配好的货物送交收货人的活动。德国的物流配送产业是第二次世界大战以后，随着现代科技的兴起和经济的高速发展而逐步发展起来的。特别是近 10 年来，德国的物流配送已经摒弃了商品从产地到销地的传统配送模式，基本形成了商品从产地到集散中心，从集散中心（有时通过不止一个集散中心）到达最终客户的现代模式。走遍德国，可以说德国的物流配送已经形成了以最终需求为导向，以现代化交通和高科技信息网络为桥梁，以合理分布的配送中心为枢纽的完备的运行系统。在总结德国零售业发展的经验时可以看出德国是十分重视按照连锁经营的规模和特点来规划配送中心的，往往是在建店的同时就考虑到了配送中心的建设布局。

三、发达国家配送发展趋势

（一）发达国家配送系统整体发展趋势

1. 越来越重视配送系统的发展，将配送视为新的利润点

从"发货"发展而来的配送系统，即使在 20 世纪 70 年代，仍然不被发达国家企业重视，只是在少数企业如沃尔玛得到重点考虑。当时流行的观点是"（送货是一种）无法回避、费力低效、令人讨厌的活动，甚至有碍企业的发展"。直到 20 世纪 80 年代，才开始真正重视配送："在过去的十年，这种态度和认识得到了极大转变。企业界普遍认识到配送经营活动的主要组成部分，它能给企业创造出更多的盈利，是企业增强自身竞争能力的手段"。

2. 现代配送的共同化、集约化发展趋势

共同配送最早产生于日本，其实质就是在同一个地区，许多企业在物流运作中相

互配合，联合运作，共同进行理货送货等活动的一种组织形式。配送的集约化、共同化突破了单个企业的个别化配送模式，出现了整个产业、整个行业的组团式配送活动。这有助于克服企业之间的重复配送或交错配送，提高车辆使用效益，减少城市交通拥挤和环境污染，带来良好的社会效益和经济效益。共同配送的主要方式有成批集货方式、对百货店和批发商采取的共同交货方式、中小运输企业的共同配送等。

3. 现代配送的区域化趋势

随着经济的发展和企业经营规模的扩大，配送的区域化趋势突破了一个城市的范围，发展为区间、省间，甚至是跨国、跨洲的更大范围的配送，配送范围向周边地区、全国乃至全世界辐射。配送区域化趋势将进一步带动国际物流，使配送业务向国际化方向发展。

联邦快递、沃尔玛早在20世纪90年代就建立了遍布美国的配送系统，亚马逊网站通过七大配送中心，建立了覆盖全美的48小时配送系统。日本东京的三昧株式会社、Asica和资生堂，都建立了全国性的配送系统。

4. 现代配送的产地直送化趋势

配送产地直送化将有效地缩短流通渠道，优化物流过程，大幅度降低物流成本特别是对于批量大、需求量稳定的货物，产地直送的优势将更加明显。如美国耐克、可口可乐等。

5. 充分利用新技术，强调设施设备的更新

现代配送在技术设备上体现了自动化、机械化的趋势。自动化与机械化作业突破了体力劳动和手工操作的传统模式，出现了大量自动化程度相当高的所谓无人立体仓库，采用了诸如自动装卸机、自动分拣机、无人取货系统和搬运系统等自动化物流设施，为高效、快速、优质的配送服务提供了技术基础。

此外，现代配送的条码化、数字化以及组合化趋势为满足配送信息化和自动化的要求提供了技术支持，条码技术在配送作业中得到了广泛应用，将所有的配送货物贴上标准条码，同时尽可能归并为易于自动机械装卸的组合化货物单元，利用这些技术可以使分拣、配货的速度大幅度提高。

6. 配送形式多样化，强调配送的效率

现代配送的多种配送方式组合最优化趋势，即多种配送方式和手段的最优化组合，将有效地解决配送过程、配送对象、配送手段的复杂化问题，从而寻求配送最高效率。

（二）发达国家配送中心发展趋势

配送中心是物流企业的一种形式，是以商品的采购、保管、流通加工、装卸、运输、配送并传递物流信息为专门业务的经营实体。它集商流、物流、信息流于一体，

通过采用先进的设施和科学的管理，实现物流技术的进步和物流方式的变革，大幅度降低流通成本，提高产品竞争能力并实现尽可能多的利润。目前，西方发达国家的配送中心呈现出如下发展趋势。

1. 多功能化

以往的商品，往往要经过制造、批发、仓储、零售等各环节的多层次复杂途径，最终到达消费者手中。而现代流通业已简化为直接由制造企业通过配送中心送到各零售点。这就要求配送中心承担商品从生产线终点转移到消费者手中这一过程中的全部物流活动，不单单是提供仓储、保管、装卸和运输服务，还必须开展配货、包装、配送和各种提高附加值的流通加工服务项目；不仅要承担各种物流功能，还要与订货、结算等商流功能有机地结合起来，形成多功能的配货枢纽。

2. 现代化

随着商业的发展，科学技术越来越成为商业企业在竞争中取得领先地位的关键。物流技术的现代化包括物流设施和作业技术的现代化。配送中心大量采用现代化的物流设施、装卸机具和运输机械，如叉车、笼箱、自动分拣输送机、冷藏车等，并借助商品配送的标准化、系统管理和系统优化、商品库存管理、货物运输管理等技术对配送中心的日常运营进行科学、高效的管理，实现物流设施机械化、物流流程规范化、配送管理电脑化，大大提高了配送中心运营的效率。

3. 信息化

信息是配送中心组织物流活动的基础之一，因此电子计算机技术和信息技术被广泛运用于日常业务的管理。通过信息在储存、加工、配送等各个环节的协调和沟通，配送中心可以合理地组织物流活动，及时处理大量的订单，将货物送到客户手中，并控制库存规模，尽量降低物流成本。同时，配送中心连接生产和消费，是沟通生产厂商和客户的桥梁。因此，越来越多的配送中心开始与制造商、批发商、零售商等联网，构建完整的信息网络，进行信息处理和交换。这样就能充分利用客户信息反馈的手段，向生产厂家提供各种市场信息、销售信息，向零售商提供供应信息，从而指导生产，引导消费。

4. 配送共同化

近年来，随着消费者需求的变化，多批次、小批量、缩短供货期等物流要求越来越强烈，造成相应的物流成本上升，物流系统效率下降。为了谋求物流的高效化，许多国家大力推行配送共同化，由多个生产企业和零售企业共同建设，或是不同于这两者的"第三方"物流企业投资建设共同化配送中心，提供专业化的物流服务。

5. 全球化

经济的全球化已成为不可抵挡的潮流，现代科学技术的发展大大缩短了世界各地的距离。随着互联网及相关技术发展起来的电子商务使商品、货币能够便利地跨越国界进行流动，为传统的商务活动带来一场革命。目前，发达国家的物流企业、配送公司越来越多地加入到国际性组织的公司和跨国公司，很多配送中心都拥有一部分从事外贸进出口业务的用户，全球化经营已成为配送中心进行竞争的新手段。随着全球化的发展，越来越多的跨国企业着手建立世界性的配送体系，如美国的耐克全球配送中心、欧洲的敦豪全球配送网络等。

第二节　中国配送的发展

一、中国配送发展存在的问题

我国物流配送近几年有了较快的发展，但与现代物流发展趋势的要求相比，仍存在着许多问题。这些问题都同物流配送体系不完善有关，同时也在不同程度上制约着物流配送体系的发展。

（一）物流配送市场化程度低，第三方物流配送发展滞后

目前，我国大多数物流配送企业技术装备和管理手段比较落后，服务网络和信息系统不健全，物流配送市场化程度低，影响了物流服务的准确性与时效性。其主要表现是：小（物流配送企业数量小，经营规模小）；少（物流配送市场份额少、服务功能少，大多数企业还只是被动地按照用户的要求，从事单一功能的运输、仓储和配送，很少能提供物流策划、组织及深入到供应链的全过程管理，物流增值少）；散（网络分割、经营秩序不规范，不能为客户提供包括物流网络设计、预测、订货管理、存货管理等的系统化物流服务）；弱（竞争力弱和发展滞后，专业化、信息化、标准化还没跟上，还没有真正了解国际物流企业的运作方式和真正意义上的"第三方物流"）。目前我国企业的自有物流占整个物流市场规模的70%左右，制约了第三方物流的发展。

（二）物流基础设施落后，物流配送的整体功能低

一是交通运输设施建设与物流配送的需要不相适应，即交通运输能力仍不能满足运输需求，主要的运输通道供需矛盾依然突出。商业系统现有仓储业设施虽具备了发展物流的硬件条件，但是需要加强物流信息管理手段、现代化物流设施改造及相应的设备更新。二是技术装备水平落后。现代化的集装箱、散装运输发展不快；高效专用运输车辆少；汽车以中型汽油车为主，能耗大，效率低；装卸搬运的机械化水平低。三是物流系统标准化程度低。物流业务的高效需要运输设备（如集装箱、托盘、货车、

货架等）的标准化和信息系统的标准化，即供应链中各个环节要用统一标准，各方面的信息系统能够对接，交换数据，共享信息。例如，欧美国家的运输都是以 1000mm × 1200mm 的托盘为计算单位的，标准统一，统计方便，提高运输、仓储和搬运等各方面的效率，可以随货走遍欧美。而我国在物流系统标准化中，有的采用欧美标准，有的采用日本标准，还有少量自定义标准，从而给物流各环节的对接造成了不便，影响了物流作业效率。

（三）物流配送管理体制和相关制度不完善

一方面，市场竞争机制和市场管理法规不健全，发展物流配送所需的产业政策和产业规划尚未出台，物流市场的进入与退出、竞争规则基本上无统一的法律法规可循，对社会性的物流缺乏有效的外部约束，致使不正当竞争较为严重。由于缺乏对物流配送企业的正确认识和合理界定，物流配送企业的设立还受到种种限制，专业物流组织策划企业的法律地位尚未得到法律承认，从而限制了第三方物流的发展。另一方面，物流配送市场至今仍被人为地按照部门、地区和行业的行政壁垒分割，物流配送市场管理和行业管理还没有理顺，各地商业局、交通局、铁路局等都各自承担了一部分物流管理职能，各部门间既有分工又有交叉，造成了物流管理中条块分割、重复建设等问题。统一、竞争、有序的物流配送市场没有建立起来，严重影响了物流配送渠道的畅通和高效运转，使物流配送很难达到规模经济和预期回报。

（四）专业的物流配送管理和技术人才短缺

从国外物流配送发展经验来看，企业要求物流配送从业人员应当具有一定的物流知识水平和实践经验。为此国外物流业的教育与培训十分发达，形成了比较合理的物流人才教育与培训系统，在相当多的大学中设置了物流管理专业，并广泛地为工商管理类各专业学生开设物流课程。相比之下，我国在物流配送人才方面的教育还比较落后，尚未建立完善的物流教育体系和人才培训体系，导致了专业物流人才非常缺乏。同时物流配送从业人员素质较低，服务意识不强，缺乏市场开拓的主动性。能够对物流配送进行高效、科学的管理，并通晓现代物流配送运作和物流配送管理的复合型专业高层次人才更为少见，这一问题已经制约了我国物流配送的进一步发展。

二、促进中国配送发展的策略

配送中心是配送的组织者和配送系统的承载者。配送中心的发展趋势集中体现了配送的发展趋势，也是实现配送高效发展的基础。

(一) 进一步规范现有配送中心的经营

对比发达国家配送中心的发展状况不难发现，我国相当多的配送中心名不副实，例如有的配送中心功能还停留在仓储、保管上；有的配送中心内部设施薄弱，连机械化都没有实现，更不要说计算机化了；有的配送中心所配送的店铺数极少，远未达到经济配送规模等。造成这种状况的原因，一方面是由于这些企业对配送中心缺乏全面的认识，经营观念落后；另一方面也是因为一些企业经济实力不足，难以承担建设现代化配送中心所必需的昂贵的软硬件投资。因此，进一步规范现有配送中心的经营，首先要树立以市场为导向的竞争观念，以科学技术为基础的管理观念，以及以开拓经营为主的发展观念，全面提高配送中心的经营水平。其次，继续重点推进连锁经营的"规模化"和"规范化"，通过资产经营、联合兼并、特许加盟等多种形式，扩大连锁企业的跨地区、跨所有制发展，改变"小而全"的不合理格局，壮大企业实力全面实施大集团、大公司战略。

(二) 大力推动"共同配送中心"的发展

目前，我国商业物流配送中心的发展多集中在百货公司、超级市场、大型卖场、折扣店等业态领域。每个商业连锁企业由于各自的主营业态差异较大，因此他们建设配送中心的思路也不完全相同。一般而言，百货公司由于自营商品比重较低，采用第三方物流的可能性较大；超级市场以企业经销或代销商品为主，因此它们选择自建配送中心的可能性较大；当然其他不同业态的物流配送模式都会存在一定差异，但不管是何种零售业态，随着企业门店的不断增加，他们必须考虑的一个问题是：建立自己的物流配送中心、利用第三方物流还是与其他零售企业共建配送中心？在进行配送中心规划决策中，企业往往会遇到这样的问题，企业的连锁门店数量较少，如果自建配送中心投资成本太大，资金流量出现困难；如果利用第三方物流，对于企业长期发展来看也并非一种特别有效的战略，而且会分流企业的利润。从这两个层面进行分析，共建配送中心便是一种既经济又能实现利润共享的选择思路。共同配送中心不仅能有效解决企业资金不足的问题，同时也能通过不同零售企业之间的联合增强企业联盟的集团竞争力，对于中小型投资主体而言都是非常有利的一种物流配送模式。

(三) 鼓励大型商业企业进行资产重组，推动自建配送中心的发展

像沃尔玛、家乐福这样的国际零售企业为什么能提供"质优价廉"的商品来不断地挤占国内零售企业的市场份额？其中最关键的因素是这些企业超大规模的采购能力使得优质的商品供应商愿意与它们进行合作并提供最大的价格折扣，以量取胜，因此

这些国际零售企业配送中心的作用就能得到充分有效的发挥，资源能够充分利用。目前中国的大型商业企业多以国有企业为主，面对国际零售巨头进入国内市场的加快，许多大型企业已经意识到了加强企业联合、区域联合的重要性，但基于传统体制、管理思想、产权归属的影响，企业之间各自为战的现象依然十分突出，联合的意愿不能转化为直接的企业竞争力。从长远来看，国有大型零售企业可以在政府的引导下，实行强强联合、进行资产重组，提高企业集团的业务规模，进而推动自营配送中心的建设和发展。可以这样说，配送中心的发展在很大程度上受到企业规模的制约，当企业的规模不断扩大时，配送中心的建设就必然随之得到发展。

（四）加快现代物流基础设施建设，提高整体物流配送能力

近年来，我国的物流基础设施开始得到显著的发展，例如政府对铁路、公路建设投资力度的加强；各地物流园区建设数量和规模的增加；中重型卡车产销量的上升；现代化物流营运设备的逐渐采用等，这些都标志着我国的物流配送业进入了快速发展期。但相对于我国商业物流配送中心的发展要求来说，目前这些基础设施建设还显得相对滞后，主要表现为区域物流基础设施建设的不平衡。例如我国当前进行西部大开发，这对于我国以及外资商业零售企业来说都是一大发展契机，而西部地区目前的物流基础设施建设显然不能满足连锁企业在当地的物流配送，因此从完善物流基础设施、提高物流配送能力的角度出发，当前需要进一步加快发展的主要是西部地区以及其他物流业发展相对缓慢地区的高速公路建设、高速铁路建设；提高城市内部交通的通畅性，减少交通"堵塞"现象；同时加快开发和引进高科技的物流设备，例如集装箱、散装专用船、各种装卸器具、移动运输器具等的进口或生产等，提高商业企业本身物流现代化管理水平，进而从外部发展环境和内部运营硬件方面为我国商业物流配送中心的发展创造条件。

（五）更新传统观念，为我国商业物流配送中心发展提供人才保障

发展知识经济，人才是关键。对于处于知识经济浪潮日盛的中国商业物流业，人才的培养同样是关键。在推动我国商业物流配送中心的发展方面，由于受传统观念的影响，人们对于商业物流不够重视，因此，多年来我国物流尤其是商业物流的理论研究和实践探索都发展较慢。为改变这种现状，我们首先要从观念上进行更新，同时也要通过具体的行动来引起社会各界对商业物流的重视，例如科研院所要加强对物流专业的资源投入；鼓励社会化物流管理培训工作的开展和推进，学习国际先进的物流管理经验和管理方法；行业协会可以组织国内大中型物流配送企业、商业连锁企业的有关人员进行集中培训和实地考察等，通过高素质物流人才的培养，加快对我国整体商

业物流的深入研究和实践经验的探索，从而为我国商业物流配送中心的发展奠定基础。

（六）大胆引进外资建设配送中心

20 世纪 90 年代以来，外资零售企业纷纷进入中国市场，对尚属年轻阶段的连锁超市形成极大冲击。但是，许多连锁超市不仅经受住了挑战，而且在"与狼共舞"中发展壮大。农工商超市敢与麦德龙较劲，在其附近开设"中国人自己的大卖场"，就是明证。国务院颁发的《关于进一步扩大对外开放，提高利用外资水平的若干意见》，其中第 9 条提出"扩大商业、外贸、旅行社开放的试点范围"，我们完全可以抓住这一机遇，因势利导，有计划地引进外资发展配送中心及相关产业，引进和借鉴国外先进的物流技术和配送中心管理经验，改善和提高物流系统的现代化水平和运营效率，推动我国物流业的发展。

第三节　连锁超市配送

连锁超市是 20 世纪 50 年代兴起的一种零售业态，近几年来在中国迅速发展。连锁超市以连锁体制为轴心，以广泛的店面网络为市场依托，以中央采购制形成批量采购利润，以现代化的物流方式——配送中心获取物流利润，将市场信息向加工制造业渗透，发展定牌商品，甚至形成供应链，开发生产利润。它是"资金流、物流、信息流"高度集中、相辅相成的最佳形式。所以说配送中心是连锁超市实现规模化经营的基础，配送中心的工作效率和运行状况直接决定和影响连锁超市的生存和发展。

一、配送对连锁超市的作用

对于自营配送的连锁超市，公司由总部、配送中心、分店三部分构成，其基本作业系统包括营销系统、采购系统和物流配送系统。配送的根本作用在于通过高度集中的采购与配送，使连锁超市实现理想的经济效益。具体来说，连锁超市配送中心的作用主要体现在以下几个方面。

（一）配送是连锁超市的纽带

从世界各国连锁超市的成功经验来看，连锁经营方式之所以能够产生高效率、高效益，就在于连锁超市实行的是统一采购、统一配送、统一价格，并具有实现这一功能的商品配送中心，从而根本上实现了决策向连锁超市总部集中，物流活动向物流配送中心集中，达到一套资金、一套库存，集中优势的目标。

由于将商品集中进行保管、流通加工并按各门店需求配货，统一配送，实现了

"最少环节、最低费用、最高效率"，从而大大提高了经济效益。同时通过统一进货，严把质量关，杜绝假冒伪劣商品，提高了连锁超市的信誉，才能实现在商品配送中心内统一结算和商品信息的自动化处理，实现物流、财务乃至整个连锁超市的管理科学化。国内连锁超市以及日本、美国、欧洲和澳洲等发达国家的经验告诉我们：实行商品供货的配送中心统一配送，正是连锁超市经营的精髓所在。

（二）配送中心提高了物流效率，使分店集中精力于经营

由于配送中心为门店的销售活动创造了种种优势，从而使整个连锁体系的成本大大下降，成为零售业中的一种有竞争力的零售经营形式。配送中心对于整个连锁经营体系的作用表现在：统一进货，有利于严把质量关；加速商品周转、减少商品损耗、降低流通费用；扩大配送中心的拆零、分拣能力，改善门店的存货水平，有利于实现门店无库存、少库存经营；保证门店管理向"只管销售"方向发展，"企业经营权向总部集中，物流活动向配送中心转移"，这是连锁超市成功的关键之一，例如，流通加工可减轻门店的工作量；拆零作用有利于商场商品多样化，便于增加销售商品的品种数。

（三）配送中心实现了物流系统化与规模化，降低了物流成本

连锁超市实行统一进货，由配送中心将厂家或自己加工的产品配送给各个分店，保证了各分店商品的规格、品种和质量，减少了交易次数，可以降低外部交易的信息管理费用；统一送货，协调分配运输设施，选择经济合理的运输方式和运输路线，降低商品的损耗；统一检验，对商品编号入库，减少了分店的采购、检验、库存等费用，从而减少物流成本。

这样，配送中心通过集中配送的方式，按一定规模集约并大幅度提高其能力，实现多品种、小批量、高周转的商品运送，从而降低了物流的整体成本，使资源最终配置这一环节以大流通方式与大生产方式相协调，从而提高了流通社会化水平，实现了规模经济带来的经济效益。如集中大批量订货可以享受更优惠的价格折扣，得到供应商部分让利。

（四）配送中心完善了信息反馈机制

一方面，配送中心要根据市场需求信息、商品销售信息、库存信息、供应商信息等控制商品库存规模，同时要合理组织采购、储存、加工、配送等活动，适时适量地把商品运到各连锁店，使物流成本尽量降低。这需要信息在各个环节之间进行沟通，而配送中心利用信息技术把各种信息及时准确地反映给供应链各环节，以便于及时有效地做出调整来满足客户要求。

另一方面，连锁超市庞大的销售网络对供应商具有强大的吸引力，因此，其大批量进货可以得到优惠的价格折扣，两者容易结成利益共同体，保持长期、稳定的合作关系。

二、连锁超市配送的主要组织形式：配送中心

目前发达国家的连锁超市配送，其组织形式多为配送中心，沃尔玛超市建立了世界上最大的配送中心，而日本在这一方面最为细致。

（一）配送中心的形成

配送中心的形成和发展是与流通规模的不断扩大以及消费需求水平的不断提高相联系的。日本有关资料记载：由于客户在货物处理的内容上、时间上和服务水平上都提出了更高的要求，为了顺利地满足客户的这些要求，就必须引进先进的分拣设施和配送设备，因此，在连锁企业界大部分企业都建造了正式的配送中心。

可以看出，配送中心的形成与输送的关系极为密切。在日本，配送中心是从运输界先行起步的，此时配送中心也可称为集配中心。而后，为了适应经济形势的变化，在激烈的市场竞争中求得生存与发展，西方一些工业发达国家也开始逐步发展配送中心。而这些配送中心有些是从传统的仓库发展而来的，它们既具有储存功能，又不是被动地长期储存，从而成为物流系统中的一个重要环节，起到了货物的集散作用。这极大地缩短了物流的停留时间，加快了物流速度。

（二）配送中心的作用

开展配送活动是否必须建立现代化的配送中心，这一问题关系到国家投资、土地占用等重大决策问题，因此，要慎重从事。从我国的实际出发，应贯彻"两条腿走路"的方针：既要建立一定数量配有先进配送设施的配送中心，以满足我国生产日益发展的需要，又要充分利用现有普通流通仓库或中转站的设施和人员，广泛开展配送活动。具体来说，配送中心在配送活动中的作用如下。

1. 存储作用

配送中心的服务对象是为数众多的生产企业和商业网点，例如超级市场和连锁店。配送中心的作用是按照用户的要求，及时将各种已经配装好的货物送交到客户手中，满足生产和消费的需要。为了顺利而有序地完成向客户配送商品（货物）的任务，通常配送中心都要兴建现代化的仓库并配备一定数量的仓储设备，存储一定数量的商品。某些区域性大型配送中心，不但要在配送货物的过程中存储货物，而且它所存储的货物的数量更大、品种更加繁多。

上述配送中心所拥有的存储能力及其存储货物的事实表明，存储功能乃是这种物流组织的重要作用之一。

2. 分拣作用

作为物流据点的配送中心，其服务对象（即客户）是为数众多的企业（在国外，配送中心的服务对象，少则有几十家，多则有数百家）。在为数众多的客户中，彼此之间存在着很大的差别，不仅各自的性质有所不同，而且其经营规模也不一样。因此，在订货或者进货的时候，不同的客户对于货物的种类、规格、数量等会提出不同的要求。面对这种情况，为了有效地进行配送亦即为了能够同时向不同的客户配送多种货物，配送中心必须采取适当的方式对组织进来（或者接收到）的货物进行拣选，在此基础上，按照配送计划将货物进行分装和配装。这样，在商品流通实践中，配送中心除了能够存储货物、具有存储作用以外，还具有分拣货物的功能。

3. 集散作用

在配送实践中，配送中心凭借其特殊的地位和其所拥有的各种先进的设备手段能够将分散在各个生产企业的产品集中在一起，而后，经过分拣、配装向众多客户发运。与此同时，配送中心也可以做到把各个客户所需要的多种货物有效地组合（或者配装）在一起，形成经济、合理的货载批量。配送中心在流通实践中所表现出来的这种功能即集散功能，也有人称之为"配货、分散"功能。

集散作用是配送中心所具备的一项基本功能。实践证明，利用配送中心来集散货物，可以提高卡车的满载率，并由此可以降低物流成本。

4. 衔接作用

通过开展货物配送活动，配送中心能够把各种工业品和农产品直接运送到客户手中，客观上，可以起到生产和消费的媒介作用，这是配送中心衔接功能的一种重要表现。此外，通过集货和存储货物，配送中心又有平衡供求的功能，由此，能够有效地解决季节性货物的产需衔接问题，这是配送中心衔接作用的另一种表现。

在人类社会中，生产和消费并非总是等幅度增长和同步运动的。有很多工业品（例如煤炭、水泥产品），都是按照计划批量、均衡地生产，而其消费则带有很强的季节性（即消费有淡季、旺季之分）。另有一些产品（主要是农产品）则恰恰相反，其消费是连续进行的，而其生产却是季节性的。这种现象表明，就某些产品而言，生产与消费存在着一定的时间差。由于配送中心有吞吐货物的能力和具备存储货物的功能，因此，它能够调节产品之间的供求关系（包括时间差的供求关系），进而能够解决这种产销（生产和消费）之间的时间差矛盾。从这个意义上来说，配送中心是衔接生产和消费的中介组织。

5. 加工作用

为了扩大经营范围和提高配送水平，目前，国内外有许多配送中心都配备了各种设备，自此而形成了一定的加工（简单初加工）能力。这些配送中心能够按照客户提出的要求和根据合理配送商品的原则，将组织进来的货物加工成一定规格、尺寸和形状，由此形成了加工功能。

加工货物是某些配送中心的重要活动。配送中心积极开展加工业务，不但极大地方便了客户，而且也有利于提高物质资源的利用率和配送效率。此外，对于配送活动本说，其加工功能客观上则起着强化其整体效益的作用。

三、我国连锁超市配送存在的问题

近几年来，我国连锁超市高速发展，已经形成了一定规模。"十五"期间，我国的连锁超市平均每年增加500家，平均年增长速度35%，网点平均每年增加1520个，平均年增长速度为58.5%。中国连锁业取得的突破性成功在很大程度上是在配送中心的运作上取得了突破。但总体说来，配送中心发展滞后，严重地制约了连锁超市的发展，具体表现在以下几个方面。

（一）配送中心基础设施落后，现代化程度低

首先，很多连锁经营企业缺乏现代化的物流配送观念，基于电子商务的信息化建设还较滞后，没有充分地挖掘物流配送中心的信息处理功能，计算机的应用仅限于日常事务的管理。配送中心内部的数据采集、配送中心与外部接口系统如电子自动订货系统（EOS）、电子数据交换系统（EDI）等在大多数企业还没有完全建立。

其次，机械化水平较低，无论是作业技术还是物流设备都比较陈旧，主要靠人力进行业务操作，配送对象少，货源不稳定，缺乏作业标准，供货的及时性、准确性和经济性受到影响，配送成本高，经济效益差，甚至亏损，同国外以机电一体化、无纸化为特征的配送的自动化、现代化相比仍有相当大的差距。配送的自动化、机械化程度越低，配送的效率就越低，而配送过程中的物耗就越大，物流成本就越高，整体规范化水平越低。所以配送手段落后、配送现代化程度低，就成为严重制约着连锁超市的配送制度发展的一个重要的因素。

（二）商品配送未形成规模，统一配送率低

我国连锁业发展之初没有把物流配送中心作为其发展的基础，导致了物流规模较小，平均一个物流配送中心只能配送20家店铺，而日本的一个物流配送中心可以负责70个店铺，沃尔玛的一个配送中心要管100个店铺。现代物流配送的优越性只有当它

达到一定规模和一定水平，形成规模经济以后才能充分发挥出来。一般来讲，连锁分店发展到 14 家以上时，连锁超市才开始盈利，才能产生规模优势。但是由于我国目前连锁超市规模较小，绝大多数配送中心没有达到经济配送的规模。并且物流网点没有统一布局，小、散、差的状况普遍存在，以此为基础建设物流配送中心分布零散，布局不合理，无法实现大批量采购带来的低价格规模效益。特别是一些在原有储运企业基础上改建的配送中心和一些小型连锁超市自建的配送中心，基本上仍采用传统的仓库管理方法，配送成本高，经济效益差，甚至亏损。美国的"沃尔玛"连锁集团拥有2600 多家分店，泰国"易初莲花"拥有 1500 多家大型超市，新加坡的连锁超市拥有店铺数平均在 200 家以上，规模经济水平都相当可观。而我国现有的连锁超市平均拥有店铺仅 18 家，刚达到国际上通行的连锁超市分店 14 家以上的最小保本规模，因此无法形成规模优势，同时阻碍了物流配送中心的社会化、规模化、专业化发展。

（三）观念落后，人员素质低

许多人将配送中心理解为连锁超市的批发中心、集货中心或连锁超市的综合仓库，对配送中心的认识还停留在传统的"静态仓库"上。其实，配送中心发展至今，已不是普通仓库，它是一头连接生产、一头连接零售，把商流、物流、信息流有机结合的综合流通机构，具有销售代理、集散转运、订货处理、商品配送、信息传递等基本功能。快捷高质地完成以上工作，必须具有先进的硬件设施和现代化的管理手段。有人认为在我国建立现代化的配送中心没有必要，只要一部电话、几部车子、几间房子就行了。此外，还有人担心建立现代化配送中心投资太多，成本难以收回。其实，配送中心在达到一定规模和水平，形成规模经济后才能充分发挥优势。一般认为，一个连锁超市拥有 10 个分店，总面积达 5000m² 时，就有建立配送中心的必要。所以，在一个连锁超市开店的同时，就应考虑配送中心的建立。目前，有的连锁超市总面积虽已超过了 10000m²，但其规模效益及价格优势均未体现出来，各分店经营惨淡，其根本原因是缺少与之配套的配送中心。同时，在我国连锁零售企业配送中心普遍存在物流人员结构不合理的现象：一方面，物流工作人员过剩，使得配送中心约 60% 左右的人员出现闲置和重复配置的现象；另一方面，一些具有经济、管理、技术等知识，并通晓现代物流配送高效运作的复合型高层次人才又很缺乏，这是影响配送中心物流信息系统和现代物流设施利用的主要原因之一，同时也影响配送中心的货位规划、物流信息处理和系统的完善、物品的科学拣选以及自身库存控制水平等，从而影响整个配送中心的经营管理水平。

（四）物流配送中心功能不健全，现代化程度低

物流配送中心是集多功能于一体的现代化流通中心，而且尤其强调功能的协调和

一体化。其基本功能不仅仅是仓储和运输，而且是具有采购、运输、装卸、流通加工、配送、信息处理与信息反馈等服务功能的服务中心，是物流集散地。目前，我国连锁超市物流配送中心在功能上主要存在两大缺陷：一是流通加工功能，流通加工在很多配送中心内还没有开展起来；二是信息处理与信息反馈功能，物流信息没有得到充分利用，没有起到对流通加工的导向作用。由于不能充分利用计算机技术，物流信息系统薄弱，使高效率的信息采集、传递和信息处理成为空谈。物流配送中心功能不健全，就不能完全实行统一采购、统一配送，使配送中心达不到经济配送规模而造成资源浪费。当前，我国的配送中心管理没有形成规范化，配送中心的集、配、送等功能没有形成一套规范的作业程序，或者有的配送中心已实现了作业程序的规范化，但只停留在对商品的单纯处理上。

（五）规划不合理，配送效率低

在配送中心发展过程中，由于宏观管理职责不明、规划不当，在区域布局方面存在重复和冲突的不合理现象。到 2005 年年底，我国的配送中心已近 2500 家，其中连锁超市自建的就达 1500 多家。配送中心面积与其服务的营业面积之比仅为 1∶4，而美国沃尔玛的该项比例为 1∶10。中国连锁超市多数规模偏小，在 1999 年，每个连锁超市平均只有 14 个店铺，而国外配送中心平均下辖 50～70 家分店。由于未形成规模，许多连锁超市难以建立自己的配送中心，这就导致我国多数连锁超市的商品统一配送率低，只有 30%～60%，远低于发达国家连锁超市不低于 80% 的统一配送率标准。由于企业规模小，常出现物流资源得不到充分利用，物流成本偏高等问题。同时配送方式还是单店经营时的配送作业流程，造成整车装载率低，回车空驶率高，没有发挥出配送中心在组织、协调、平衡、管理等方面应有的作用，影响连锁超市的正常经营。

四、加快中国连锁超市配送中心发展的思考

（一）充分应用先进技术，加快现代化建设

对于有实力的连锁超市，要彻底扭转过去基于传统仓库的配送，通过租赁或建立现代化配送中心，达到建立现代化配送系统的目的。采用自动化立体仓库，自动分拣、配货系统，托盘，自动打包机，吊车、滑动货架、托盘货架、升降平台等现代化的物流设施，实现装卸搬运等过程的机械化、物流信息电子化，加快流通速度，缩短物流时间，降低物流成本，为充分发挥配送中心的规范化运作创造条件。

同时，加快信息化建设。连锁超市配送中心要不断引入自动订货系统、物流条码技术、电子支付系统、信息反馈系统等，具体包括：电子自动订货系统（EOS）、物流条码技术（Bar Code）、销售时点系统（POS）、电子数据交换系统（EDI）、预先发货清单技术（ASN）、电子支付系统（EFT）、连续补充库存方式（CRP）等，实现配送过程无纸化，并通过信息系统将连锁超市采购、分拣、储存、加工、包装、运输和配送等作业系统有机地联系起来并及时处理和反馈，为整个物流过程的有效控制、决策和运行提供依据。

（二）培养高素质的人才

要多方面培养高素质的人才。物流配送所需的人才可以采用如下三种方式进行培养。

1. 培训内部员工，提高配送人员素质

配送中心的各类人员，如行政管理人员、拣选人员、设备操作人员、材料搬运工以及杂务工（如维修、抢救）等，都应该接受具体的培训。在培训过程中，员工应了解各自岗位的要求及其在整个系统中所发挥的作用，可通过考察配送中心的比例模型和参观实际结构，熟悉整个系统，在接近实际的工作条件下模拟各种活动等途径进行培训，如订货模拟就可以进行选拣培训和在递送卡车上进行装载培训。在提高操作人员的作业技能的同时，还应提高认知水平和分析能力，把握商品的周转量及配送计划的科学制订和作业流程的优化等，从而提高配送中心的整体运作效率。

2. 借助社会力量培养高素质管理人才

依靠大专院校、研究单位的力量，对物流配送中心的员工，特别是高层管理人员进行系统培训。可喜的是，现在全国已有一百多所大学开设了物流管理专业。正在申办开设该专业的学校更多。可以预计，在不久的将来，大专院校将会为连锁超市的物流配送中心输送更多的人才。

3. 出国考察和委托国外先进企业进行培训

由于连锁经营和物流配送在我国尚属新生事物，所以有关方面的专业人才极为匮乏，应积极学习外国先进经验。

（三）建立健全配送体系，发展共同化和社会化配送

近年来，随着消费者需求的变化，多批次、小批量及缩短供货期的物流要求越来越强烈，造成相应的物流成本上升，物流系统效率下降。为了谋求物流的高效化，许多国家大力推行配送共同化，由多个生产企业和零售企业共同建设。共同配送总的指导思想是，尽管单辆汽车运载效率较低，但是可以将共同的货物和商品集中在一起，既发挥了企业在人、财、物、时间等物流经营资源方面的最大效率，又可以削减冗余的汽车运输，促进物流服务效果以及社会效益的提高。配送中心要进一步转变运营机

制，强化资源配置，既承担本企业全部的配送业务，也为其他企业提供配送服务，即开展第三方物流业务，如上海华联的配送中心，在为自己的各超市配送的同时，已开始尝试管理供应商的联合库存，为包括宝洁在内的 800 多家供应商提供库存管理服务，随时按照门店的需求进行配送，即按照供应商的要求，将货配送给不同企业的门店，并按照商品含税进价的一定比例向供应商收取服务费用，使配送中心逐步地从一个连锁超市的成本中心转变为一个利润中心。当配送业务扩大，配送中心的配送设施不足或配送给某些门店出现不经济的现象时（如所配商品数量少、车辆利用率低等），可采取共同配送的策略，即集中协作配送。各配送主体以经营活动（或以资产为纽带）联合行动，在较大的地域内协调运作。针对某一地区的一个或几个客户，几个配送中心可将客户所需商品集中起来进行配送，实现配送能力互补，既充分利用车辆的有效容积，又在载重方面达到满载，从而提高配送车辆的利用率，取得最优效果。

（四）树立配送观念，重视配送中心的作用

配送首先作为一种销售方式出现，而今它不再是一种销售方式、经营方式，而是一种崭新的经营观念。配送观念反映双重导向，即顾客是产品的使用者，产品也是为顾客需要而生产的。配送观念本质的关键是要理解市场配送不仅要满足消费者的需要和欲望，而且要符合消费者、企业和社会三者的长远利益。根据配送观念建立起来的配送中心，应以关系为基础，而不是以交易为基础，它包括配送中心与生产企业、顾客之间的关系。当这些关系建立并稳固时，交换必然发生，而且为维持这种良好的关系，生产企业、配送中心、顾客三者都会照顾到彼此的利益和社会长远利益。配送中心的核心作用是通过其功能的实现，使流通规模扩大化，实现理想的经济效益。连锁经营的最大优势就是规模效益，而规模效益的实现离不开配送中心的正常运行，所以必须通过配送中心的聚集作用，将各店铺的分散进货转为集中进货，取得较低的进货价格和减少流通费用；通过媒介作用，使流通环节减少，将长距离流通变为短距离流通，实现具有竞争力的销售价格；通过物流作用，利用专业化的物流设施设备，使物流作业达到高效。

（五）科学而合理地规划和配置配送中心

配置物流配送中心是提高配送中心效率的根本。由于建造配送中心耗资巨大，因此对配送中心的规划项目要进行可行性研究，并作多方案的技术性、经济性比较。在数量上，如果连锁店数量少、规模小，配送中心不能取得规模效应，所得收益不足以补偿建设费用，则会导致配送中心效率不高乃至亏损。判断的一般标准应是：分店规模扩大使配送中心正常运转所取得的数量折扣和加速资金周转的效益，足以抵偿配送

中心建设和配送设备所花费的成本。从物流发达的国家来看，其连锁超市的配送中心面积大，辐射范围广，配送的店面多，如沃尔玛的一个配送中心达 50 万平方米以上，辐射半径达 200km，一般要管 50～100 个店铺，充分利用规模优势来降低物流成本。针对现阶段我国整体物流水平还不发达的情况，一个连锁超市公司，当拥有 10 家店，总面积达到 $5000m^2$ 时，就应配置相应的配送中心。总的原则是既要有利于上游的采购、进货，又要有利于对下游各连锁店的配送，使商品运送至所有连锁店所费总成本最小。在进行单个配送中心的规模决策时，要结合配送中心的区位决策，根据商品的进货渠道，科学地确定哪些商品需经过配送中心储存后再配货，哪些商品应验收后直接配送，哪些商品由工厂、供应商直接送货等基本的物流作业流程，以此分析每个作业场所的利用程度，在此基础上确定各场地的大小，并预测商品的周转量，以此决定配送中心的规模大小。

（六）提高配送中心的规范化、标准化程度

提高配送中心的规范化、标准化程度应从以下几方面入手。

（1）要完善连锁超市配送中心内部各个环节的管理，建立健全各个岗位、各道工序和各项作业的规章制度，并形成文字规范，实现作业系统化和管理手册化。

（2）商品容器及有关装卸搬运、储藏和运输的设备也应实现统一的规范化和标准化。

（3）大力推广条码运用，实现商品条码化。目前，我国一般超市的商品只有约 20% 使用了条码，这就难以发挥电子计算机的控制作用，制约了自动化水平的提高。

（4）规范化的配送中心从选址、建设到正式运营，都要以科学的态度去对待，以战略的眼光去管理。选址要综合考虑交通运输条件、进货渠道、资金情况等环境因素，以及配送半径、作业布置、设置条件等技术因素。建设配套中要考虑设备的机械化、自动化，信息系统的现代化等。正式运营前还要考虑员工的培训、管理者的选聘、组织机构的设置等。提高配送中心专业规范化程度有利于配送中心优势的发挥。

第四节　分拨配送

分拨配送首先是由日本兴起的。在 20 世纪 60 年代日本经济起飞的同时，出现了生产发展与流通落后矛盾的尖锐化。为解决这一矛盾，日本政府和企业各界开始重视"物流"。随着日本物流理论的研究与实践，物流在日本发展很快，分拨配送就是在这种背景下产生的。而配送之所以能够发展至今，并在世界上许多国家被成功推广，其根源是受经济利益的驱动。

一、分拨配送的定义

分拨配送的定义有很多，到目前为止，关于分拨配送的表述有以下几种。

①最终将物品按指定时间安全准确地送达客户的运输活动。

②从分拨配送中心到顾客的空间移动。

③在城市区域范围内，对需求者进行的运输。

④把货物从物流据点送交到送货人处的活动。

⑤从中央仓库或小型存货点运货给顾客的发送活动。

⑥根据用户的需求，在物流据点中进行分货、配货工作，并将配好的货物送交收货人。

总之，分拨配送就是根据用户的需求，在物流据点中进行分货、配货工作，并最终将配好的货物按指定的时间、地点，安全准确地送达用户的输送活动。

二、分拨配送的特点

分拨配送至少应有以下特点。

①分拨配送是直接面向用户的运送活动，配送的终点是顾客。

②分拨配送是一种短程运送，一般是终端运输，在同一城市或区域内进行。

③分拨配送是根据用户的需要进行的，因此，在运输前需要进行必要的配货。

④分拨配送是采用现代化手段进行的，必须具有现代化的装卸和配送设施。

三、分拨配送的作用

在整个物流过程中，配送与运输、装卸、储存、搬运等环节构成物流系统，而分拨配送在物流中占有重要地位。由于物流的最终目的是为了满足用户对所需要的货物的品种、数量、质量、供应时间以及送达方式等方面的要求，而分拨配送直接为用户服务，恰恰体现了物流的最终效果。从这个意义上讲，物流成果主要是通过分拨配送来实现的。分拨配送在物流乃至整个流通中的作用，主要体现在以下四个方面。

（一）有利于降低企业库存，改善生产企业的外部环境

分拨配送以较低的集中库存总量取代了较高的分散库存总量，并提高供应保证程度，可以使企业实现低库存或零库存，从而大大改善生产企业的外部环境，提高原材料供应的保证程度。

（二）有利于完善运输过程

分拨配送是运输过程中的末端运输部分，它具有灵活性、适应性的特点，有利于

改善支线运输条件，提高整体运输效率、降低空载率、减少迂回运输、相向运输等，并使整个社会的运输系统得以完善和优化。

（三）有利于促进流通的社会化

分拨配送能够改变原来不合理的流通形式和流通格局。由于集中配送取代了原来一家一户的分散运输的不良状况，大大提高了设备利用率和货物的装卸速度。同时，现代化的大配送能够取代分散、多元化的物流格局，有利于打破条块分割、部门分割的局面，可以从根本上结束小生产方式和低效率运行的状态。

（四）有利于提高物流的经济效益

通过对货物的集中库存、集中配送和送货，有利于维持合理的社会库存水平，减少不必要的中间环节，消除不合理的运输方式，缩短货物周转时间和减少货物的损失，降低储存费用，加快资金周转速度等。这些都有利于提高企业的经济效益，同时对社会经济效益的提高也有一定的促进作用。

四、分拨配送中心

（一）分拨配送中心的形成

分拨配送中心的形成和发展是与流通规模的不断扩大以及消费需求水平的不断提高相联系的。日本有关资料记载：由于用户在货物处理的内容上、时间上和服务水平上都提出了更高的要求，为了顺利地满足用户的这些要求，就必须引进先进的分拣设施和配送设备，因此，在运输界大部分企业都建造了正式的分拨配送中心。可以看出，配送中心的形成与输送的关系极为密切。在日本，分拨配送中心是从运输界先行起步的，此时配送中心也可称为集配中心。

而后，为了适应经济形势的变化，在激烈的市场竞争中求得生存与发展，西方一些工业发达国家也开始逐步发展分拨配送中心。而这些分拨配送中心有些是从传统的仓库发展而来的，它们既具有储存功能，又不是被动地长期储存，从而成为物流系统中的一个重要环节，起到了对货物的集散作用。这极大地缩短了物流的停留时间，加快物流速度。

（二）建立分拨配送中心的必要性

开展分拨配送活动是否必须建立现代化的分拨配送中心，这一问题关系着国家投资、土地占用等重大决策问题，因此，要慎重从事。从我国的实际出发，应贯彻"两条腿走路"的方针：既要建立一定数量配有先进配送设施的分拨配送中心，以满足我国生产日益发展的需要，又要充分利用现有普通流通仓库或中转站的设施和人员，广泛开展分拨配送活动。

（三）分拨配送中心的功能

分拨配送中心是通过集货、备货、配装和送货等环节来实现货物的配送任务的，为此，分拨配送中心一般应该具有以下几方面的功能。

1. 集货功能

分拨配送中心为了实现按用户的需要来配送货物，首先必须从众多的生产企业中收集大量品种规格较齐全的货物，一般集货批量应该大于配货批量。集货一般采用大批量运输手段，如火车、船舶、大型卡车，并用装卸能力较大的设备，这样可以提高卡车的满载率，降低成本。

2. 储存保管功能

储存，一是为了解决季节性货物生产计划与销售季节性的时间差问题；二是为了解决生产与消费之间的平衡问题。为保证配送活动能够正常开展，满足用户的随机需求，配送中心不仅应保持一定量的商品储备，而且要做好库存货物的保管保养等工作，以保证储备商品的数量，确保质量完好。

3. 分货、拣货与配货功能

该功能是将集中的大量商品按用户的需要重新分拣、配齐后，送至用户。这是配送中心的主要功能之一，也是区别于传统仓库的主要方面。

4. 装卸搬运功能

集货、储存、分拣、配货等过程都需要进行装卸搬运，装卸搬运作业效率的高低、质量的好坏直接影响着配送的速度和质量。因此，分拨配送中心必须具有快速的装卸搬运设备。

5. 流通加工功能

在分拨配送过程中，为了解决生产中大批量、小规格和消费中的小批量、多样化需求的矛盾，需要按照用户对货物的不同要求，对货物进行分装、配装等加工活动，这也是分拨配送中心的职能之一。

6. 送货功能

将配好的货物按到达地点或到达线路进行送货，这是完成分拨配送的最后一个环节，也是用户最关心的环节。配送质量的好坏往往是以这个环节来衡量的。

7. 物流信息情报的收集、汇总、储存以及传递功能

为了保证分拨配送任务准确、快速地完成，分拨配送中心必须具有灵敏、完整的

信息情报反馈系统。它既可为管理者提供更加准确、及时的配送信息，也是用户与配送中心联系的渠道。因此，分拨配送中心也应该成为一个信息中心。

第五节　家居配送

一、家居配送的出现

家居购物将给零售业和消费者的消费行为带来巨大变化。但是对于各方来说，真正的挑战是获得有效的成本和有效的末端配送。无论你的广告多么的生动，你的数据多么安全有效，或者你的价格多么有吸引力，消费者都将以配送服务为最终的判断标准。

配送的功能表现在：在正确的地方得到正确的商品，而且保证质量和准时。任何错误都可能将供应商的信誉毁掉，吞噬掉全部利润，并影响消费者再次进行家居购物。按照 Boston 咨询公司最近在《时代》杂志上引述的那样，一些欧洲在线零售商的订单有 50% 不能正确履行，其中期报告更加强调了许多英国在线零售商在配送方面遇到的困难，所以配送已经成为影响家居购物成功与否的关键。面对降价及提高服务质量的要求，家居配送变得更加难以实现。家居配送服务，需要有人对此支付代价，但绝不可能是消费者。零售商和物流企业需要重组他们的操作及配送程序，处理好传统零售业务和家居配送的关系，但是不得增加任何成本。预计未来 5 年内，我国食品的家居配送相对总销售额的比例将由现在的 15% 上升到 40%。这样一来，配送市场的发展就更加难以确定。

二、家居配送的特点

大型零售商投巨资建设散货配送中心，为地区的零售店提供服务，并采用了托盘化或滚动笼等标准化技术。每个订单涉及多个巷道，每个巷道涉及大量箱位，对箱位进行拣货作业。这个系统以间隔舱、托盘、叉车及一些自动化传输系统为基础。家居配送的特点是：每单涉及很少巷道，商品量少并需要分别派发。这样一来，大量的操作可以通过自动传输机所在区域的拣货系统和高速的分拣系统完成。对于少量作业，如纸箱储存和分拣工作，只得由手工完成。舆论趋向建立独立的配送中心，以满足家居购物的服务标准，使现有的零售店结构不受影响。这个战略能够确保随着家居配送的发展，其核心业务的服务水准不受影响。但是，它确实需要房产方面的大量投资，并只能服务于先进的大型城市。

三、家居配送的方案

为满足家居购物的需要，一种方案认为可建立独立的配送中心。然而，Iceland Frozen Foods 公司认为，建立单独的家居配送仓库并不经济，所以它们采取了在现存的零售店分拣并履行订单的做法。该公司认为保持低成本的方法是提高配送密度，即在一个小的地方拥有大量客户。零售店拣货也节省了大批兴建家居配送中心的投资。该公司声称他们的家居配送战略已经获得利润，而且订单的平均价值提高了 5 倍达到 45 英镑（可能受益于最小的因特网订单 40 英镑）。

在实践中有一种折中方案，即在零售店内设置一块专属的分离区域，供家居配送的集货和分发。商品可以在主要零售店分拣，在家居配送区域完成订单的作业之后，一些商品可以分别得到补充。通过使用单独的区域，工作人员能够总结出零售店业务量较少的时间段，并通过该时间段进行家居订单的货架拣货，这样做不会影响正常的零售业务。

四、家居配送面临的主要问题

（一）配送费用高

零售商如果提高家居配送服务质量，设施设备投资将有所增加。这些费用只能由增加的利润、销量抵消或由消费者承担。如果目前每单家居配送的配送费用为 5 英镑，显然不会给那些"有钱，却时间紧张"的顾客造成影响。但是，随着业务量的增加，大量顾客可支配的收入并不富裕，零售商会面临顾客对该费用的反对。

现在最重要的是了解所有额外费用的来源及如何将它们最小化。从已经报道的该费用信息看，Total logistics 公司计算得出，一个典型家居配送的实际成本远高于目前物流企业的通常成本。所以，随着配送量的增加，将会严重影响零售商的利润率。Total logistics 公司预计，当主要家居配送服务的成本是 5 英镑时，配送的实际费用可能至少是 9 英镑。两个数据之间的差额很容易吞并大多数配送业务的利润，可能影响家居购物的长期利润。加上冷藏保鲜商品、独立设立仓库等的额外费用，配送费用的数额变得让人更加难以接受。

同时，如订单大小、配送距离、配送密度及道路拥挤等因素都会影响配送费用，还包括配送工具和人员的固定费用。这也许说明低成本的家居配送在城市中可以实施，但是对于被忽略的乡下居民可能会被要求承担该服务的额外费用。

（二）健康与卫生问题

对于食品配送，为了保证配送质量满足卫生相关立法，仓储和作业过程要求更加严格。由于在所有环节都有卫生需要，家居配送的整个保鲜链更容易受到威胁。同样是配送车辆，食品配送要求车内必须达到冷藏保鲜温度。对于远距离、多配送点的家居配送，保鲜冷藏是不现实的，特别是在炎热的气温下。同时，保鲜冷藏车的高额费用使配送更加不经济。

配送安排同样更加困难。由 Tesco 公司提供的两小时家居配送服务，如果顾客留下两个地址或一个模糊的地址，就应该提供充分的时间进行误差准备，而且食品配送必须投保。保温箱可以保证几个小时内食品的质量，但会增加成本。Tesco 的网站上提供保温车配送服务，将保温车分为三个部分：冷藏、保鲜及其他商品，以保证商品质量。

一些消费者喜欢将商品配送到工作单位，这样可能会提高配送密度。这种想法可以进一步扩展，需要配送的商品提前安排到前端配送站或其他地区配送中心，但是零售商必须能够提供保温箱。

（三）退货处理

从接收订单到配送到户，无论质量控制多么有效；事情总会有出差错的时候，总会出现消费者要求退货的情况。配送人员需要进行客户关系培训，能够解决问题或争议，同时又不会造成其他配送的延迟。配送错误或商品出现差错，消费者可能因任何原因拒收商品或因不在家而无法接收商品。好的退货程序应该可以让零售商确定重复出现的问题并找到根本原因。与传统的散货仓库或零售店不同，专业的家居配送中心具有处理大量退货的功能。家居配送的新员工能够通过模拟网络学习到如何处理退货。

（四）对生产商的影响

面对来自零售商要求提高利润的压力，许多生产商感到采取直接销售并直接配送到户的方式是提高利润率的方法。然而目前的情况是，大多数生产企业已经发现了里面的陷阱，没有受获取更高利润的诱惑去开展直接配送业务。考虑到以有限地区商品配送为基础的配送基础设施及文化理念，他们意识到在直接家居配送中发生的费用将完全吞噬掉业务利润，同时他们也发现生产商无法提供零售商通常所能提供的安装、装配、售后服务。

其他一些问题包括处理退货、回收用过的器具、处理包装等，这些问题处理不好很可能失去家居配送客户。一个更加积极的对策是与零售商合作，组织更加有效的散货配送系统，以简化最终由零售商向家居用户的配送。

（五）对第三方配送企业的影响

不但食品是这样，通过互联网或者电子商务的家居配送，为那些能够提供到户配送服务的公司提供了市场机会。大多数客户喜欢订购的商品是能够立即送到的，以致工作日使用的配送车辆现在晚上和周末也在工作。商业快递公司 Little Woods 公司的全资子公司（从事邮件业务）看到了次日配送和周末配送的市场需求，但由于消费者不愿承担家居配送服务的费用，造成成本压力进一步加大。Securicor Omega 公司的家居配送服务由本公司的相关部门分离出来的设施设备完成。

但是没有一个人相信它们能够将传统业务扩展到家居配送这个新领域并能够赚钱。Tibbett & Britten 公司及其他业务遍及欧洲的具有领先地位的物流企业断言，市场预期与进一步的成本压力这对矛盾不会得到一个好的解决方案。他们认为，目前计划涉及家居领域的包裹运输公司至少前两年会赚钱。

（六）对环境的影响

电子商务以及家居配送的开展无疑将改变传统的配送模式并影响人们生活的许多方面。初级的家居配送对环境不但没有任何益处反而还会影响我们的生活环境，因为消费者还是会开车到超市购物，同时，配送车辆在夜晚或周末会占用更多的地方。如果业务量达到一定水平，消费者会大幅降低外出购物的活动，废气的减少将对我们的生活产生积极影响。

在包装立法方面，其他欧洲国家要比英国严格得多。随着一体化进程的加快，包装立法对家居配送的影响将加重。由于处理及回收废弃的包装材料的责任落在供应商头上而不再是消费者，配送组织就不再采用原始包装了。

就像比尔·盖茨所说的："因特网改变了一切。"他甚至还说因特网将改变零售业，这种改变会是非常迅速的。

就我国而言，除目前比较普遍的大件商品，如家电、家具等一些耐用消费品的家居配送外，还有纯净水的配送、部分食品的配送、各类报纸的配送等家居配送。由于 B to C 还处于初始阶段，绝大多数公司还没有认真地考虑开展家居配送的问题。市场预期与进一步的成本压力这对矛盾不会得到一个好的解决方案。目前计划涉及家居领域的包裹运输公司至少前两年会赚钱。

第六节　邮政配送

邮政在世界各地都是同家开办并直接管理的行业，具有信息传递、物品运送、资金流通三大功能，是现代社会进行政治、经济、文化、教育等活动以及和人们联系的公用性基础设施。邮政服务是广大公众享有的最普遍的服务。

随着经济全球化进程的加快以及电子商务在全球的大起大落，需要挖掘新的经济增长点来维系我国国民经济的持续、快速、健康发展，作为"第三利润源"的现代物流开始成为焦点。作为传统产业重要组成部分的中国邮政，一方面，由于受到以计算机、通信为代表的信息技术革命的冲击，传统邮政业务急剧下滑；另一方面，由于市场经济的发展，邮政市场垄断的局面已经被打破，邮政所面临的市场竞争日益激烈。如何在新世纪、新经济的条件下，在应对这些关系产业存亡的挑战的同时，为自身的发展寻找新的生存空间，成为现代邮政在新世纪的首要课题。

在这样的背景下，仍然可以看到，拥有实物传递邮政金融网和综合计算机网的邮政与现代物流有着天然的关系。

一、邮政的现状

（一）中国邮政在不断发展壮大

邮政作为一个历史悠久的行业，在其发展过程中已经经历了无数次的变革。新生事物层出不穷，古老的邮政行业不断地包容、扩大自己的业务范围。从最早的文书、信件、包裹，到报纸、杂志、电报，再到邮政储蓄、特快专递、广告、邮购、鲜花礼仪电报等充满时代色彩的新型业务，邮政一直在接受新生事物，不断发展壮大自己。

事实上，最能体现邮政物流实力的就是邮政覆盖全国、四通八达的邮政实物运输传递网络。中国邮政目前具有由飞机、火车、汽车等不同运输工具组成的庞大的干线运输网，各类运输邮车 46033 辆，专用飞机 9 架，自备的火车车厢 510 节，邮路总长 307 万千米，基本形成了航空、铁路、公路、水路等多种运输途径综合利用、相对独立的快速邮政运输网络。

（二）中国邮政仍处于亏损状态

邮政因工业革命的发展而发展，随工业革命的高涨而高涨。但是，信息化革命的来临，第三次浪潮的兴起，新的方便、快捷的通信工具——电话、互联网的兴起，正一步步冲击着邮政通信。20 世纪 70 年代，中国邮电行业是"以邮养电"，即邮政盈利，电信亏损。从 80 年代末期开始，邮政便逐渐由盈利滑向亏损，中国邮政的经营遇到了较大的困难。

随着市场经济的发展，我国邮政市场竞争日益激烈，独家经营的局面正逐渐消失。例如，当前我国的特快专递市场不仅有国内众多经济实体的竞争，而且国外的跨国公司也纷纷进入中国的速递市场。包裹、报刊、汇兑等传统业务和邮政储蓄业务同样面临着十分激烈的市场竞争。我国进入 WTO 以后，邮政会面临更加严峻的挑战。

二、传统邮政与现代物流

（一）邮政企业的物流性质

邮政企业所从事的直递业务、邮购业务，乃至整个实物传递业务，都可以认为是物流服务业务。因此，邮政是物流实业型企业，这是毋庸置疑的。事实上，国内物流领域的不少权威人士，已把邮政作为我国为数不多的大型社会专业物流服务企业，只不过邮政在业务水平、运行机制、作业模式等方面与现代物流需求还有很大差距。

对从事传统物流的邮政而言，其组织的邮件传递网就是物流网络的一种形式。只是在现阶段，就网络功能、运行机制、作业模式、技术水平和服务水平等方面而言，还谈不上完善的"现代物流网络"，与现代物流需求还有很大差距。但由此认为邮政网络只适应 C to C 形式和邮政不宜发展物流则是不正确的。在邮政的传统业务中存在着大量的 B to C、B to B 形式，如商业信函、大宗包裹、大宗印刷品和邮发报刊等。特别是邮发报刊业务，是邮政所承办的最为完整的物流服务，包括销售（征订、零售）、储存、运输、配发、配送和部分信息服务（报刊目录的发放、订阅信息的反馈等）以及结算服务等，甚至还有加工环节（承办部分印刷）。尽管在服务水平上还不能满足报刊社和读者的需要，但可以说，在邮政业务中，甚至在我国各产业中，它是最接近现代物流概念的一种服务业务。

（二）传统邮政与现代物流的区别与联系

广义地讲，邮政、包裹业是物流业的组成部分，从事的是功能性物流服务，具有运输、分拣、包装、装卸、递送等物流的基本特征。但与提供一体化服务的现代物流业相比，无论是经营理念还是运作模式，都存在很大的区别邮政不能把物流看作传统业务在量上的扩充，而应充分把握物流在业务组织、处理方式、处理内容、处理要求等方面与邮政传统业务的不同，具体体现在以下几方面。

1. 从服务来看

邮政、包裹业提供的是标准的服务项目，是一种刚性的被动服务；而现代物流业提供的是为客户定做的一体化解决方案，是一种柔性的主动服务。一是服务宗旨不同。邮政服务强调的是迅速、准确、安全、方便；物流除了要达到这些基本要求外，还强调高效率、低成本、网络化、信息化、全方位及必要的应变能力。二是服务方式不同。邮政可以以一种模式服务千家万户；物流则需要有个性化的服务，在运递时间、服务内容上不同的货主要求可能会千差万别，这就需要物流提供方能根据自己的实力为用户设计物流方案，并针对不同的委托方提供不同的服务承诺。

2. 从客户来看

邮政、包裹业以公众为服务对象，建立的是短期买卖关系；而现代物流业以特定行业的若干企业为服务对象，建立的是长期合作伙伴关系。

3. 从核心竞争力来看

邮政、包裹业主要是低价格、快速递送能力；而现代物流业主要是一站式、增值服务能力。

4. 从利润来源来看

邮政、包裹业主要是为客户提供服务的收益，而现代物流业除了为客户提供服务的收益外，还常常与客户分享物流合理化带来的收益。

5. 从设施来看

邮政、包裹业通常建立全域性的网络，以及处理信函、包裹类物品的分拣与运输设施；而现代物流业主要是根据客户需要建立网络，以及处理包裹、大件类物品的仓储与运输设施。

6. 从处理环节来看

邮政有收寄、分拣、运输、投递四大环节；物流配送除了有与这四大环节相类似的处理以外，还有储存保管、物流信息、财务结算及一些信息咨询方面的增值服务。

三、中国邮政发展物流配送的优势

邮政作为传统的物流服务企业，过去在社会经济活动中起着无可替代的独特作用。但是，由于信息技术的发展，其业务相对萎缩，邮递类业务（传统物流）收入在整个邮政的比重在进入 20 世纪 80 年代以后一直呈下降趋势。邮政必须抓住机遇介入第三方物流市场，使自身优势得到充分发挥。

通过若干年的努力，把邮政发展成为国内物流领域的龙头企业，这是中国邮政发展所作出的战略选择，也是由中国邮政所具有的优势和整体实力所决定的。

（一）政策优势

国家邮政局的成立，标志着邮政作为国民经济中一个独立运作的部门，面对市场需求按照邮政内在的运行规律，其经营、管理的力度得到了加强。国务院、信息产业部领导曾经多次专门听取国家邮政局的工作汇报，解决重要的问题。国家和各级地方政府对邮政在政策、财政、人才等方面给予了极大的支持，极大地促进了邮政事业的发展。

目前，国家对于邮政发展物流提出了一系列举措：给予邮政"8531"政策，即 4 年之内每年分别补贴 80 亿元、50 亿元、30 亿元、10 亿元，以及 113 亿元的建设资金补贴；国家信息化办公室已经将以物流运递平台为第一内容的"电子邮政"列入国家电子商务示范工程；国家经济贸易委员会立项开展"邮政物流中心处理技术"研究；信息产业部统一中国邮政以 183 特服号开展计算机信息网络国际互联网业务，以 185 为特服号开展电话信息服务。

（二）品牌优势

中国邮政长期以来坚持全心全意为人民服务的基本方针，努力为广大人民群众提供良好的通信服务，在广大群众中树立诚实可信的品牌形象，建立了较高的信誉。特别是邮政开办的特快专递业务（EMS）在社会上具有较好的信誉。近年来，邮政为适应社会经济发展的需要、采取多项有力措施，主动在全国范围内实施了普通邮件"大提速"和县以上城市普通包裹投递到户业务，在保持原有资费标准的情况下，全面提高了普遍服务的质量与水平，赢得了社会群众和广大工商企业的广泛赞誉。邮政的这一品牌，意味着邮政服务的及时性、可靠性、安全性和便捷性，而这些服务品质正是物流服务本质上所要求的而其他企业难以达到的。它为邮政参与物流市场的竞争，为邮政物流做大、做强提供了可靠的保证，这无疑将成为中国邮政又一个核心竞争力。

（三）网络优势

中国邮政具有信息传递、物品运送和资金流通三大功能，相应的，三大网络的有机结合是发展邮政电子商务的坚实基础，已具备发展物流配送的有利条件。

1. 遍布全国的实物投递网络

经过几十年的建设和发展，中国邮政发展物流的资源优势、结构体系优势十分明显。一是它具有广泛的覆盖性。经过长期的发展与建设，邮政已经建立起一个结构较为合理的、连通全国主要城市、覆盖城乡的庞大的网络体系，仅营业网点就有 8 万多处，同时还拥有一个整合了飞机、火车、汽车等不同运输工具组成的庞大的干线运输网。二是邮政网络的完善性。这主要体现在它有一套完善的由全国干线网、省内网、邮区网，乃至城市网、农村网所组成的完善的网络体系。三是网络的全程性。这也是邮政实物网络独具特色的优势，是其他行业和企业无法匹敌的。网络的全程性是现代物流非常重要的结构性能，它可以有效地满足"门到门"乃至"库到库""线到线"的精益物流要求，是现代第三方物流需要具备的基本条件，也是建立供应链系统的基本条件。四是邮政拥有全国（甚至世界上）最庞大的投递网络，近 15 万人的投递队伍，这是国内任何一个行业或企业都无法相比的。这个网络，通过体制和机制的改革，可以迅速转变为全国性的、最大的现代配送网络，从而能够有效地支撑邮政发展现代物流，在全国范围内占领物流配送市场。

2. 邮政储汇网络

在新经济时代，有两样东西是绝对不可或缺的：一个是物流配送，另一个就是具有权威认证的认证机构和银行。这两样东西中国邮政都具备。从规模上看，邮政储蓄虽然和工、农、中、建四大商业银行还有一段距离，但已具备了自己独特的经营项目，也因此吸引了相当一部分的用户，这将是中国邮政进一步扩大金融业影响的良好前提。同时，邮储银行也将给中国邮政的发展提供许多潜移默化的帮助。

3. 邮政综合计算机网络

中国邮政是我国信息化程度较高的企业之一，邮政综合信息网骨干网络采用先进的交换技术，可以实时提供数据、语音和图像信息的传输，是国内较为先进的信息网络平台。网络覆盖全国 30 个省会城市和 205 个地区城市，电子化支局、所 15000 余处。被列为国家电子商务示范工程的中国邮政"183"电子商务网站，提供电话信息接入服务的"185"客户服务中心，是邮政与客户实现实时信息沟通的重要手段。此外，邮政金融网络是全国最大的金融网之一，实现了全国 30 个省、自治区、直辖市，1189 个市县的通存通兑，互联网网点达 16100 个，ATM 自动取款机 3900 台。这无疑为中国邮政发展网上支付和物流服务代收货款创造了条件。这些网络资源为中国邮政进入物流市场提供了信息基础。

（四）网络运营经验

中国邮政具有从事传统物流组织的经验，在中小批量的 B to B、B to C 和个人之间的物流中占有优势。邮政的包件业务就是针对个人用户之间的物流产生和发展起来的。邮发报刊业务是邮政承担的最为完善的物流服务（包括 B to B，B to C）。长期以来，邮政企业对零星、个人物流的组织（包括分拣分发、投递等）方面形成了一整套完整的规章制度和作业规范，积累了组织传统物流的经验。特别是在网络组织与调度方面，培育了一大批具有实际经验的专业人员，这为邮政物流网络的合理组织奠定了良好的基础。

四、邮政发展物流配送的劣势

（一）邮政网存在的问题

（1）现在的信息网络要满足物流配送还需要在信息技术上进一步加强和改善。例如，条码、数据库、即时反应、仓库管理系统、资源制造计划、供应链管理、在线帮助计划系统等。

（2）邮政金融网络还没有在线支付功能。

（3）邮政实物运递网络的效率极低，实现包裹投递到户还有一段距离，运输的依赖性大。

（4）实务运递网络是一个平面网络，重点不突出。

（二）邮政内部作业组织、作业处理流程和作业组织中存在的问题

邮件处理中心的装卸、存储、输送、分拣工艺设备大多按照普通邮件的需求装备，很多中心普遍有30%的大件商包不能上机分拣。

（三）经营管理中存在的问题

邮政物流配送需要有全新的经营模式和管理思想的指导，目前的邮政经营管理模式不适合邮政物流配送的运作和发展。

在市场定位上，各省邮政都有各自不同的定位。比如，有的省市邮政将自己的物流定位于发展省内重点城市的重点业务；有的省市邮政则进军广阔的农村物流市场；有的省市邮政则没有具体的定位，采取哪里存在业务需求就往哪里发展的定位。

中国邮政物流作为统一的品牌，必须要将全国的总体的市场定位与各地局部的因地制宜的市场定位有机地结合起来，才能获得邮政物流配送快速均衡的发展。

（四）人才资源短缺

目前，中国邮政人才整体素质不能适应邮政发展。邮政物流配送需要的专业技术人才不足，大学本科以上学历的员工总数比例不足5%，专业营销人才更是严重匮乏。

五、发展邮政物流配送的策略

电子商务是融资金流、物流、信息流为一体的新型经济运作模式，中国邮政同样具有资金流、物流、信息流"三流合一"的优势，这是邮政进军电子商务得天独厚的优势。作为信息产业的重要一员，中国邮政参与电子商务有其双重身份，既为电子商务提供网络服务，又参与电子商务的运营。现在国家推出的各项政策、措施都有利于这一产业的发展，而中国网民的高速增长和他们购买力的提高使电子商务快速成长已成为可能。加上中国邮政发展电子商务具有得天独厚的条件，拥有最完整的物流配送体系，中国邮政通过有邮政特色的电子商务建立起自己的商务网站，全面参与电子商务，在全国范围内形成了一个大型的电子商务网络，完成其从传统邮政企业到互联网企业的产业革命。

中国邮政主要发展邮政实物投递网、邮政综合计算机网和邮政储汇网三大网络，并以此完成电子商务的物流任务，为客户提供更好的服务；同时，也为邮政事业的

发展创造更好的商机，丰富和拓宽邮政的信息传递、物品运送、资金流通三项基本功能。

（一）总体思路

中国邮政应当依托自身资源优势，运用最新的信息技术，结合中国国情，在传统邮政服务体系的基础上从 B to C 电子商务的物流配送服务入手，逐渐参与到作为电子商务主体的 B to B 的物流服务中去。

第三方物流模式是解决电子商务物流问题的主要思路。从我国物流配送的运作模式来看，有关专家将其归纳为三类：一是自营配送中心，即完全是为本企业的生产经营提供配送服务。二是合作配送模式，即若干相关联或相类似的企业在充分挖掘利用各企业现有物流资源基础上，联合创建配送组织的形式。三是第三方物流配送模式，即专业化物流配送中心和社会化配送中心，为一定市场范围内的企业和个人提供物流配送服务而获取利润和自我发展的物流配送组织。这里说的第三方物流（TPL），即由物流劳务的供方、需方之外的第三方物流提供服务的物流运作模式。第三方物流，可以使物流委托方集中精力用于生产经营，降低成本。大型企业利用专业物流进行市场配送，可比自设网络节省 20% ~ 30% 的成本。最重要的是第三方物流可以打破地域，远距离配送物流，发挥电子商务高效快捷的优越性，因此，第三方物流成为电子商务物流配送的主流配送方式。据《市场周刊》调查显示，我国现有 450 多家大中型企业中，有 45% 的企业正在寻找新的物流代理商，其中又有 75% 的企业正在寻找有储存、运输能力和有信誉保证的物流代理商。没有完善的、优质高效的第三方物流服务出现，电子商务的发展是十分困难的。

邮政介入电子商务物流服务应从 B to C 开始，继而发展 B to B，最终形成 B to B to C 的链条形式。

（二）电子商务下物流网络发展的策略

第三方物流模式是解决电子商务物流问题的主要思路。中国邮政开展第三方物流业务时间不长，与现代物流服务还有很大的差距。而欧美国家、日本开展第三方物流较早，比较成熟，中国邮政应立足于自身的现状，借鉴国内外成功物流企业的经验，形成具有自己特色的第三方物流模式。具体应分为以下五步走。

第一，选择若干个大中城市进行试点，组建第三方物流服务网。在试点城市组建邮政电子商务物流服务体系，应配备必要的运输仓储设施、通信工具和高素质的人才，设置若干个配送中心，实现被配送商品的集中与分支。

第二，与有影响的已开展电子商务业务的公司合作，为他们提供优质的物流配送服务。首先应与国内外知名的工商企业建立长期稳定的战略合作伙伴关系，为其提供第三方物流服务，以达到"双赢"的目的。其次，邮政应与国内外著名的物流企业建立战略联盟，一方面，为打开国际物流市场的大门寻求一条捷径；另一方面，可以借鉴别人先进的物流经营理念和实践运营经验。同时，邮政还应与国内信誉良好的仓储、运输企业结成联盟，以克服邮政物流在仓储和运输上的瓶颈，并有效利用社会上的闲置资源，最大限度地降低物流成本。

第三，在提供第三方物流服务成熟的情况下，推出邮政电子商务商店自营商品的配送服务，最大限度地发挥邮政配送网的作用。

第四，在试点城市取得经验的基础上向其他大中城市推广，然后逐步地向县城一级城镇推广，最终向农村普及。

第五，从 B to C 向 B to B 发展，使邮政电子商务服务体系成为全功能、全方位的电子商务物流服务提供商。

（三）电子商务对邮政业发展的要求

无论是作为电子商务下的"第三方物流"服务提供商，还是本身参与电子商务，邮政业都要抓好以下工作。

（1）实现从体制上和观念上向现代物流过渡的突破。邮政传统物流与现代物流的运作机制有着本质的区别。现代物流根据客户的实际需要，将运输、储存、装卸、搬运、包装、流通加工、配送以及信息处理等基本功能实施有机地结合，为客户提供定制的个性化、一体化的综合服务，而不仅仅是传统意义上的邮件收寄、封发运输和投递，因此，应按照现代企业制度改革邮政经营机制。可从成立股份制物流公司入手，吸收具有互补优势的企业投资入股，或通过租赁、联合方式获得物流资源，进行资源整合。国内其他传统物流企业一般是仓储和运输设施资源丰富，但利用率低，闲置浪费严重。通过改革，一方面能使企业运行机制合理，从制度上保证邮政现代物流的实现；另一方面也是通过资产重组有效利用存量资产，实施低成本发展战略的一种有效选择。

（2）根据电子商务发展的要求进行邮政网络的改造，提高服务水平。第三方物流企业完全以客户为中心，提供的是个性化的物流服务。虽然中国邮政现已具有十分有利的从事物流服务的条件，但是，与电子商务对物流网络的要求相比仍存在很大差距：一是现有的从事邮政投递和运输的邮政网点之间的"商流""信息流"和"物流"基本上是分离的；二是邮政网络服务不到位；三是现有的物流处理配送能力明显不足；四是服务收费过高和对用户要求过于苛刻。

（3）进行管理创新，打破"封闭办邮"的局面。中国邮政是一个行业性相对较强的政府性企业，还没有认识到与用户"合作共赢"发展的重要意义。因此，邮政应主动打破"封闭办邮"的局面，把用户请进来，自己走出去，关心不同用户的用邮需求，成为用户值得信赖的"信息、资金和物品的传递使者"。在开展电子商务物流服务和配送方面，不能"以我为中心"，而是应该以"用户满意不满意"作为检验邮政服务水平的根本标准。

此外，邮政企业还应注意寻找自己国际、国内的合作伙伴，充分利用外部资源，在合作中找到各自的利益均衡点，学习他们先进的物流理念和管理技术，通过合作加快提高经营管理水平与服务创新的步伐。只有这样，邮政物流才能以崭新的面貌跻身于现代物流运营商的队伍，参与国际、国内的物流运营竞争。

目前，中国经济发展已初步具备了发展物流与配送的经济环境和市场条件。只有定位准确、运作合理，中国邮政才能迅速切入中国电子商务发展的激流中，并逐渐发展成为物流市场的主力军。

本章小结

本章介绍了国内外配送的发展现状和发展趋势，还介绍了各种配送的特点及运作状况。通过本章学习，使学生能够结合配送发展的新趋势，研讨物流配送的行业发展前景，不断地扩充物流配送的新领域。

练习题

一、选择题

1. 发达国家配送中心发展的趋势是（　　　）。

1. 多功能化　　　　　　B. 现代化　　　　　　C. 信息化

D. 配送共同化　　　　E. 全球化

2. 连锁超市对配送的主要形式是（　　　）。

A. 第三方物流　　　B. 配送中心　　　C. 仓库　　　D. 厂家配送

二、名词解释

分拨配送

三、简答题

1. 简述发达国家配送的发展趋势。

2. 请你谈谈中国配送发展存在的问题，并提出解决策略。

3. 请写出物流配送对连锁超市的作用。

4. 现阶段我国的连锁超市配送存在哪些问题，应怎样解决？

5. 请简述分拨配送的作用。

6. 家居配送面临的主要问题有哪些？

7. 中国邮政发展物流配送的优势和劣势有哪些？

四、案例分析题

华联超市的配送管理

一、华联超市的基本情况

华联超市成立于1992年9月，多年来，公司以连锁经营为特征，以开拓全国市场为目标，不断提高集约化水平和自我滚动发展的扩张能力。截至2001年年底，公司拥有连锁门店近900家，网点遍布上海市各区县，并辐射江苏、浙江、安徽、江西、河南、山东、辽宁等10个省市。2000年实现销售额80亿元、净利润7000万元，净资产收益率高达30%，在中国超市行业遥遥领先。2000年10月，上海华联超市公司借壳上市，更名为华联超市股份有限公司，成为中国第一家上市的连锁超市公司。

二、华联超市的配送管理

1. 注重配送中心的建设，健全物流配送网络

华联超市在配送中心的选址、规模、功能上都具有独到的眼光，目前已投入运行的新物流中心位于享有"上海物流第一站"美誉的桃浦镇，可为1000家门店配货，其智能化、无纸化、机械化程度在国内首屈一指。随着华联超市走向华东地区，于1999年年初在南京建立了配送中心，构建当地物流网络。同时考虑到超市业的竞争焦点之一就是加强大副食、生鲜食品的经营，于1998年年底成立了自己的生鲜食品加工配送中心。随着特许经营网络的拓展，还兴建了4个大型配货中心。根据公司全力开拓北京大市场的战略，又在北京选址，与中国第三方物流"大哥大"——中远集装箱运输有限公司共同开发了华联超市的北京配送中心。

2. 制定系列措施，提高配送的服务水平

华联超市配送的目的就是要向门店或客户提供满意的物流服务，主要有10个服务项目：商品结构与库存问题；配送过程如何确保商品品质；门店紧急追加、减货的弹性；根据需要确定配送时间安排；缺货率控制；退货问题；流通加工中的拆零工作；配送中心服务半径；废弃物的处理与回收；建立客户服务窗口。

为了提高配送的服务水平，华联超市做了大量工作，如采用机械化作业与合理规划，减少搬运次数，防止商品保管与配送过程中的破损和差错；通过科学、合理的调度，提高送货的准点率；通过计算机信息管理系统等手段控制商品的保质期；通过调查，制定门店加减货条件，增加配送系统"紧急加减货功能"；根据门店的销

售时机、要货截止时间、门店周围的交通状况、门店的规模大小以及节假日等来确定配送时间。

3. 依靠管理创新,提高配送中心运作质量

(1)零库存管理创新。根据供应链管理理论,"零库存"是商品流通中各个环节在高度信息化的条件下,实行合作而产生的一种新型的经销方式。"零库存"使零售或批发环节减少了因库存而产生的各种费用,是流通企业提升效率的重要途径。华联超市自1997年始,在各门店就推行"零仓经营"。配送中。实行24小时的即时配销制度,各门店因取消了店内小仓库,全公司一下子就增加了5000m²的营业面积,相当于新开了16家300m²的门店,月销售额上升了1800万元,并降低了库存资金占用额,减少了商品周转天数,提高了资金周转率。

(2)物流成本管理创新。降低总成本是华联超市力推的战略,有着一套有效和严密的体系。运用计算机从"有效控制管理费用"和"有效控制营业费用"两个方面着手,注重抓配送中的"配送商品破损率"和"配送准点率"。为了降低商品的破损率,公司广泛深入地进行调查研究,找到了一整套有效的解决方法。例如加强对配送过程的全面控制,做到事前控制、事中控制和门店及时反馈后的退货处理。通过层层把关、步步设防、责任到人,终于使配送商品的破损率降低到行业的最低水平。

为了提高配送水平的准点率,公司对配送中心的人力资源、运输总量进行了统计分析,并结合配送信息,对运载方式和时段进行合理调整。加强了准点率的考核力度,把"准点"的标准数字化,规定货车抵达门店的数据与车队调度通知门店的"到店时间",误差在±15分钟之内为准点。门店在收货的签收单上注明收到商品的时间,总执办根据记录,每月对配送中心的准点率进行考核。经过这些措施,取得了显著成效,从2000年5月以来,配送商品的准点率一直保持在97%以上。

在华联配送中心全体成员的努力下,配送中心的物流成本得到控制,实现了物流费用为配送中心处理商品进价的1%~1.15%的低成本运作。

4. 运用现代物流技术,采用计算机管理,提高配送中心作业效率

新建的上海桃浦配送中心具有较高的科技含量。

第一,仓储立体化。配送中心采用高层立体货架和拆零商品拣选货架相结合的仓储系统,大大提高了仓库空间的利用率。在整托盘(或整箱)水平储存区,底层为配货区,存放7000种整箱出货的商品,上面4层为储存区,用于向配货区补货;在拆零商品配货区,拆零货架上放置2500种已打开物流包装箱的商品,供拆零商品拣选用。

第二，装卸搬运机械化。配送中心采用前移式蓄电池叉车、电动搬运车、电动拣选车和托盘，实现装卸搬运作业机械化。此外，原先每辆送货货车跟民工 3 人，现在采用了笼车，货车开到门店，由门店人员自己把笼车卸下来并推到店内。既减轻劳动强度，又大大缩短了卸车的速度，提高了货车的运输效率；既降低了物流成本，又使物流配送过程中的货损、货差大幅度下降。

第三，拆零商品配货电子化。近年来，连锁超市对商品的"拆零"作业需求越来越强烈，国外同行业配送中心拣货、拆零的劳动力已占整个配送中心劳动力的 70%。华联超市配送中心拆零商品的配送作业正准备采用电子标签拣选系统。届时，只要把门店的订单输入计算机，作业人员便可按照货位指示灯和品种显示器的指示，从货格里取出商品，放入拣货周转，然后按动按钮，货位指示灯和品种显示器熄灭，订单商品配齐后进入理货环节。电子标签拣货系统极大地提高了商品处理速度，减轻作业强度，大幅度降低差错率。

第四，物流管理条码化与配送过程无纸化。采用无线通信的计算机终端，开发了条码技术，从收货验货、入库到拆零、配货，全面实现条码化、无纸化。

第五，组织好"越库中转型物流""直送型物流"和"配送中心内的储存型物流"，完善"虚拟配送中心"技术在连锁超市商品配送体系中的应用。

问题：

（1）华联超市是如何强化配送服务管理的？

（2）华联超市是如何实现配送中心的低成本运作的？

（3）华联超市是如何运用现代物流技术，提高配送中心作业效率的？

（4）结合案例谈谈什么是"越库中转型物流"？

参考文献

［1］马俊生，王晓阔．配送管理［M］．北京：机械工业出版社，2012.

［2］唐连生．物流运输与配送管理［M］．武汉：武汉大学出版社，2010.

［3］阮喜珍．物流配送管理实务［M］．天津：天津大学出版社，2014.

［4］秦明森．物流运输与配送管理实务［M］．北京：中国物资出版社，2006.

［5］代海涛．连锁企业配送管理［M］．北京：电子工业出版社，2008.

［6］李玉民．配送中心运营管理［M］．2版．北京：电子工业出版社，2011.

［7］高晓莎，杨军．配送中心运营管理［M］．北京：北京师范大学出版社，2012.

［8］黄世秀，李述容．配送中心运作与管理［M］．重庆：重庆大学出版社，2006.

［9］孔继利．物流配送中心规划与设计［M］．北京：北京大学出版社，2014.

［10］谭利其．配送与流通加工作业实务［M］．北京：科学出版社，2011.

［11］钱芝网．配送管理实务情景实训［M］．北京：电子工业出版社，2009.

［12］罗纳德H.巴罗．企业物流管理——供应链的规划、组织和控制［M］．北京：机械工业出版社，2002.

［13］马耀文．仓储与配送管理仿真实训教程［M］．北京：中国物资出版社，2012.

［14］王淑荣．配送作业实务［M］．北京：科学出版社，2007.

［15］陈虎．物流配送中心运作管理［M］．北京：北京大学出版社，2011.

［16］张潜．物流配送路径优化调度建模与实务［M］．北京：中国物资出版社，2006.

［17］周凌云，赵钢．物流中心规划与设计［M］．北京：北京交通大学出版社，2014.

［18］王绍军．电子商务与物流［M］．上海：上海交通大学出版社，2007.

［19］朱美虹．电子商务与现代物流［M］．北京：中国人民大学出版社，2009.

［20］李满玉．电子商务物流与配送［M］．2版．北京：中国劳动社会保障出版社，2009.

［21］刘磊，梁娟娟．电子商务物流［M］．北京：电子工业出版社，2011．

［22］梁军．仓储管理实务［M］．3 版．北京：高等教育出版社，2014．

［23］梁军．仓储管理［M］．杭州：浙江大学出版社，2009．

［24］王刚，梁军．物流学［M］．北京：人民邮电出版社，2012．

［25］梁军，王刚．采购管理［M］．2 版．北京：电子工业出版社，2012．

［26］梁军．物流服务营销［M］．北京：清华大学出版社，北京交通大学出版社，2007．

［27］王业军，林治则．物流成本管理［M］．北京：科学出版社，2009．

［28］林志扬．管理学原理［M］．4 版．厦门：厦门大学出版社，2011．

［29］张雁，焦叔斌．管理学原理［M］．4 版．北京：中国人民大学出版社，2015．

［30］王丽娟，何妍．绩效管理［M］．北京：清华大学出版社，北京交通大学出版社，2009．